Unser gutes Recht:

Was hinter den Gesetzen steckt

法條背後的故事

彼強・莫伊尼（Bijan Moini）——著
李建良——譯

五南圖書出版公司 印行

推薦序

《法條背後的故事》是一本以德國法律爲背景的科普書。有些人不認爲「法律學」是狹義認定的「科學」，或許也就不同意「科普」二字。但這無傷大雅，讀者也可以把它視爲「故事書」。全書除了起頭的引言之外，內容分爲公法、私法、刑法、國際法四個獨立的區塊。每個區塊又分若干篇章，其目的不在於涵蓋周全，而在於解說若干關鍵法律條文或概念的源起與背景。

前述源起背景，就公法、基本法、國際法而言，歷史軸線比較短，差不多與歐美憲政主義、人本主義、兩次世界大戰、上世紀的歐洲種族清洗、近廿年網際網路普及有關。但是就私法與刑法而言，歷史軸線拉長，故事源起甚至可以上溯至幾千年前的漢摩拉比法典。但是不論是長歷史軸線或短歷史軸線，作者挑選的故事都很好看，讀起來饒富趣味。

「趣味」二字，是所有科普寫作的關鍵字；相對於「趣味」則是「乾澀」。每個學科都有乾澀的本錢；數學、物理、經濟、病毒，都可以寫到「讓你我看到倒胃口」。但是科普寫作必須要有旁枝、有延伸、有連結、有源頭，把原本乾澀的知識加上很多裝飾，變身爲好玩好看的故事。作者的故事發揮，大部分是過去數百年實際的法律個案。這些個案有些（從現在來看）極其荒謬，有些則扮演扭轉乾坤的角色，則則深入淺出，完全擺脫了法條乾澀的刻板印象。

作者講述的背景是德國法律。德國是民主國家成員，而台灣的法律也有不少條文引介了德國的法律觀念，因此我相信台灣讀者閱讀此書，並不會有太大的隔閡。但是除了民主國家的法制，我相信讀者也可能會關心另外一個歷史切分：民主憲政的法規框架與極權統治下的法規框架。由於現代的憲政主義與人本思潮僅有兩三百年的歷史，我始終還有個大疑惑：究竟是哪些因素，使得現在的世界切分成民主憲政與極權統治兩大塊的呢？這個切分，將來又是什麼走向呢？以網際網路的規範而言，哥倫比亞法學教授Anu Bradford指出，網路規範有三個競逐架構：美國是market-driven，歐盟是rights-driven，中國是state-driven。這三種架構彼此競逐，將來十年、廿年將會決定虛擬世界的規範模式。我希望法學知識淵博如作者，將來也許可以對於其他的、更宏觀的法律演變（例如資訊法律規範），也寫一本暢銷「故事書」。

過去卅幾年，我都勉強是台灣通識教育的推手；從南到北，我一共開授過整整六個學期的「高中公民」課程。原本的高中公民教科書，裡面都有法律、政治、經濟、社會的內容，但是這些內容寫得太差、太乾澀。說它塡鴨都是美化，根本就像是匪諜寫的。匪諜的目的是摧毀台灣年輕學子追求知識的欲望，於是用極爲乾澀的法律分類（例如公法是上對下的法律關係、私法是平行的法律關係）爲內容，逼得學生硬背。我當年一時衝動，自己跳下去高中教公民，就是因爲社會科學方面的科普寫作太貧乏。

十幾年下來，環境也慢慢改變了。經濟學有Steven Levitt寫的科普、法律則Richard Posner的著作早已膾炙人口、法哲學如Michael Sandel更是如日中天。本書也是科普法學的好例子，爲通識教育打下一些基礎。一般的法律工作者一次只能專注於一案一法，貢獻是一點一滴的；正如杜甫所說的「安得廣廈千萬間，大庇天下寒士俱歡顏」。廣廈是私有財，所以才有杜甫的感慨。但是科普與通識都是大眾教育。大眾教育是全面的影響，它是公共財。希望這本書能夠喚起更多年輕人對法律知識的興趣。

朱敬一

於中央研究院

譯例

一、德文Recht是所有法律的總稱，相對於此，經由一定程序制定並公布之成文法，則以Gesetz稱之，一般分別譯爲「法」與「法律」。此種區分譯法，若嚴格遵循，將Recht一律翻成「法」，把「法律」一詞保留給立法機關制定的成文法，窒礙難行，且會發生用語混淆或無法翻譯的窘境。例如若將Jurist翻成「法人」，顯與《民法》之「法人」相混淆，故一般稱爲「法律人」；又如各大學的juristische Fakultät，可翻爲「法律系」或「法學院」，但絕對不會譯成「法系」，其例甚多。因此，本書Recht一詞的中譯，「法」或「法律」兩種皆有，視行文脈絡而定。

二、德文Recht一字，另有權利之義，通常加上subjektiv與objektiv之形容詞，以資分辨。若無特別區分，Recht涵蓋二種意涵，亦須視行文脈絡而定。例如本書德文書名「Unser Gutes Recht」，據作者表示，包含法與權利二義，寓有雙關語趣。中文「法」字之外，另有「權利」一詞，並無一語彙表達二義之中文，故捨德文書名，以副標題《法條背後的故事》作爲本書中譯版的書名。

三、爲期區隔，凡經由一定程序制定（訂定）並公布（發布）之成文法規，悉以《》標誌之；文本出現的出版品，亦同。

四、標點符號，依行文脈絡，按中文寫作習慣。與德文原文的標點符號，未必一致。

五、本書作者註解，以【1】標示，置於各編之後；譯者註解，以*1標示，置於各章之後，以利區分。

六、台灣爲法繼受國，外國法條、法院裁判或學說論著譯爲中文者，必不可少，法學翻譯素有傳統，譯者儘可能採用約定俗成的譯名，必要時，揚棄成例、添賦新詞，但求信達雅，尚祈讀者諒察。

導讀

如果讓您寫一本法律入門書或所謂的《法學緒論》，您會如何構思，從何下筆？如果請您講述某一個法律領域，比如說繼承法，您會從哪一個角度或何種問題意識切入？如果要介紹讓大家比較有感的台灣法庭故事，您會從哪一宗審判案件談起？

換個方式問，當您寫一本法律入門書的時候，您是設想讀者希望知道些什麼？還是您想告訴讀者些什麼？這兩種寫作動機不同，呈現的內容也大相逕庭。譯者淺見，本書屬於後者。

這本以德國法爲背景寫給非法律人的科普書，在結構上類同一般的法學通識教育課程：引言及通論之後，分爲公法、私法、刑事法、國際法四大編，透過歷史事件與實際案例，依序鋪陳各法領域的特徵與意旨，標示出不同的法律關係，包括我們與國家的關係、我們彼此之間的關係、我們與其他民族的關係。作者爲讀者擘劃了清楚的法律導覽圖，讓讀者可以按圖汲取法律知識，有些法律故事激動人心、感人至深，有些則令人玩味、沉吟再三。本書內容無庸譯者在此重述，且把閱讀樂趣留給讀者，這篇導讀毋寧是本書的特色和譯後心得。

誠如作者聲明在先：「碰到比較無聊的房間，我們可以乾脆快步走過！」（頁十七），讀者應該會發現，作者精心安排的橋段、刻意呈現的故事，除了增加趣味性、設法不讓這本書流於枯燥外，蘊含了作者希望讀者看到、一起思考的法律問題與法治課題。

本書開頭切入的重頭戲：殺人之法，大哉問是：國家可以殺人嗎？除了死刑存廢爭議外，還有國家爲了營救人質可以殺人嗎？需要法律依據嗎？合憲嗎？對照組的提供，有助於讀者平衡思考，這同時是貫穿全書的寫作方法。

作者善用譬喻，透過文字傳遞思維，常有一語雙關之妙：例如以「巨靈（野獸）與美女」來形容「國家」之難以馴服與法治國家之可能發生；又如以「病毒」作爲COVID-19疫情期間法律問題的標題，隱喻破壞民主法治人權的病毒無處不在、無孔不入。

作者以側寫手法臧否人物，在許多我們熟知的時代人物中，添加一些鮮爲人知或被人忽略的細節或史料，例如參與納粹時期「黑歷史」的若干人士後來位居要津（聯邦總統、聯邦總理、聯邦憲法法院院長……），特別是對於希特勒《授權法》投下同意票、戰後參與《基本法》草擬、出任西德首任總統的特奧多爾・豪斯（Theodor Heuss），作者品評：「雖然沒有手染鮮血，但也不是英雄，大部分的英雄都已逝去」（頁五七）。

作者敘事，側重歷史刻劃，在許多我們熟知的重要事件中，注入一些我們未必知曉的重要人物及其歷史片羽，讓我們對於已知的史實，再想想，於不疑處，有疑之！例如：《基本法》誕生過程中，「男女平等」如此理所當然的規定，竟然遭到否決，還得靠伊莉莎白・塞爾伯特（Elisabeth Selbert）發動輿論，於第四次表決時才獲得通過，成爲憲法條文（頁五八—五九）。又如：一九〇〇年《民法典》的親屬編被貶抑爲「父權主義下的產物」，雖經女性法學者安妮塔・奧格斯普（Anita Augspung）組織抗議行動，仍然徒勞無功，直到一九五八年《平權法》的制定，婦女及妻在家庭中的地位才有所改善（頁一七八—一七九）。

以上事例，顯示性別意識爲本書的特色之一，作者特別點出女性於德國律師或法官所占比例、德國監獄受刑人中之女性人數、全球被奴隸的人口中之女性比例、威瑪憲法制憲會議的女性代表、德國女性與男性的工作所得平均比；還有誰是第一位在德國議會上發言的女性、全世界首位女性出任民選國會議長的事蹟等。這些數據與事實讓我們看見法條背後的性別圖像，進一步比較思考平權的法律議題。

關於法律專業知識與法學理論，作者傳遞的不是教條式思想，也不是單純從詮釋者的視角出發，而是運用某種解構式的剖析手法，將法條層層剝開，得見並扣問背後的實然與應然，例如：為什麼要有基本權利？刑罰的目的何在？訴訟程序如何才算公平正義？國際法無法拘束列強，為什麼我們還需要國際法？作者藉由哈利．華茲（Harry Wörz）的冤案，引領讀者走上一回民刑事審判程序，體驗一名被告的真實人生；以拉格朗（LaGrand）兄弟被美國法院判處死刑及執行的經過，展示德國與美國在國際法庭上的攻防過程，都是本書扣人心弦、張力十足的精彩片段。

本書不是價值中立的讀本，而是法律知識的思想啟蒙之作，舉其要者：這是一部轉型正義的法律書，作者不厭其煩地碰觸納粹時期的人事掌故，兼納東德時期的法律史述，以及二十世紀之交德國於非洲及亞洲殖民地的刑事司法實踐，讓讀者可以循著未俱往矣之歷史軌跡，從中尋找正向回饋的史鑑思考資產，此其一；這是一本關懷弱勢者的法律書，作者描寫古往今來卑微人物的悲苦際遇，細說「債奴／農奴」制度的興衰起落，所占篇幅何其多，所論內容何其沉重，此其二。作者再三訴諸《黃金規則》（要像對待自己一樣，對待他人），在法律的天平上，作者的立場是相當鮮明的。

法是什麼？這道古老的問題，古往今來，論辯悠長、餘音不絕，各有分說，本書亦不例外。讀者不必同意作者的所有觀點，但可以思考作者提出來的問題，以及思考問題的角度。法應該是什麼？作者沒有訂出標準，也沒有公式化的答案，而是讓我們自己思考，不斷地、繼續地思考！

李建良

目錄

引言

生命中有許多重要的事物，往往在我們失去的時候，才會懂得珍惜。健康、愛情、意義、和平、自由，以及正義。之所以感到可惜，因爲這些都是我們幸福的泉源。比起過去，今天的湧泉更加充沛：我們活得比較健康，可以更自由地相愛，擁有近乎無窮的志向。對我們大部分的人來說，戰爭已然遠去，自由理所當然。今天，正義不是貴族獨享索求之物，而是人人可以向任何人主張的訴求。本書要述說的，正是關於這種幸福的法律，還有權利。

今天的法律，是長久以來各種奮鬥的果實，是理性勝過直覺、和平勝過戰爭、自由勝過強制、正義勝過恣意的戰果。在法條的背後，藏著許許多多的歷史故事，滿載各種悲歡離合和跌宕起伏的人類命運。古往今來，鞏固社會的，莫過於法律演進過程中所累積的碩果。只不過，我們坐擁如此良好的法律，卻幾乎沒有善加珍視；相反地：法律經常讓人有種不愉快的感覺，給人的印象不是備感吃力，就是難以親近。這點不僅可惜，而且危險。因爲如果我們不珍惜法律，就不會把它牢牢握在手中，而我們可能付出的代價是，失去我們以爲理所當然的東西。

人們對其所理解的事情，可以做比較好的評估。我們的法律爲什麼會是如此？法律如何確保和平、自由與正義？這是本書的核心關鍵問題。答案存於過去和現在，彼此交錯、橫跨所有法領域，且與達官顯要和凡夫俗子的人類命運緊密相連。凡此背景因素很少淺而易見，就算是法律人本身，包括我在內，也不是總是明曉。

本書敘事部分會讓您無比驚訝。比如說，糾問制度（Inquisition）[*1]曾對刑事程序有著正面的影響；或者，德國聯邦憲法法院成爲全世界最強法院一路披荊斬棘的過程；或者，十九世紀對工廠勞工及童工的剝削，有其法律上的依據；又或者，今天對我們來說理所應然的法院，從歷史的脈絡來觀察，卻是另番樣貌。今天，一個人生爲女人或猶太人、非婚生，或者生於平民之家，在法律上無關緊要，可是在不遙遠的歷史流裡，卻迥然不同。今天，我們在罪責有疑時，被無罪釋放，更不會被刑求、強令認罪。這些成就新近的程度，超乎您的想像。還有，爭端——甚至是國與國之間的衝突——原則上不能以武力解決，而是由法院定分，這是一項現代的發明。喬裝科佩尼克上尉（Hauptmann von Köpenick）的生命奇遇，[*2]在刑罰發展史上帶給我們的啓示，您可能會啞然失笑。

讓我們來回穿梭於法律的過去與現在，越來越清楚的是，法律是一把雙面刃。對於犯罪行爲人或被害人來說，法律是一把劍，或是一面盾，是強者或弱者的工具，是社會的束縛，也是推進力，法律會把人類與民族結合在一起，也會將其打散分離。不過，今天，我們法律在所有這些問題上都是在正確的一面作成決定，即使在第一眼不是總能夠看出。我們的法律體系如此地複雜，不是件災厄，毋寧是人類文明的傑作。法律確保我們免於國家與私人的恣意，未必處處可見，卻著實有效。無可諱言，法律有其弱點，但我們不能因爲這些弱點而絕望放棄，反而更應激勵我們自己不斷地設法改善法律。

我在「自由權協會」的正式職務，正是在這樣的意義下進行策略性的訴訟：我們爲了對抗不正當的監控或歧視，或爲了有尊嚴的生活而提出訴訟。我們可以做這件事本身，就是一項讓人不可置信的絕大特權。世界上幾乎少有一個國家像德國一樣，人們可以這般地貫徹或改變自己的法律。這一點我們自己必須一而再、再而三地牢記在心。

這樣的意識未廣為人知，我不感意外：在中小學裡，我們幾乎不學法律。從新聞報導中，我們只知道當前的新鮮事。哪些法律決定我們日常生活，通常是在發生爭執的時候才會察覺到。的確，法律複雜且不易瞭解。但這是細節部分，就像數學一樣，我們嫻熟四則運算方法，要比靠著熟背一加一要來得容易應付接下來的算數問題。類似道理也適用在法律身上：誰要是掌握基本要領，就可以自己舉一反三。這些基本要領可以傳授給任何人，而且用讓人理解且有趣的方式。

不瞞您說，這本書承載了我對所述內容的著迷。對我來說，法律就如同一座美麗的大房子，在其結構與造型之內灌注了數以千年的人類經驗。我們當然也可以住在這座房子的外頭，但可能會相當的不舒服，遇到天氣不好的時候，甚至會有生命危險。但是我們必須始終保持警戒，這座房子不是無堅不摧，但總還頂得住考驗。如有破損，稍費功夫即可修復。重要的是，它的地基及主要梁柱牆面還在就好；其他部分可以更動，有時候甚至有其必要，如果要讓住在裡面的人覺得——或總算感覺到——舒適而安全。

我可以為您導覽這座房子嗎？我沒法一下子就向您展示所有的地方，但這點並不是壞事。碰到比較無聊的房間，我們可以乾脆快步走過。總之，有足夠美好、夠吸引人的角度讓您得以飽覽。也許，我可以成功地讓您感染上我對法律的著迷，這對我們的法律來說，應該是一件好事。

◆本章譯註

*1 參見本書第八章。

*2 參見本書第十八章。

第一編　法律通論：本質與變遷

想像一下，您如果忘記您是誰，不知道今夕何夕、人在哪裡，甚至以什麼性別出生，不知道您有多聰明、健康且富有，是否有家庭或朋友，您只知道，您是一個人。然後再想像一下，不是只有您是這樣，其他的九十九個人也是如此，您和眾人一起集合在無知之幕底下。再想像一下，您們這些人被挑選來爲我們的社會制定一套共同生活的規則。您對於現行法規毫無所悉，也不知道您在這個社會裡屬於強者或是弱者。

您會爲我們定下何種一般而有效的規則呢？

第一章　魔法：法是什麼與法的起源

法律猶如魔法！透過文字語句，我們無中生有，創造出權利與義務、財產權與名譽、婚姻制度、企業，乃至於國家，甚至還有和平與戰爭的規則。

以上種種都是物理上無法觸及得到的。人們可以看到人，卻看不到將人與人結合在一起的婚姻；腳底下的土地，人們可以碰摸感知，卻看不到有人可以主張土地上的所有權。農田、草地及森林，人們可以與聞氣息，卻看不到將之據為領地的國家。

以上種種，皆有其道理，魔法在起作用；產生作用的關鍵點不是在法條中或契約裡寫的東西，而是我們相信它，且日久內化人心。就是這種相信讓我們規範的東西成真。在此基礎之上，我們行使我們的權利，要求別人履行其義務。

不過，法律的魔力要能夠完全地開展，上述的相信還需要付諸執行。因為，不同於自然律，人類是脆弱且易受傷害的。人類描述的不是實然事物，而是應然之道。沒有人可以忽略萬有引力，卻可能忽視契約。契約不履行會帶來損害賠償的後果；打斷別人的骨頭，要支付慰撫金；殺人，要終身監禁。違反法律的後果，屬於法律的一部分，就像投擲與落地的關係；法律不是僅僅生效，法律還要被宣示出來，必要時，強制執行。

法的根柢

在可觸及之物以外，我們以法律創造了一種世界，讓婚姻配偶、股份公司、國家結盟，在這當中熙來攘往，憑靠的是人類的想像力。因此，在法律發展的前階段，也是受到自然的支配，就像動物設定並遵循規則，以威嚇及暴力制裁違抗者。例如，狼群以尿液及糞便、還有狼嗥劃定牠們的捕獵領域，其方圓可從數平方公尺到數千平方公尺以上之廣。牠們捍衛其領域不被其他狼群侵犯，經常互咬致死。其他的動物，除了掠食性動物外，例如魚類、鳥類、甚至是昆蟲，牠們會占據並護守其獵食、求偶及孵育的領域。捕獲的獵物同樣也會加以保護。當海鷗接近鬣狗時，至少會有將近六十隻的鬣狗聚集在一起。

人類的國家疆域就如同動物王國的邊境，財產就等於是獵物。動物的規則與人類的法律，主要差別在於，我們有意識地把法律當作工具來運用。沒有一種生物像我們人類一樣，如此徹底地征服自然。德國《民法典》[*1]的規定提供了例證：動產所有權的取得與喪失，主要透過受讓、占有、附合、混合、加工、取得占有或拾得。《民法典》還規定了何謂所有權，我們如何可以主張所有權，有哪些權利我們可以授予他人，例如以租賃或設定抵押權的方式。甚至動物本身也有所有權，應該沒有任何動物會有這種想法。

在獵物與疆界之外，動物的生活依循固定的規則。[1]但不是單靠描述性的規則，也就是某些可以預測的行為，例如母性動物的保護行為，而是規範性的規則，也就是一種事前預定的行為準則，並且透過獎賞及處罰來維繫規則的遵守。尤其引人注意的是，基於階級所建立的規則，此種規則給予位階較高的群體享有特殊的優先權，例如供給食物或交配；或者是調停位階之間的衝突：光是打敗對方還不夠，必須讓一方臣服於他方，衝突才算結束，就像是人類的投降一樣。不僅是垂直的階級關係，還有水平之間的規則，例如在人猿就有所謂的相互原則：我幫你一次，例如在與同類衝突時，下次則換你幫我；這次我給你一點我的食物，下次換你給我一些。

人猿在處理內部衝突時，通常是相當中性的，也就是不問親疏遠近，大多數情形，是有利於較爲弱勢的一方。[2]甚至被關在籠裡，動物還是會強行遵守規則。動物行爲學者弗蘭斯・德瓦爾（Frans de Waal）報導位於安恆（Arnheim）動物園裡建立的規則，在所有的猴子回到睡覺的地方之前，沒有一隻猴子會進食，黑猩猩會居中協助執行這樣的規則。如果有猴子打混，就會被追逐，甚至挨揍。[3]在這些實驗當中，另一組黑猩猩會處罰偷吃食物的猴子——就算是沒偷成——通常使用的方式有喝斥、威嚇及肢體攻擊；有時候還會有第三隻介入調停衝突或懲罰麻煩製造者。[4]

我們生活所依循的規則，根柢遠遠較此爲深，循根長出來的樹，我們稱之爲法。只是，這棵樹到底爲何會長大？在德國，何以會有數以萬計的律法，連同無數的法條與款項，綿延施行至今？我們爲什麼會遵守這些規定，又如何將之付諸執行？

索解問題答案的鑰匙在社會，個別的生物不需要規則，社群則不然。社群有許多的好處，其中最重要的是——動物王國亦復如此——可以有比較好的前景、足夠的給養，能夠和敵人及競爭者相互較勁，也就是大家可以存活下來。不過，這些好處只能組織起來，集體共用，這就需要一套規則。

以規則來調和相互衝突，有其利益，這些利益可能存在於個人之間，或個人與社群（現代化的形式就是國家）之間，但也可能存在於不同社群之間。現代的法律分成部分的法領域，在不同的關係中進行利益的調和：公法規範個人與國家之間的關係；私法（或民法）規範個人與個人之間的關係；刑法作爲公法的一支，規範如何處理特別嚴重的違法行爲；國際法規範國與國之間的關係。本書以下依循這樣的劃分。

把法律定義爲利益調和的規則，是要追求更高的目標：和平。因爲法律若不能發揮功能，則復仇及暴力隨之而至。在沒有法律的社會裡，所有人實際上皆受到復仇與暴力的威脅：對於弱者來說，因爲他們不能貫徹其利益；對於強者而言，因爲他們擔心被推翻；所有人皆如此，因爲踏錯一步，就會面臨被害人的復仇。針對長期仍生活在原始社會的拉丁美洲及非洲的研究顯示，因此導致的死亡人數相當高。人類學家拿破崙．沙尼翁（Napoleon Chagnon）[*2]於一九八八年估計，在亞瑪遜的亞諾馬米人[*3]（Yanomami-Indio）有將近百分之三十的成年男人死於暴力，[5]對於史前社會一般估計也大約如此。[6]誰要是對此有所質疑——例如歷史學者魯特格爾．布雷格曼（Rutger Bregman）[*4]在其《人性本善》[*5]一書中所提出的——都可以找到足資證明法律效力在古早過去有其價值的證據，例如古代或中世紀，甚至是非民主的社會，法律至少可以防止暴力。在這些社會裡，商人、有配偶之人、鄰居、公司都必須遵守有效的法律，這些法律把特定的行爲置於刑罰之下，並且把刑罰的執行保留給國家行使。

在我們的想法中，除了避免暴力之外，法律還有另一項功能：不只是調和利益，以此維持和平，還要讓利益調和力求公平。這是一種訴求，就像許多動物對於食物公平分配也會有同樣的訴求。

爲什麼公平的調和如此重要？難道我們就不能相信其他人不會分得比我們多嗎？人與人之間，因熟識或基於其他原因而相互連結，進而建立起對公平的信賴。對於公平規則及其貫徹的信賴，取代了來自熟識關係的信賴。人與人的關係越是變化無常或破碎不全，則越是需要法律的規範。比如說，我們買一部車，《民法典》定義什麼是物的瑕疵，物的瑕疵會產生什麼樣的請求權，甚至誰在什麼情況下必須提示證據；關於社團的內部組織，法律的規定明顯較少；子女如何教養，大部分屬於父母的事情；只有牽涉到錢的問題——扶養費、繼承——或者家庭破碎時，法律才會多一些規定。

法律的規範，還有助於（譯按：人民）對國家的信賴。在一個只有少數人組成的族裔裡，首領憑藉族人的緊密關係而享獲信賴，據此維繫其他的利益。此種情形同樣適用在非親屬關係、但基於命運與共而結合的小團體，這點特別顯現在海事傳統法則中，船長是離船的最後一人（譯按：船長與船共存亡）。[7]不過，在一個由數以百萬人組成的國家中，對於領導者的個別信賴無從建立起，但只要法律有效施行，領導者個人是否值得信賴，就沒有那麼重要了。

變遷帶動變遷

最早的社會法則，起源於吾輩原初祖先的社群。現代法的歷史何時肇始，雖沒有定論，但從世界上最早保存下來的法律典籍遙想遠古時期，部分固定成型的人類文明，大抵可見。約莫四千年前，最古老法典中的一部被寫了下來：《漢摩拉比法典》。

在巴黎的羅浮宮裡，人們可以看到這部法典——在一座西元前十八世紀的石碑上，以巴比倫楔形文字銘刻有二百八十二個法條。今人推測，當時的漢摩拉比國王讓人把這座還有其他的石碑豎立在巴比倫王朝的四處各地，目的在教化臣民，而非現代意義的法典。該部法典處理不同的法領域，內含的規則在古美索不達米亞地域已經扮演重要角色，從親屬繼承法，到財產權法，以迄刑事法。凡誤指他人謀殺者——如其第一條所載——償命；凡把脫逃奴隸帶回者，賞拾獲金；城市未能防止強盜者，應給予被強盜者所失之物等價的賠償。

該部法典亦明定，第三人買受盜贓物，該物所有權的歸屬：仍歸原所有權人，即使買受人不知該物為盜贓物，然後（譯按：物歸原所有權人之後），買受人再從出賣人取回價金。實在難以置信：直到今日，德國法有關盜贓物的處理方式，亦復如是[*6]。

盜贓物從善意取得人處再回到被盜者身上，不是必然之理。盜贓物的權利歸由不知情的買受人所有，同樣也是可以的。只不過，古老的巴比倫人顯然跟我們一樣認爲這樣的結果不算公平。令人驚奇的不僅是古今同此觀念，而是古人在這麼早之前就可以把如此複雜的問題寫成條文。

四千多年前的法律，在某些方面一如今日；在其他方面，則大不相同。例如，關於盜贓物出賣人的法律效果：在請求返還盜贓物的訴訟程序中，例如在古巴比倫，同時處理出賣人的刑罰問題，此種情形於今已不復存在。今天如有爭議，需要進行三種訴訟程序：所有權人於民事法院向買受人訴請返還其所有物；買受人於另一民事法院向出賣人（可能是竊盜者？）請求其轉售該盜贓物所生之損害賠償；以及出賣人於刑事法院接受審判。最後者之情形，檢察官必須向刑事法院證明，出賣人自行竊取該物，或遣人竊取該物，或者至少知悉該物爲盜贓物，各依情形，分別判刑：第一種，出賣人構成竊盜罪；第二種，構成教唆竊盜罪；第三種，構成贓物罪。與過去不同的地方是，於巴比倫時期，銷贓者可能面臨死刑的處罰，今天多半處以罰金，最重也只是有期徒刑。

法律的變遷，不是奇蹟。石器時期的人類，只消相當有限的規則。在一個部落裡的利益紛爭並不特多，泰半是平均分配。直到人類逐漸成爲定居社會，並將土地及其他事物宣稱爲其所有，規則才開始增生。出於理性，強行法取代了強者的「法則」；再進一步推演，當公共體[*7]開始發展時，其中包含的不單只是幾組家庭，而是成百上千、甚至是數以百萬的人們，彼此不認識，各自分工、往來交易。人們越來越趨於疏離——或者說：轉而成爲各種不同的說法，不管是宗教性或是世界觀——並且回歸自己，回到各自的個體性。

時至今日，法規茂盛如牛毛，多到一般人只能略窺一隅。法規數量龐大及繁瑣細碎，常受人詬病。但這是我們自身生活持續複雜化的表徵：今天，我們不單只有普通科醫師，還有心臟科、骨科、內科、麻醉科醫師，以及超過四十種以上的專科醫師。核能電廠的功率遠比火力發電超過數百千倍，造成傷亡的人數以百萬計，複雜的程度遠超乎過去——發生危險的潛能，難以估量，甚至是晚近的資訊技術，無人可以單靠人的知覺直接辨識微軟視窗作業系統的程式碼（估計大約有五千萬之多）。

上述發展對於現代法律的形貌造成巨大的影響。比方說，醫師的治療行爲需要更多的規範，從臨床及醫院的衛生要求，到給予病患足夠資訊的說明義務，乃至於醫療瑕疵所生的責任等；核能電廠必須符合一系列複雜的規範要求，以便可以安全地建置與營運；還有ＩＴ集團——網際網路被比擬是大西部[*8]——相關規範越來越多。換句話說，我們透過法律來面對人類發展過程所帶來的諸多新挑戰。

不過，有些法律規範來得太晚。我們花了數千年，才一定程度地處理國家權力的問題，節制內藏摧毀性力量的國家權力，對外是強大的軍隊，對內則是暴君獨夫統治。先是古代時期，「正義戰爭（聖戰）」的觀念被發展出來，也就是發動戰爭需要有良善理由的觀念——當時統治者發動戰爭的理由，於今對我們來說，已經不具說服力。一步一步地，戰爭中的法律（ius in bello）逐漸朝向限制發動戰爭的法律（ius ad bellum），也就是以法律規範戰爭的發動與實施，特別是不損及平民、如何處理戰犯，以及禁止使用特定的武器。今天，我們稱此爲人道國際法。晚近，也就是直到二次世界大戰之後，國家之間的暴力相向才被法規範明文禁止。而今依舊還是有戰爭的發生，但是國與國之間的戰爭已經少多了。

國家對平民的權力，要更晚才受到限制，經由民主的憲法。關鍵在於把人民置於中心，而不是統治者，如同本書第二編的標題。

在第二編開始之前，容請各位想像一下，您們被置放在一個無知之幕底下，被託付一項任務：爲我們社群設定規則。美國哲學家約翰・羅爾斯（John Rawls），首先將此思想實驗寫在他一九七一年的《正義論》（*A Theory of Justice*）一書，他看到在無知之幕中，可以確保您所定規則可能是正義的。因爲您不知道，您會遭遇到什麼樣的命運，所以可能從弱者的角度定出社會的公平規則。

我認爲這樣的思想實驗相當具有說服力，與此同時，我要邀請您透過本書，依循另一條路徑，不斷地檢驗現行法律是否在無知之幕底下所制定。

在此我要先提出一道重中之重的法律問題，這道問題穿越了法律歷史長河，往來橫貫各法體系，特別適合在乍然接觸法律的時候思考：法律何時允許殺人、殺誰？

◆本章譯註

[*1] 正式名稱：Bürgerliches Gesetzbuch，簡稱BGB。

[*2] 拿破崙．沙尼翁（一九三八—二〇一九），美國人類學家。

[*3] 巴西原住民。

[*4] 魯特格爾．布雷格曼（一九八八—），荷蘭歷史學者。

[*5] 德文書名：*Im Grunde gut: Eine neue Geschichte der Menschheit*，二〇二〇年三月；本書原名：*De Meeste Mensen Deugen: Een Nieuwe Geschiedenis van de Mens*，二〇一九年出版。英文版*Humankind: A Hopeful History*於二〇二〇年六月出版。

[*6] 我國亦然，但設有期限，參照《民法》第九百四十九條規定：「占有物如係盜贓、遺失物或其他非基於原占有人之意思而喪失其占有者，原占有人自喪失占有之時起二年以內，得向善意受讓之現占有人請求回復其物。依前項規定回復其物者，自喪失其占有時起，回復其原來之權利。」

[*7] 原文：Gemeinwesen，拉丁文：res publica，原意是公共事物，衍生為共和國、國家等意涵。

[*8] 以美國大西部比喻網際網路的發展，意指投入網路市場者，猶如過去美國西部的墾荒淘金熱潮。此種比喻，早有說法，參見：»WIE IM WILDEN WESTEN«, 06.03.1994, 13.00 Uhr · aus DER SPIEGEL 10/1994 https://www.spiegel.de/wissenschaft/wie-im-wilden-westen-a-70e16b21-0002-0001-0000-000013685743

第二章　生與死：殺人之法

一九四九年二月十八日，清晨六點，杜賓根市政府的行刑鐘聲出奇地響起。十二名市政府代表列隊站在位於竇布勒街十八號監獄的內院，一旁有檢察長、一名牧師、行刑官以及其他若干人等。一名男子位在這些人的面前，被固定在斷頭台的板凳上，面朝下，頭部伸過頸項板的洞圈裡。

這名男子是二十八歲的理查德・舒賀（Richard Schuh）。二次世界大戰期間，於空軍服役，戰後靠打零工勉強度日。一九四八年一月底的某一天，他從斯圖加特勞工局返家途中，一名卡車司機順道載他，舒賀用他服役時的軍用舊手槍射殺了這名司機，接著把卡車的新輪胎卸下，打算拿到黑市變賣換錢。

他旋即落網，一九四八年五月十四日，杜賓根邦法院以謀殺罪名判他死刑。雖然法院坦言，舒賀「因長年戰爭加上戰後悲慘混亂的生活境遇，早已喪失了對人命的尊重以及對法律的尊敬，而且在多年的軍旅生涯過程中，吸收的暴力和不法教育遠多於秩序與道德教育。」不過，這些都無法成爲有利他個人的理由，因爲「他與無數人共同承擔這個命運」。[1]因此，唯有死刑方足以贖其深重的罪孽。

他向邦高等法院提起上訴，遭駁回確定，接下來只剩下尋求赦免。一九四八年十月十五日，邦政府在一次的內閣會議中討論赦免的可能性，邦司法部長卡洛・施密德（Carlo Schmid）缺席。這位德國社會民主黨（Sozialdemokratische Partei Deutschlands, SPD，下稱社民黨）的政治家原本可以扭轉這項決定：稍早幾個月前，他剛說服當時基督教民主聯盟（Christlich Demokratische Union, CDU，下稱基民黨）的邦總統洛倫茨・波克（Lorenz Bock）[1]，赦免了另外一名被判處死刑的犯人。死刑已經不符合時代了，他如此地主張，死刑貶低了有人性的社會。

但是，波克在兩個月前去世了，繼任者是格布哈特・米勒（Gebhard Müller），後來成了聯邦憲法法院院長[2]。米勒跟他的前任——基民黨同志一樣，確信死刑的必要性，他拒絕了特赦的請求。

這項死刑判決的執行，由卡洛・施密德的司法部負責，還可以爭取一點時間，也許因爲施密德此刻正在參與波昂制憲委員會[3]的《基本法》草擬工作。在此之前，他參加過在海倫基姆湖[4]召開的會前會，並且提議廢除死刑。不過，在一九四九年一月十八日的波昂會議上提出在《基本法》中加入禁止死刑規定的議案者，並非施密德，而是漢斯—克里斯多夫・澤博姆（Hans-Christoph Seebohm）。

澤博姆是民族保守主義的德意志黨[5]黨員，有人推測，他是想要先下手爲強，以確保納粹戰犯免於一死，但這項提案遭到否決。二月十日，理查德・舒賀預定被行刑的前八天，制憲會議的主要委員會重新討論這項議題，由卡洛・施密德擔任主席。

根據今人的估計，在納粹主義時期超過一萬六千人被依刑事判決處決，相較此前五十年間只有四百宗死刑案件被執行，尤顯殘酷無比。光是巴伐利亞的行刑官約翰・賴希哈特（Johann Reichhart）在一九四○年至一九四五年之間就執行了二千八百件死刑案件，其中包括一九四三年二月二十二日的白玫瑰運動成員漢斯・索爾（Hans Scholl）與蘇菲・索爾（Sophie Scholl）兄妹[6]。在此之外，還有數以千件的處決是依照軍事刑法——再加上數以百萬在集中營及被占領軍虐待致死或謀殺之人。

在此背景之下，社民黨議員弗里德里希・威廉・瓦格納（Friedrich Wilhelm Wagner）在全院會議上再次提案禁止死刑。在死刑的背後是一個最爲殘酷且人性沉淪至極的時代，他向在場的人說道。對他來說，毫無疑問的是，德國民族對生命權「給予如此之高的評價，因此國家應該沒有權利剝奪——國家未賦予——的生命」。[2]然而，全院會議在這一天卻沒有作成決議。

在獄中的理查德．舒賀對這些事情應該渾然不知。在行刑的前一天，他被以某種理由從羅騰堡移監到杜賓根，直到下午三點的時候，檢察長才讓他知道他將於隔天早上被處死。舒賀「極度驚駭」，如紀錄所載，整夜未曾闔眼，在一名神職人員協助下寫了六封訣別信，一封是給他的女兒雷娜特（Renate），隨信附上一片巧克力、一盒餅乾，還有一盒糕點。

不久，鐘聲響起。當四十公斤重的鍘刀落下將其頭部與頸部分開之際，理查德．舒賀還有自制力，無聲回應。之後神父作了祈禱，遺體被放置於大學的解剖學研究所裡。

理查德．舒賀是最後一名由西德司法處決之人。檢察長在他死前一晚曾勸他放棄提出再審聲請的想法，也許聲請再審可以救他一命。因為就在三個月之後，也就是一九四九年五月二十四日，一個重要的條文隨著《基本法》的制頒生效了，條號一〇二，只有四個字：「死刑廢除。*7」相對於數以千年以來與此悖反的法律實務，這是一項無比的成就，不管是過去或未來。

儘管如此，當時在德國土地上仍有死刑犯被處決，主要是盟軍對納粹戰犯的處決，德國對此在法律上無發言權。除此之外，東德初期仍繼續判處死刑，且至少執行一百六十六次，尤其是維爾納．特斯克（Werner Teske）的死刑判決*8，他被控從事所謂的間諜活動以及一九八一年六月二十六日的叛逃未遂。[3]一九八七年七月十七日，東德國會廢除死刑；兩德統一後，《基本法》第一百零二條適用於全德。

死刑的歷史顯現出法律如何變遷、需要何種推促力，一方面是時代氛圍的反映，另方面則是勢之所趨：早在一七六四年，義大利學者切薩雷．貝卡里亞（Cesare Beccaria）在他的《論犯罪與刑罰》*9一書中即已提出廢除死刑的訴求，其理由與日後反對此種最爲極端刑罰的理由類似。另方面，於一九四八年秋天仍有百分之七十四的德國人認爲死刑是正確的，[4]以致於《基本法》施行之初——一再地——有人主張恢復死刑，於一九五〇年代甚至還有五種法案被提出；即使是一九六〇年代，著名的政治人物像是首位聯邦總理康拉德・艾德諾（Konrad Adenauer）與時任聯邦司法部部長理查德・耶格（Richard Jaeger）都曾表示贊成恢復死刑；直至一九七〇年代，民眾的看法才有所轉變（一九七三年僅百分之三十贊成恢復死刑）——但到了赤軍團（RAF）[*10]恐怖分子震撼西德時，反廢死的聲浪又再度攀升（一九七七年：百分之四十五到五十贊成）。[5]一九七七年九月五日，赤軍團綁架公會主席漢斯・馬丁・施萊爾（Hanns Martin Schleyer），並且要求釋放在監的十一名赤軍團成員，全國上下神經緊繃。聯邦檢察總長庫爾特・雷布曼（Kurt Rebmann）——國家最重要的檢察官——在這樣的氛圍下，提出了修改《基本法》第一百零二條的建議，以便在法律容許下，處決赤軍團要求釋放的受刑人。[6]

所有恢復死刑的倡議最後都失敗告終，《基本法》本身對此提供了一項特別的防護機制：憲法的修改，只能透過聯邦眾議院與聯邦參議院成員三分之二的通過。這套機制防止死刑存廢免於多數決的擺盪（譯按：在多數決之下，時而廢除，時而恢復），以至今日，儘管在二〇一六年只有百分之十七的德國人希望恢復死刑。[7]因爲死刑的歷史未到終點：根據康乃爾全球死刑研究中心（Cornell Center on the Death Penalty Worldwide）的報告，目前還有三十五個國家在執行死刑；另有四十八個國家法律中明定死刑，但最近十年不再適用。[8]德國機關不得將人遣送至這些國家，如果該國無法保證當事人不會被處以死刑或執行死刑。[9]

今日的殺人之法

在死刑之外，法律允許殺人或至少不禁止殺人者，例如在戰爭中，這部分本書最後一章還會回頭探討。在一國之內，特別是因正當防衛或緊急避難而殺人是被允許的。於正當防衛，行爲人爲防制他人的攻擊而採取防衛；於緊急避難，則是保護他人免於受到攻擊。個案細節是相當複雜的。兩種法律概念的共通之處在於，採取攻擊行爲的人本身的行爲必須是違法的。例如一名強盜的被害人以暴力反抗時，該名強盜回擊並殺死該被害人，不能主張正當防衛，因爲該被害人是正當的防衛行爲。不管是正當防衛或緊急避難，對於國家成員的要求較高，如果國家成員採取致人於死的手段時。例如一名警察不得對徒手的攻擊者以警用武器防衛之；使用警用武器時，優先爲非致命的射擊。

國家爲了解救人命而殺人的特殊情境，過去有兩則問題被特別提出來討論，其一是有目的的致命射擊，一般美其名爲「目的性的解救射擊」。這是電影裡常見的場景：人質有生命危險，警察設定目標、擊斃綁匪。德國十六個邦的警察法對於此種情境都有特別容許要件的規定；布萊梅及漢堡邦的特殊之處是，警察可以忽略（譯按：不服從）殺人命令。[*11]

爲了解救無辜者而必須容許有目的地殺死攻擊者，今天應該沒有人質疑。有爭議的是，容許連同無辜者一起殺害，如果因此可以解救其他人的話。費迪南・馮・席拉赫（Ferdinand von Schirach）在他的劇場書《恐怖行動：一齣劇本》[*12]裡探討這個問題。聯邦憲法法院，德國的最高法院，對此問題作出了判決。緣由是二〇〇五年制定的《航空安全法》，該法對於二〇〇一年九月十一日發生在美國的攻擊事件作出了回應，允許擊落被劫持的航空器連同乘客，如果因此可以解救其他無辜者的生命。

聯邦憲法法院宣告此項擊落的授權規定違憲。[10]因為被犧牲者被用來作為解救其他人的工具，無異於被物化，同時被剝奪權利；這些人被剝奪了人之為人所具自主意志之價值。在《基本法》的人性尊嚴保障效力下，「完全無可想像，基於法律的授權，（……）去故意殺害無辜之人，像是一架被劫持之航空器機上的組員及乘客處在一種無望的處境。」[11]

至此，我們或許可以著眼在一個句子、一個理念、一種理想上，這是我們法律中無與倫比的地方：「人性尊嚴無可侵犯。」《基本法》的第一個句子。制憲會議將之置於德國憲法的最前端，「以彰顯新國家的整體精神，相對於一九四五年五月被毀滅的國家秩序。」[12]此一為首且最重要的句子把個別的人類放在所有國家行為的中心位置。不是德國人、德意志裔，甚或亞利安人，而是人類。不是國家，「民族共同體」、多數人，而是個人。這個句子表彰：人類不能被看作是物、問題、生產要素，而應該作為主體被看待，作為自主的實體，作為權利的主體。

在航空器被劫持如此極端的情境中，對有些人來說，或許難以理解，對於任何人的人性尊嚴保障，且毫無限制的保障，即使是無論如何注定要死的機上乘客。但是這種毫無限制的保障效力，正是來自我們歷史的教訓，是憂心人性逐漸沉淪的體現，即使我們只容忍小船上的一丁點漏洞，這艘乘載我們航向世界歷史的方舟。人性尊嚴保障的對立課題是大屠殺，是對內及對外發動泯滅人性的戰爭，還有以個人痛苦換取所謂共同利益的功利世界觀。人性尊嚴保障是那些尊嚴飽受蹂躪者的紀念碑。

因此，第一條是《基本法》中不能被修改的兩個條文之一，也就是不能以國會的三分之二修改。另一條是第二十條，其確立了德國的基本體制：聯邦共和國、民主及社會國，在此體制下，國家權力被分立，並受法及法律的拘束。

過去走過的路，遙遠而淵深。長期以來，我們一直與權力和我們自己角力，這條道路及其結果是下一編的重點。

在羅爾斯的無知之幕底下，聚集的不是無知之人，相反地，所有人都知曉自己國家及世界的歷史，以及重要的社會關聯性。因此，顯而易見的是，在無知之幕底下，應該沒有人會贊成死刑：在此種國家最嚴厲的措施之下，過去帶來的負擔太過沉重，錯判的風險太高，就算是對有罪之人來說，也太過殘酷。反之，（是否）擊落被用來當作武器的民航機，則明顯較難判斷。您會得出什麼樣的結論呢？

◆本章譯註

[*1] 洛倫茨·波克（一八八三—一九四八），德國法律人及政治家，於一九四七年當選符騰堡—霍亨索倫（Württemberg-Hohenzollern）邦總統（參見Mann der goldenen Mitte, Der Spiegel. Nr. 29, 1947, S. 1. https://www.spiegel.de/politik/mann-der-goldenen-mitte-a-71d9bfd6-0002-0001-0000-000039883659?context=issue）。一九五二年，符騰堡—霍亨索倫與符騰堡—巴登及南巴登合併成為巴登—符騰堡邦（Baden-Württemberg）。

[*2] 格布哈特·米勒（一九〇〇—一九九〇），德國法律人及政治家，於一九四八年當選符騰堡—霍亨索倫邦總統，任職至一九五二年巴登—符騰堡邦成立為止；一九五三年，當選巴登—符騰堡邦總理；一九五八年，當選為聯邦憲法法院法官暨院長。參見：Walter Rudi Wand, Dr. Gebhard Müller. Demokrat, Staatsmann, Präsident des Bundesverfassungsgerichts, in: Jahrbuch des öffentlichen Rechts der Gegenwart 34 (1985), S. 89-104.

[*3] 原文：Parlamentarischer Rat，由西德占領區邦議會選出之代表組成之制憲會議，自一九四八年九月至一九四九年五月於波昂（Bonn）集會議事。

[*4] 原文：Herrenchiemsee，即於一九四八年八月十日至二十三日假巴伐利亞邦海倫島（Herreninsel，直譯：紳士島）之舊皇宮召開的海倫基姆湖憲法會議（Verfassungskonvent auf Herrenchiemsee），會議成員是西德占領區各邦總理代表。

[*5] 原文：Deutsche Partei，一九四七年成立，一九六一年解散。

[*6] 「白玫瑰」（Die Weiße Rose）是德國納粹時期的非暴力反抗組織，於慕尼黑地區散發傳單，呼籲人們加入反抗納粹政權運動，主要成員是漢斯·索爾（一九一八—一九四三）與蘇菲·索爾（一九二一—一九四三）兄妹以及慕尼黑大學學生及教授。一九四三年二月十八日，索爾兄妹於慕尼黑大學散發傳單時被捕，幾日後被判死刑並即處決。

[*7] 原文：Die Todesstrafe ist abgeschafft。

[*8] 特斯克（一九四二—一九八一），經濟學博士，於東德情報機關史塔西（Staatssicherheit, Stasi）任職，

一九八〇年九月間被控是西德間諜及叛逃（Fahnenflucht），於一九八一年六月十一日被判處死刑，一九八一年六月二十六日執行。他是最後一位在東德乃至全德最後一位被處決的人，處刑過程，參見：Lahusen, Benjamin, Drei Jahrzehnte ohne Todesstrafe, Myops, S. 62-64, chrome-extension://efaidnbmnnnibpcajpcglclefindmkaj/https://beckassets.blob.core.windows.net/product/readingsample/8725624/myops12_lahusen.pdf

*9 義大利原文：*Dei delitti e delle pene*。德文：*Von den Verbrechen und von den Strafen*，英文：*On Crimes and Punishments*。

*10 Rote Armee Fraktion的簡稱（又譯「紅軍派」或「紅軍旅」），曾是社會革命的恐怖組織，於一九七〇年至一九九八年期間活躍於德國。Die “Rote Armee Fraktion” (RAF)，自詡為反帝國主義、反資本主義及反法西斯主義，以「城市游擊隊」型態進行左派抗議活動，由安德烈亞斯・巴德爾（Andreas Baader, 1943-1977）及古德倫・恩斯林（Gudrun Ensslin, 1940-1977）等人於一九六〇年代建立，成員以左派人士為主，發動多起爆炸襲擊及謀殺行動，於一九七七年秋天達到高峰，而有所謂「德國之秋」（Deutscher Herbst）之稱。一九九〇年代，隨著部分社會主義國家體制解體及德國政府嚴厲打擊，赤軍團的活動逐漸式微，於一九九八年，自行解散。參見：Historisches Lexikon Bayernshttps://www.historisches-lexikon-bayerns.de/Lexikon/Rote_Armee_Fraktion_(RAF)。德國警方至今仍在追緝前赤軍團的前成員，特別是恩斯特－沃爾克・施塔布（Ernst-Volker Staub）與布克哈德・加維格（Burkhard Garweg）。參見：https://www.welt.de/geschichte/raf/article252256200/Ernst-Volker-Staub-Die-Beamten-sahen-die-Kugel-und-das-Loch-in-der-Decke-dann-riefen-sie-Verstaerkung.html

*11 多數邦的規定模式是：「近乎可確定致死之射擊，僅於其為防禦現時之生命危險或現時之身體完整性重大傷害之唯一手段時，始得為之。」例如《巴登－符騰堡邦警察法》第六十八條第三項。布萊梅及漢堡邦警察法則於此類授權條款同時規定：關於遵守命令之規定不適用於本項情形。參見：《布萊梅邦警察法》第一百零七條第二項第三句及《漢堡邦警察法》第二十五條第二項第二句。

*12 原文：*Terror: Ein Theaterstück und eine Rede*，二〇一五年出版。

◇本編注釋

第一章

【1】以下參見：Frans de Waal, Der gute Affe, München 1997, S. 114 ff., 167 ff.

【2】同上，S. 162f.; Frans de Waal, Der Mensch, der Bonobo und die zehn Gebote. Moral ist älter als Religion, Stuttgart 2015, S. 67 f.

【3】Frans de Waal, Der gute Affe, München 1997, S. 114.

【4】Mallini Suchak/Timothy M. Eppley/Matthew W. Campbell/Rebecca A. Feldman/Luke F. Quarles/ Frans de Waal, How chimpanzees cooperate in a competitive world, PNAS, Vol. 113, S. 10215 ff.

【5】Napoleon Chagnon, Life Histories, Blood Revenge, and Warfare in a Tribal Population, Science vom 26.2. 1988, Ausgabe 4843, S. 985 ff.

【6】概述，參見：Will Koehrsen, Has Global Violence Declined? A Look at the Data, Towards Data Science vom 6.1.2019, online unter https://towardsdatascience.com/has-global-violence-declined-a-look-at-the-data-5af708f47fba

【7】此一規則的屬性比較接近榮譽準則，而不是法規範。參見：Robert Esser/Susanne Bettendorf, Muss der Kapitän als Letzter von Bord? Zur Strafbarkeit von Schiffsführern im Notfall zwischen Rettungspflicht und entschuldigendem Notstand, Neue Zeitschrift für Strafrecht 2012, 233 ff.

第二章

【1】Landgericht Tübingen, Urteil vom 14.5.1948 - Az. KLs. 50-52/48.

【2】Der Parlamentarische Rat 1948-1949, Akten und Protokolle, Band 14 Hauptausschuss Teilband 2, Nr. 50, S. 1618.

【3】特斯克的死刑判決於一九九三年被撤銷。當年參與該審判的一名軍事法庭法官與一名軍事檢察官於

一九九八年被以殺人罪與枉法裁判罪判處有期徒刑四年。

[4] Yvonne Hötzel, Debatten um die Todesstrafe in der Bundesrepublik Deutschland 1949 bis 1990, De Gruyter, 2010, S. 4 (Fn. 10).

[5] »Todesstrafe: Jeder zweite ist dafür, Der Spiegel vom 2. 05.1977, S. 101 ff. online unter https://magazin.spiegel.de/EpubDelivery/spiegel/pdf/40915727

[6] »Massive Gegendrohung«, Der Spiegel vom 8.9. 2008, S. 48 ff., online unter https://magazin.spiegel.de/EpubDelivery/spiegel/pdf/59889959

[7] Allensbacher Archiv, IfD-Umfrage 11052, Februar 2016, online unter https://www.ifd-allensbach.de/fileadmin/kurzberichte_dokumentationen/FAZ_Februar016.pdf

[8] Cornell Center on the Death Penalty Worldwide. Übersicht online unter https://www.deathpenaltyworldwide.org

[9] 參照《國際刑事互助法》（Gesetz über die internationale Rechtshilfe in Strafsachen）第八條規定。至於驅逐暨遣送禁止是否從《基本法》特別是第一百零二條推導而出，存有爭議。聯邦憲法法院於一九六四年尚採否定見解（Az. 1 BvR 93/64）。不過，我認為很難想像，憲法法院今天仍會採相同見解。

[10] Bundesverfassungsgericht, Urteil vom 15.2.2006 - Az. 1 BvR 357/05.

[11] 關於聯邦軍隊飛行員的可罰性問題（是否構成殺人罪），聯邦憲法法院懸而未決。

[12] 國會議員封．曼戈爾特（v. Mangoldt）對於《基本法》草案的書面報告，Anlage zum stenogr. Bericht der 9. Sitzung des Parlamentarischen Rates am 6.5.1949, S. 6, 引自：Matthias Herdegen, in: Maunz/Dürig, GG, Stand: März 2019, Art. 1 Abs. 1 Rn. 16.

第二編　我們與國家的關係：公法

《基本法》得來不易、代價昂貴。在我們找到它之前，歷經了一次的革命和兩部的憲法，皆告失敗；兩次的大戰摧毀了世界，我們的前人系統性地屠殺猶太人，還有被認定是「非亞利安人」而受歧視的人（特別是辛提人及羅姆人，譯按：吉普賽人）。

《基本法》的重要支柱其中有部分汲取納粹主義時期及十四年前威瑪共和國時期的歷史教訓，這說明了何以基本權利被置於《基本法》的首編，何以要廢除死刑，何以今天的聯邦總統幾乎沒有任何政治上實權，何以《基本法》明定兩個最重要的條文不得修改，乃至於何以《基本法》賦予人民得對抗任何人的抵抗權，如果有人意圖顛覆合憲秩序而著手實施的話。

但是，《基本法》不單是針對德國歷史暗黑的一頁而作出反應。戰後幾位睿智之士投注數月心力在憲法草擬工作，於此過程中，他們得以憑藉此前諸多憲法累積的經驗，公共領域也影響了他們最終的決定。在德國核心的各種法律當中，《基本法》是最新的，從任何方面來說，《基本法》都是現代的，向著歐洲開放、迎向進步、面對全世界，是社會的且民主的，是權力分立相互制衡的，而且備有預防危機的機制。

本編的重點是我們與國家及其組織的關係，還有基本權利，以及國家制度之間的交互作用，特別是對我們具重要性的法院。我們把這些基礎性的法律稱之爲公法，若不稍事回顧過往，無以理解這些今天看來理所當然的成就。因此，這得從頭開始講起。

第三章　巨靈：憲法史

在上帝創造的萬物當中，利維坦（Leviathan）是最令人害怕的。一隻像鱷魚的巨獸，不是，像巨龍，不是，像巨蛇，不是，像鯨魚，舊約全書上這樣寫照。牠瞥一眼足以屈人，牠的皮膚，如同胄甲，牠口吐火焰，其心如石，刀槍不入。「在地表上，（牠）無人能比，天生無畏無懼，睥睨一切，傲視群倫的王者。」（約伯記四一章）唯有上帝能與牠匹敵——並且將其誅殺，在最後審判的那一天（以賽亞書二七章第一節）[*1]。

英國哲學家湯瑪斯．霍布斯（Thomas Hobbes）在他的哲學經典著作《利維坦》（*Leviathan*）（一六五一年）將國家比擬爲這頭巨靈，恰如其分。國家作爲一種令人畏懼、鐵石心腸、無敵的巨靈。牠的形象爲什麼如此地恐怖？

在一六四二年至一六四九年之間，英國處於內戰狀態。混亂和死亡支配著這個國家。霍布斯提出一個問題，爲什麼人類要齊聚組成一個國家？就此問題，他提出了一項假設性的原初狀態，一個沒有律法與國家的狀態。兩個人在「自然狀態」下爲了爭奪同一件東西，變成敵人，彼此都想消滅對方。這是萬人對萬人的戰爭。沒有人可以確保其生命及財產安全無虞，人類處於受苦狀態。

在此情況下，所有人打算自願地締結一項可以確保和平的契約。眾人達成協議，建立一種立法及執法的機制。這個機制必須位居於所有人之上，全知全能，唯有如此，才有辦法確保安全。這個全能的機制就是國家，利維坦。爲人類之所欲，而非上天的恩賜——這套理論的建構，是霍布斯最大的貢獻。

但是，霍布斯的利維坦，集統治者、立法者與法官於一身。霍布斯偏好以專制的君主作爲國家形式，一人之下，萬人之上，如此才最有辦法阻止暴力。霍布斯藉此正當化了那個時代的君王。[1]L'État c'est moi! ——「朕即國家!」，在此傳統下，據說法國太陽王路易十四世（一六三八—一七一五）如此自號，進而把問題推到頂端。

所幸，許是受到時代背景的影響[*2]，霍布斯在一個重要之點上弄錯了，他過於強調安全的要素。對於驅動人們不計代價屈就於和平契約的戰爭，霍布斯如此地描述：在自然狀態中，「對其他人來說，人（……）就是一隻狼[*3]。」[2]兩個人在自然狀態中追逐同一件東西，爲了共同生活可以平分，這件事霍布斯當時還沒有這種想法。但是，這種互惠的原則恰恰構成了早期狩獵社會的核心。

不僅如此，霍布斯對於國家的理由只看到，國家可以不計代價地保護財產和生命，但我們所需要的不只是財產和自保。根據心理學家亞伯拉罕・馬斯洛（Abraham Maslow）著名的需求金字塔，在存活（生理）與安全得以確保之後，還有：團體（歸屬）、承認（受尊重）、自我實現。[3]所有這些需求在群體中較容易、也就是比較能夠獲得滿足：沒有人可以自己建造足以確保穩定糧食供給或防衛軍事攻擊的基礎設施。如果不是所有人做所有事，而是每個人集中心力分工做特定的事，方可省下精力與時間去做別的事。對於小團體來說如此，對於大團體更是如此。在現代國家中，有人負責照顧患者，其他人打理玉米田；有人從事司法工作，其他人替報章雜誌撰文寫稿。

誠然，從家庭逐步演化爲部落、鄉村、都市、城邦、國家、歐盟、乃至於聯合國的飛躍進展，是否出於分工使然，或可闕疑。因爲早期國家形成的原因存有諸多另類解釋，尤其是征服理論：據此說法，爭勇好戰的遊牧民族征服了和平共處的農耕民族之後，令其進貢糧食，據以建立統治關係，再由此發展而成後來的國家。[4]然而，分工的益處恰恰足以說明，此種新的結構之所以被維繫下來，終而演進成爲國家，憑藉的正是儘可能滿足人們的各種需求。

而且，此種組織型態在動物世界最好的例證不是群聚動物[*4]，而是築巢動物（或所謂「眞社會性動物[*5]」）。一個白蟻群落包含了數以百萬的個體，分屬三大區塊：工蟻、兵蟻，以及有繁殖能力負責交配的蟻后和蟻王，有些還會做更細部的分工。例如若干種類的白蟻有許多小型兵蟻，護衛工蟻尋找食物，只有在緊急情況才會召喚大型同類協助。兵蟻通常會分泌毒汁，在防衛蟻穴時，甚至會犧牲自己，牠們撕裂自己的外殼，釋放體內的分泌物，也因此蟻后的壽命長過其他種白蟻，可達三十年。[5]白蟻，乃至於蟻類，是地球上最興旺的昆蟲類，應非偶然。

另有社會性的哺乳類動物，即使數量非常少。例如裸鼴鼠[*6]，一種齧齒目動物，由一群動物生活在一起，依照年齡大小分工：哺乳鼠、築地道鼠、兵鼠。同樣地，裸鼴鼠也是由一隻鼠后統領眾鼠。

儘管組織邏輯可資比較，但有一點值得我們思考：人類原本不是築巢動物。從生物學的角度以觀，我們是社會性動物[*7]，但我們現代的生活方式反而接近眞社會性動物。因此，其間產生了重大的緊張關係，原因是：我們在小團體裡生活了幾千年，然後現在是數以千倍更大的結構體。經過了相當長的時間——在許多地方今天還是如此——人類不是自己管理自己，而是被統治者的統治，這件事是另一個時代的遺跡：石器時代帶有自主性的階級制度原本不應該從部落移轉到國家之中。相反地，隨著國家的建立，單一統治者的需求喪失了。因爲國家可以立法、司法、執法，並且對外保護人民，人們不再需要單一的統治者。

當越來越多人們意識到，他們的君主也許可以確保他們的存活、免於損害，甚至還可以創造團體感情，但在一個極端階級分明的社會裡卻感受不到被尊重，甚至無法自我實現時，於是就群起革命。國家應該也要確保他們的自由，以便滿足這些需求，這是新的訴求。

霍布斯的後繼者，諸如其同胞約翰・洛克（John Locke）及法國人孟德斯鳩（Montesquieu），提出基本自由的理念，以及用權力分立的方式來控制國家權力，爲此打開了一條路徑。國家不再居於我們之上統治，而是爲我們服務，是公僕，而不是主人，是美人，而不是野獸。

法國大革命以一七八九年的《人民與公民權利宣言》修正了太陽王的自我定位及國家理解；「政治團體的目的」，如第二條所揭示，「在於維護自然且不可侵犯的人權。」兩年後，本於此項確信，法國的第一部憲法誕生了。在此之前，美國早在一七八八年即有類似進步的憲法生效，但直到一七九一年才增補基本權利法案。

德國呢？效法上述模範的第一次嘗試，慘敗收場；第二次的嘗試，則釀成大災難。

功敗垂成

一八四八年三月二十二日的一場葬禮，參加者人數眾多，至少有十萬多人群聚在柏林的御林廣場。教堂之前，一位基督教牧師、一位天主教神父，以及一名猶太教祭司共同做了一場即席演說，「盛麗典禮（綻放）的極致絢爛」、「歷史的一刻，如此之隆重，亙古未有」，標舉自由派的《王室尊榮柏林日報》[*8]如此地評論。[6]在一路長程的送喪遊行之後，「三月革命殉難烈士」被安葬於特置的墓園裡。同一時間，在其他城市也都有類似的場景。

幾天之前，德國人民憤而起義。一年之前，德國人民爲飢餓所苦，遭受國王與領主的欺壓，國家統一的希望破滅，革命之士起而要求政治上自由與國家統一，也就是在德意志邦聯體制之下，結合諸侯領地與自由城市的統一。單是在柏林就有數以百計的人喪命，大多數是平民百姓，當中還有小孩。

領主們必須對此有所反應，他們廢除了報章雜誌的審查制度，允許在法蘭克福的保羅教堂裡成立國民會議，負責草擬全帝國的第一部憲法。在數百位的代表當中有幾位著名的當代人物，例如語言學家雅各布·格林（Jacob Grimm）（著名的童話蒐集家），作家路德維希·烏赫蘭（Ludwig Uhland）、政治家羅伯特·布盧姆（Robert Blum）[*9]，後者於國民會議被解散之前即在奧地利被處決。「普通」人——工人、農人、工匠——實際上並沒有代表，但有許多的公務員、法律人及教授們，這些人肩負重責。

一部憲法，規範一個政治體的基本組織，應受拘束的上位價值，這是一張具有深遠影響力的複雜藍圖。在法蘭克福產出了一份在那個時代令人驚訝相當進步的文件，內含平等權及重要的政治權利，以及理路一貫的權力分立，甚至規定死刑應全面廢除，比《基本法》早了一百年！這部唯一由廣大民眾推促下制定的德國憲法，依據瑞士法律史學家漢斯·費爾（Hans Fehr）的評價，原本應當「建立當時歐洲最進步的國家」。[7]

原本應當如此！儘管《保羅教堂憲法》於一八四九年三月二十八日生效[8]，並有三十個德意志邦國政府接受，但是奧地利皇帝及普魯士國王拒絕承認，後者甚至公然與普魯士議會的意志相抗。一八四九年初，緊張情勢升高，越來越多代表被迫離開國民議會，約有一百多名議員於斯圖加特召開所謂的殘缺議會[*10]，最後也被武力解散肅清。緊接的一段時間，多位法蘭克福代表遭到政治迫害，部分隨革命人士出逃國外，最多移居美國，當地人稱他們爲「四八人士」[*11]。

巨靈勝出，保羅教堂潰敗，連同第一次全德民主運動的功敗垂成。但是，這部憲法並不是沒有留下影響力，因爲它啓發了許多德意志邦國制定憲法——而且在七十年之後，成爲下一個憲法大工程的基礎。

災難

一九一九年二月十九日，社會民主黨員瑪麗・尤哈奇（Marie Juchacz）在威瑪召開的國民會議第十一次會議上發言：「各位先生——還有女士！」以此稱謂作爲開場語，據議事錄記載，引起了一陣騷動。「我想在此確認一件事」，她接著說：「吾等德國婦女，在某種傳統的意義上，並不需要對政府表達感激之意。這個政府所做的事，是理所當然的事：政府請求婦女做的，是她們在此之前原本應該做而不被允許做的事。」[9]

她說的是女性的選舉權。尤哈奇的發言，讓她成爲首位在全德國會上發言的女性[10]（第一位在德國議會上發言的女性是海德堡人瑪麗安妮・韋伯（Marianne Weber），於一九一九年一月十五日在卡爾斯魯爾舉行的巴登共和國制憲會議上）。據說百分之九十的女性參與了一九一九年二月十九日舉行的國民會議選舉，明顯高過當時的男性。選舉前不久，德國帝國才剛經歷了第一次世界大戰的戰敗及一九一八年的十一月革命，共和國在高呼下誕生、德皇威廉二世退位流亡，動盪達到頂峰。隨著德皇的遜位，超過千年以上的德國君主傳統就此告終。

一九一八年十一月十日，由六名社會民主黨員組成的人民代表委員會[*12]，接掌臨時政府政務[11]；實際上的主席是後來的帝國總統弗里德里希・艾伯特（Friedrich Ebert），拜他之賜，人民代表們得以快速地舉行全國性選舉，而不是拖延時日、自己執政。該委員會成立僅僅兩天即引進了婦女選舉權，這可是婦女運動過去抗爭了數十年的事，始於一八九〇年代，一九一七年起進入激烈時期。社民黨率先於一八九一年將婦女選舉權納入黨綱，人民代表委員會將之付諸實行。

在威瑪召開的國民會議，最重要的任務是草擬並議決憲法。四百二十三名議員中有三十七名女性——這個比例一直到一九五三年的德國聯邦眾議院選舉才又達到。儘管如此，仍舊沒法阻止柏林代表、教會法學者威廉．卡爾（Wilhelm Kahl）以「各位先生！」作爲國民議會發言的發語詞，只爲了在可預期的抗議聲中（接著是「各位女士！」）提出無聊的理由：根據羅馬法，在發言時提及男性稱謂，可以被理解爲包括兩性。抑且，（譯按：據他說），Dame（女士）這個用語不夠嚴肅，因爲這是法語的概念，「不期然地，每次總會引起一種餐桌對話（Tischrede）的期待」（譯按：卡爾想藉此表示男女稱謂無傷大雅）。只是，他接下來對婦女選舉權的評論卻是，「對於大部分的婦女來說（……）享有此種政治上的權力，現在該是一種責任過於重大」的權力，從而有些人要努力地「讓自己活在全新的思想世界裡」。[12]

不過，威廉．卡爾倒不是想要廢除婦女選舉權，而且猶太裔國家法學者雨果．普魯斯（Hugo Preuß）已經在其提出的第一版憲法草案中明定了一般選舉權。這部憲法的起草過程，部分得助於著名的社會學家馬克斯．韋伯（Max Weber）[13]（瑪麗安妮．韋伯的丈夫），主事者普魯斯是當時相當傑出的一名法律人，其對威瑪憲法影響力之大，被今人奉爲威瑪憲法之「父」。[14]能走到這一步，沒人料想得到，因爲德意志帝國時期雖已廢除了對猶太人的限制，但人們腦袋裡的限制還在：反猶太主義四處散布，這也是普魯斯儘管學術表現傑出，卻無法成爲國立大學教授的原因所在。[15]但這點沒有讓他卻步，在第一次大戰結束前，普魯斯即建議應修改法律，將君主制民主化。在這些修法建議及後續的《威瑪憲法》第一版，普魯斯汲取《保羅教堂憲法》的精華。不過，他對於基本權利規定則持相當保留態度，[16]他不想在憲法商議時因此而受到負擔；強力主張應引進基本權利目錄者，另有其人。[17]

終普魯斯一生，右派勢力始終利用他的猶太裔出身——甚至在相當晚之後——把《威瑪憲法》貶抑爲「非德意志」的憲法。[18]這是禁止仇視猶太人的緣故，但普魯斯的生命傑作還是沒能抗衡這股仇視猶太人的破壞力。縱使普魯斯及威瑪國民會議把這份憲法文件推進到最終版，並議決通過，還是沒有馴服這頭巨靈。

誠然，對於阿道夫・希特勒（Adolf Hitler）的奪權及其「政權」，除了第一次世界大戰之後的時代極端挑戰，以及一九三〇年間世界經濟危機的結果等因素外，《威瑪憲法》到底扮演什麼角色，迄今仍是個疑問。因爲，從憲法本身來看，《威瑪憲法》並不差：它以共和國取代了君主制，嚴格區分三種權力，基本權利章富有令人印象深刻的社會國景象。只不過最好的憲法也無法阻擋民族大謀殺，當手握武力的掌權者執意要如此做的時候。

《威瑪憲法》或許可以拉緊韁索——在最好的情況下，讓巨靈無法前進，並且及時組織對抗力量。比如說，在二〇一六年至二〇二〇年美國總統大選期間對抗唐納・川普（Donald Trump）一樣，他在二〇一八年期中選舉之後，面對由民主黨主政的眾議院，以及在他總統任內面對來自法院的制衡，包括最高法院在內，儘管有三分之一的大法官是他提名的。

川普無法消滅美國的民主精神，但是在威瑪共和國時期，卻缺乏這種精神，尤其是右派人士（auf der rechten Seite）。一九二三年十一月九日，希特勒夥同埃里希・魯登道夫（Ludendorff）將軍及數千名極右分子在慕尼黑發動了一場失敗的政變，當時巴伐利亞法院（其實並無管轄權）負責審判，與其說這是刑事審判程序，不如說爲希特勒提供一個舞台，讓他可以對柏林的「賣國賊」進行一個多小時肆無忌憚的抨擊。[19]一九二四年四月一日，希特勒被以叛國罪判處最低的五年徒刑，加上服刑六個月後即可假釋出獄——儘管可以假釋的期間在判決之前已經開始起算。在異常寬鬆的服刑條件之下，希特勒完成了《我的奮鬥》，在一九二四年十二月二十日即被釋放。巴伐利亞政府原本要把希特勒遣送回他的故國奧地利，卻遭到當地政府拒絕而未果，奧地利政府本身並未遵守其有效規定。[20]

人們或許可以設想，如果希特勒不是只服刑到一九二四年底，而是至少到一九二七年十月，整個事情會如何發展——帝國總統保羅．封．興登堡（Paul von Hindenburg）宣布特赦令的時候，希特勒應該同蒙其利。再者，如果布藍茲維市（Braunschweig）不在一九三二年讓希特勒取得德國國籍（儘管有疑義）[21]，進而讓他具備幾週之後競選帝國總統的資格，歷史又將如何發展？雖然希特勒競選總統敗給了興登堡；但是他的競選提供他一個之前不熟悉的舞台，讓他知道如何來利用它。在接下來七月的帝國議會選舉，國社黨（NSDAP）的得票率從百分之十九躍升爲百分之三十七，成爲帝國議會最大的勢力，一直持續到一九三二年十一月的下一次選舉。

希特勒於一九三三年一月三十日被任命爲帝國總理，兩天後，他敦促帝國總統興登堡解散帝國議會，並基於憲法授權，定三月五日舉行重新選舉。這道解散令阻止了帝國議會廢除帝國總統有權發布的緊急命令。緊急命令——「在憲法內裙口袋裡的毒藥罐」，如當時的政論家及後來的諾貝爾和平獎得主卡爾．封．奧西茨基（Carl von Ossietzky）所描述的[22]——取代了國會法律，甚至可以凍結一大串重要基本權利的效力。

在希特勒掌權之後發布的第一道緊急命令，就是自一九三三年二月四日起，全面凍結集會和出版自由。同年，二月二十七日晚上發生帝國議會縱火事件。隔天，總統發布《保護人民及國家緊急命令》，以《帝國議會縱火緊急命令》之名而廣爲人知，當時的法律學者（後來政治學者）恩斯特・弗蘭克爾（Ernst Fraenkel）於一九四一年將之稱爲第三帝國的「憲法文件」。[23]因爲這道命令凍結了所有人民權利的效力。

被限制的大抵有個人的言論自由、結社自由、祕密通訊自由等等。未經法院的審查，人民即可以被逮捕、住宅被搜索、財產被沒收——也就是所有基本權利的保護都沒了，這些權利在十二年前還被帝國法院稱爲「德意志人民的聖殿」。[24]此外，許多之前以自由刑制裁的犯罪，如今可能被判死刑。帝國政府掌有對各邦廣泛的干預權。無數的反對派人士在幾天之內被逮捕，其中數以萬計緊接在數週後被送進刑求室及集中營。

一部《授權法》[*13]鑄定了《威瑪憲法》的命運，根據這部法律，帝國政府可以不經國會的同意發布法律。因爲此種「帝國法律」還可以超越憲法，因此這部《授權法》必須經過國會三分之二多數的同意。在一九三三年三月五日的大選中，儘管透過暴力恐嚇及工業界的競選資助，希特勒的國社黨還只拿到百分之四十三點九的選票，其結盟的政黨只獲有百分之八。因此，還需要其他政黨同意票的支援。

因帝國議會遭縱火之故，國會於三月二十四日假柏林科羅爾劇院（Krolloper）議事。在建築物的內部及四周站滿了配戴武器的親衛隊與衝鋒隊成員。巨幅的納粹鉤十字標誌布幔懸掛在主席台後方。德國共產黨員的國會議員缺席，因爲他們不是在獄中，就是被消失；同樣情形也發生在五分之一的社民黨國會議員身上。在帝國議會的最後一場即席發言時，社民黨國會議員奧托・威爾斯（Otto Wels）代表其黨團講了一段著名的話：「人們可以剝奪我們的自由與生命，但拿不走我們的榮譽。」剩下的九十四位社民黨國會議員對《授權法》投下反對票，其他的政黨則都同意，達三分之二門檻，足夠了。

自此之後，領袖的話是法律，絆腳石——《威瑪憲法》被搬開了，威瑪共和國滅亡。緊接的是暴力反猶太主義、領袖崇拜、恐怖、集中營、民族滅絕，乃至於第二次世界大戰。如此恐怖的巨靈舉世未曾見。

當時還沒有人可以料想得到，在此之後可能會出現美女。

現在您們結結實實坐在這裡，感受到如此無盡的痛苦，一個民族帶給全世界的痛苦；同時，身負重任，要阻止未來再次發生這種痛苦。您並沒有影響這個民族，但可以制定新的規則，讓這個民族可以據此共同生活。您認識古老的諺語「分而治之」[*14]，並且知道古羅馬人早就按此公理統治其帝國超過好幾百年。您將會認知到，唯有當一個民族將國家權力分開的時候，才有可能統治。只是要如何做呢？

您只有一次機會，但時間不多。您會如何決定？

◆本章譯註

[*1] 英文版：In that day the LORD with his sore and great and strong sword shall punish leviathan the piercing serpent, even leviathan that crooked serpent; and he shall slay the dragon that is in the sea. https://hermeneutics.stackexchange.com/questions/77855/isaiah-271-why-does-the-leviathan-need-to-be-punished

[*2] 受到時代背景的影響，原文是：als Kind seiner Verhältnisse，對應的英文是：the child of his time，常用來形容思想家，最著名的說法是：Machiavelli was the child of his time。又如Nirmal Chandra Basu Ray, LASKI, THE SOCIOLOGIST, The Indian Journal of Political Science, 1950, Vol. 11, No. 4 (October-December 1950), pp. 145 (151).

[*3] 原為拉丁諺語Homo homini lupus（凡人皆狼），常為學者引用與引申，霍布斯於其著作《論公民》的獻詞中亦引用此一說法，相關段落為：“To speak impartially, both sayings are very true; That Man to Man is a kind of God; and that Man to Man is an arrant. Wolfe. The first is true, if we compare Citizens amongst themselves; and the second, if we compare Cities.”

[*4] 原文：Rudeltiere，英文：pack animals。

[*5] 原文：eusoziale Tiere，英文：eusocial animals。Eusocial一詞是eu（希臘語，真正的、良善的）與social（社會的）一詞的結合，最早由美國昆蟲學家蘇珊．巴特拉（Suzanne Batra）於一九六六年所提出。參見：Suzanne W. T. Batra, “Nests and Social Behavior of Halictine bees of India (Hymenoptera: Halictidae)”, in: The Indian Journal of Entomology 28 (3): 375-393 (1966).

[*6] 原文：Nacktmull，英文：naked mole-rat。

[*7] 原文：soziale Tiere，英文：social animals。

[*8] 原文：*Königlich privilegirte Berlinische Zeitung*。

[*9] 羅伯特．布盧姆（1807-1848），德國的民主政治家、詩人，反對普魯士瓜分和占領波蘭：一八四八年，擔任法蘭克福國民議會議員，同時參加同年維也納十月起義（Wiener Oktoberaufstand），失敗被捕，遭軍事法庭（Standgericht）判決死刑。

*10 原文：Rumpfparlament，係保羅教堂憲法遭普魯士政府拒斥而宣告失敗後，約一百多名議員仍想為德國議會立憲做最後一搏，移到符騰堡邦的斯圖加特繼續召開會議，從一八四九年六月六日議事至六月十八日，被符騰堡邦政府派軍隊強力驅散。殘缺議會（Rumpfparlament）之名，取自十七世紀英國的Rump Parliament，帶有諷刺意味，一六四八年，奧利華．克倫威爾（Oliver Cromwell）將部分立場相左的議員逐出下議院。資料來源：Rumpfparlament (Deutschland), https://de.wikipedia.org/wiki/Rumpfparlament_(Deutschland)

*11 原文：Forty-Eighters，指支持或參與一八四八年三月革命的德國人。參見：Carl Wittke, The German Forty-Eighters in America: A Centennial Appraisal, The American Historical Review, Vol. 53, No. 4 (Jul., 1948), pp. 711-725：「這是現代歷史上未能成功轉捩的轉捩點」（was the turning point at which modern history failed to turn.）。

*12 原文：Rat der Volksbeauftragten。

*13 原文：Ermächtigungsgesetz，法律全名：《解除人民與帝國急難法》（Gesetz zur Behebung der Not von Volk und Reich）。

*14 德文原文：Teile und herrsche，拉丁原文：divide et impera，參見：Ilia Xypolia, Divide et Impera: Vertical and horizontal dimensions of British imperialism, in: Critique: Journal of Socialist Theory. 2016, 44 (3): 221–231.

第四章　美女：《基本法》的誕生

我們跟國家的關係充滿了矛盾。國家支配並處罰我們——服務又保護。國家有自己的法人格——但又不能沒有我們。國家要求服從——但又對我們負責。國家靠我們繳納的金錢過活——卻又設定條件獎賞我們的貢獻。

同樣地，德意志聯邦共和國誕生紀錄的歷史也是充滿了矛盾。它的名字拜特奧多爾．豪斯（Theodor Heuss）之賜，此人後來被選爲第一任聯邦總統，是當時帝國議會議員中的一員，於一九三三年議決同意了《授權法》。誠然，是在武裝納粹部隊環繞議事大廳的壓力之下——但是，面對同樣的壓力，社民黨的議員還是頂住。在希特勒掌權之前，他雖然極力地對抗國社黨，但在關鍵時刻，他還是跟隨其黨團投了獨裁者一票。一九四七年一月，他在位於斯圖加特邦議會調查委員會上爲當年的投票行爲辯護，他說他的行爲「在外頭政治氛圍下，沒人感興趣」，沒有人說過：「我的天啊，你們出賣了我們。」[1]雖然，調查委員會最後從輕發落，但豪斯日後還是要面對他投下的贊成票。在他的回憶錄裡，最後他終於承認，「早在當時」就已經知道，「我投下的這張『贊成』票，將會永遠跟著我一輩子」。[2]

在納粹時期，豪斯在政治上，竭力保持低調，從事新聞報章雜誌的編輯賺錢。他與納粹政治的關係，相當兩極。一方面，他在一九三三年四月對於杯葛猶太商店的行爲斥其「可恥至極」，[3]另外一面卻大力稱道奧地利於一九三八年「依附」德意志帝國。他雖然與反抗組織有所接觸，但從未參與。

一九四八／四九年間，豪斯是制憲委員會的重要成員，這個委員會的成立緣由是，法國、英國及美國委託占領區的十一個邦政府首長起草一部憲法，以建立一個西部的德國。但是這些邦不願意，他們擔心一部如此奇特的憲法可能會固化德國的分立。因此，這些邦呼籲成立一個制憲委員會，取代制憲會議，其任務是草擬一部《基本法》，而不是憲法，以這樣的名稱來表彰這部憲法只是臨時性的。

這十一個邦議會選出六十一名男性與四名女性代表組成委員會（當時時間倉促不及由人民選出代表），另外再加上五名來自西柏林沒有表決權的代表。豪斯的同僚們當中有很多跟他一樣，雖然沒有手染鮮血，但也不是英雄，大部分的英雄都已逝去。儘管如此，至少沒有一個是納粹黨成員[4]（不同於之後的第四任及第五任聯邦總統，以及第三任的聯邦總理）。[5]代表中有一些人在第三帝國時期被迫害，例如社民黨的前帝國眾議院院長保羅・勒伯（Paul Löbe）[*1]，他遭到納粹黨員無數次的逮捕、虐待；還有德國共產黨級代表雨果・保羅（Hugo Paul）[*2]，在一九三三年至一九四五年之間，大部分的時間他都被關在不同的監獄及集中營中。

制憲委員會絕大多數的代表都有學術背景，近半數是法學教育結業。[6]一些具有政治份量的代表中，除了特奧多爾・豪斯及之前提過反對死刑的卡洛・施密德（Carlo Schmid）外，主要還有之後成爲首任聯邦總理的康拉德・艾德諾，他被推選爲制憲委員會的主席。其中有三位委員會成員之前參與過《威瑪憲法》的起草工作。

關於制憲委員會的成就，最值得一提的也許是，沒有任何一個政治陣營獲得了多數支持。兩個最大的政黨社民黨與基民黨各有二十七名代表，任何一方都沒辦法貫徹其提出的議案，雙方必須妥協。

婦女代表中，特別突出顯目的是社民黨的伊莉莎白・塞爾伯特（Elisabeth Selbert）。她在威瑪共和國時期就在政治上非常活躍，一九二六年，她補修了高中學業，並且在馬堡大學攻讀法律，爲該校第一位讀法律的女性。在她一九三〇年提出的博士論文中，她批判（譯按：民法上離婚的）責任原則，據此，僅於配偶之一方有可歸責之行爲時，始得請求離婚——並且享有贍養費之請求權。此項原則直到一九七七年才被塞爾伯特當時所建議的破裂原則所取代。希特勒掌權後，塞爾伯特的丈夫被逮捕拘禁。她申請律師執業登錄，儘管遭遇強烈的反對（根據納粹主義的看法，婦女在法庭中意味的是「國家男性神聖原則」的破壞[7]）直到一九三四年底，她仍然保有這項資格。[8]

由於具有此項經歷背景，塞爾伯特在制憲委員會中力爭「男性與女性」在法律上地位平等。「男女平等」（Männer und Frauen sind gleichberechtigt），塞爾伯特堅信《基本法》中應如此規定。這無異是一項小小的革命，因爲此項規定將使法律中現存所有對婦女不利的規定均構成違憲，特別是對婚姻關係中婦女的歧視規定，例如夫對於妻之勞動契約的終止權，或妻負擔家計之義務。

對於塞爾伯特的提案，最初在社民黨黨團中未獲得多數的支持，不是不感興趣，就是堅持原則（譯按：男女不平等）；甚至另一位社民黨的婦女代表芙蕾達．娜迪格（Friederike Nadig）亦表懷疑。塞爾伯特最終說服其黨團之後，社民黨兩次提案表決，皆無法在制憲委員會的原則委員會中獲得通過。因此，塞爾伯特自己又在原則委員會提出一項議案版本。在立法理由中，她以下述文字結尾：「如果這條規定的版本再度被否決的話，請容我告訴您們，在所有的公共輿論中，具代表性的婦女們極有可能會挺身而出、表達意見，在一定情況下，這部憲法的通過將受到危及。」[9]

這項威脅並沒有被嚴肅以對：九比十一，她的提案被否決了。隨後，塞爾伯特周遊全國，到處演講，組織一項由超黨派婦女聯盟、邦議會女性議員、工會女性成員及其他團體發起的廣大公開抗議——她違反了制憲委員會的不成文規則，此舉極有可能葬送掉她的政治生涯。她的鼓動引起了廣大的迴響，媒體站在她這一方。數以千計婦女的投書湧向制憲委員會。《基本法》的條文中沒有一條像本條承受來自人民如此大的壓力。

這件事震驚了男性代表。於一九四九年一月十八日的第四次表決時，所有的黨團顯示受到公眾意見的影響，變得默不作聲，塞爾伯特的議案被一致決通過。自此之後，塞爾伯特提議的句子成為《基本法》第三條，而且一字不改：「男女平等[*3]」。

這項規定的公開角力，對於八個月來的制憲委員會審議程序來說，並不尋常，但是成果豐碩。許多問題再度被提出來討論，而且以不同的版本、在不同的委員會中。比如說，聯邦與邦立法權限的劃分，或者教會在國家中的角色。占領國法國、英國及美國偶而也會介入提出修正意見，例如要求作有利於各邦的聯邦權限限縮。[10]因為劃分聯邦與各邦的權限，是在自由取向之外，盟軍的主要目的之一。[11]

其他的問題則無爭議。基本權利部分，不再像《保羅教堂憲法》規定在第一百三十條至第一百八十九條，或《威瑪憲法》規定在第一百零九條至第一百六十四條，而是整個放在最開頭第一條至第十九條。藉此回應納粹黨綱的「你什麼都不是，你的民族才是全部！」[*4]，揭示對人性尊嚴及個人基本權利無可動搖的信念。

許多基本權利規定聽起來與《基本法》的兩部前身幾乎一樣，如居住與通訊祕密的保護、言論自由、事前審查禁止或宗教及信仰自由。此外，最古老的基本權利均文義相同地見諸這三部憲法裡：「人身自由不可侵害。」此亦被稱為人身保護令（Habeas Corpus，拉丁文的原意是「你應該把身體帶到」）的「原始基本權」，早已定於一二一五年的《英國大憲章》（Magna Carta Libertatum），賦予請求法院審查監禁的權利，藉此保護免於恣意的監禁。[12]另一方面，《基本法》保障基本權利的特色是，基本權利具有直接的規範效力，得於法院貫徹之。基本權利被嚴肅的設想，同時也被嚴肅看待。

非出於偶然，一九四九年五月八日，德意志帝國第二次世界大戰無條件投降的四週年，制憲委員會議決通過了《基本法》。兩天後，以三十三票對二十五票議決波昂（Bonn）而非法蘭克福作爲未來的聯邦共和國首都。法國、英國及美國的軍事首長於五月十二日同意這部憲法草案後，《基本法》還需要經西德地區各邦議會的議決。只有巴伐利亞邦議會以一百零一票對六十三票否決，理由是《基本法》對於各邦立法權的自主性保障不足，而且過於世俗。不過，該邦議會同時宣告，「巴伐利亞邦亦承認《基本法》的法拘束性」，若有三分之二的邦議會決通過該法者。此點無論如何也只是符合《基本法》草案的規定：三分之二邦議會同意《基本法》者，該法視爲被接受。

五月二十三日，制憲委員會在一次隆重的會議上公布了《基本法》。同日，刊載於《聯邦法律公報》——德國官方法律彙編——第一號對外公布。一九四九年五月二十四日，正式生效。

一部正確的憲法

偶而有人質疑，《基本法》沒有經過人民公決。事實上，占領軍原本計畫舉行公民投票，但各邦認爲此舉有點過頭——如同反對使用「憲法」名號一樣。之後，駐軍統領遂不再堅持而作罷。

不過，公民複決並非憲法生效的前提要件。美國一七八八、一七八九年憲法及法國一七九一年憲法都沒有經過人民複決，還有《保羅教堂憲法》及《威瑪憲法》也都沒有交由公民議決。《基本法》的正當性來自起草者都是各邦經由民主程序選出的代表；加上各邦議會也議決同意；特別是德國人民經由參與《基本法》所定的選舉接受了這部憲法，並且在這部憲法規範下共同生活了數十年，直到現在。今天對於《基本法》有效性的質疑，無論如何都已失去了正當性。

至於稱作《基本法》，充其量只是門面問題，它始終是一部憲法，其規定了關於國家組織所有重要的事項，定義了國家應尊重並保護的價值。有些「帝國公民」宣稱德國沒有一部憲法，純屬無稽之談。[13]

東德與西德

以下事例見證了《基本法》經常「輸出」。如同制憲會議取法美國或奧地利憲法一樣，在接下來的時日，其他有些國家也把《基本法》當作範本。南韓於一九六〇年韓國第一共和結束後，西班牙於一九七八年法蘭哥獨裁政權後，巴西於一九八五年軍事獨裁後，南非於一九九四年結束種族隔離政府後（譯按：草擬新憲法時）都曾參考過《基本法》。[14]特別是人性尊嚴的保障、聯邦憲法法院的守衛角色，以及聯邦制度等，獲得其他國家的迴響與模仿。

不過，於蘇聯占領區，則非如此。該區與《基本法》同步，也制定了一部憲法，外表上以《威瑪憲法》爲取向，原本應該要朝向民主、議會主義及受法拘束之聯邦國家發展。然而，憲法規定人民會議（Volkskammer）爲「共和國的最高機關」，意味的是拒卻權力分立原則，阻礙了朝此方向的發展。因此，就在一九四九年十月七日生效之後——德意志民主共和國[*5]創立的這一天——憲法旋即被政治超越：一黨國家轉換成德國社會主義統一黨[*6]，五個邦於一九五二年被廢除，行政法院亦同。

東德憲法第一百二十七條保障的法官獨立審判，無甚價值，顯示在一九五〇年的所謂瓦爾德海姆審判案*7。[15]在三個月之內，有超過三千四百名（據稱）納粹罪犯被判決。他們大部分只能被證明是法西斯組織的成員，但是沒有參與犯罪行爲。有些審判程序只有幾分鐘，僅十個審判納粹高級幹部的程序作爲樣版公開審理。按對政權忠誠程度而入選的法官們，接獲社統黨指示，對這些罪犯的判刑不得低於五年監禁。有些法官偏離指令，很快地就被拉回軌道。最後除了無數被重判徒刑外，有三十二個死刑判決，其中二十四個被執行，只有四個被告無罪釋放。[16]社統黨很清楚地證明了，政黨凌駕於憲法之上。

在這樣的關係之下，一九六八年的後續憲法就誠實多了：第一條明確規定社統黨的領導角色。連基本權利也必須順從社統黨，雖明定於憲法中，實務上的意義卻相當有限。[17]足爲範例的是，對於反對分子的諸多嚴厲刑罰判決，法律依據種類繁多，諸如「危害國家行爲」，或是處罰共和國的叛逃者，理由是「非法跨越邊界」。再加上廣泛綿密的特務體制，幾乎無人可以逃脫政治刑罰，距離成爲法治國家，渺然無期。儘管在有些方面，東德的法律比西德來得進步。例如自一九七二年起，受孕十二週之內的墮胎，不再受罰（此一「期限解方」於德國直到一九九五年始落實，並課予事前諮商義務）。但是這點無法改變利維坦在東德地區依舊肆虐，即使不像在一九三三年至一九四五年期間那樣地殘酷。[18]

另外一邊，西德也有一段時間不是模範民主國家。在冷戰的壓力下，據估計，約有十二萬五千起的刑事程序針對（據稱）共產黨員，有六千至七千名獲判有罪。[19]其依據都是一九五三年制定的刑罰構成要件，罪名標題是「非暴力之危害國家（罪）」。[20]於一九五三年至一九六五年之間，大約有五萬名男子被以同性戀罪名判刑。[21]此外，艾德諾政府的基民黨於一九五六年及一九六三年透過減少聯邦憲法法院兩庭的法官數[22]，從二名到後來八名，以便作成有利於政府的裁判[23]——如此之實務運作，讓人想起近期飽受

（正確）批評的波蘭政府與匈牙利政府對其最高法院的處理手法。東德於一九五〇年追訴納粹罪犯時，展演了蔑視人類的操之過度；相對於此，西德則是因爲不作爲而有相當長的一段時間享盡榮光。在西德共和國成立之初，甚至還彌漫一股「一筆勾銷」的氛圍[8]。之後，當檢察官佛列茲．鮑爾（Fritz Bauer）[9]啓動一系列的法蘭克福奧斯威辛審判程序[10]（從一九六三年起），讓嚴重但未被贖罪的不義展現在眾人眼前的時候，法院及國會竟確立起嚴格的舉證要求，構成了這類刑事訴追程序的障礙。

儘管如此，《基本法》許諾的實踐與日俱增：刑法被自由化、女性的平等地位逐步落實，新聞自由受到保障。最後，《基本法》的前言揭示的希望「在自由的自主決定下，完成德國的統一與自由」，也實現了：一九八九年十一月九日，柏林圍牆倒塌。接下來的三月，人們在東德第一次以自由選舉的方式，選出國會。這個國會於一九九〇年八月二十三日決議加入德意志聯邦共和國，於一九九〇年十月三日生效。在決議的前幾天，第二次世界大戰的四強率先宣告，他們對於德國的權利及責任全面停止，也就是德國重返主權獨立的國家。

《基本法》何去何從？這部曾經被設想爲臨時性的憲法應該改頭換面、經由公民投票予以確認，或者只要稍事修正？爲此成立的全德憲法委員會經過兩年的討論，於一九九三年底決定最後一種的選項。隨之在後，二次戰後第一個全德國會成立了。

爲什麼《基本法》成功了？爲什麼《威瑪憲法》沒能成功，還有東德第一部——紙面上——並不太差的憲法也沒辦法成功？可以確定的是，戰後三個主要政黨，基民黨、社民黨，還有自由民主黨[11]，共同草擬並且可決《基本法》，並且都同意它，占有一部分的功勞。《威瑪憲法》就沒有這麼幸運，政治上支持很快就蕩然無存。統社黨雖然擔保東德憲法，但並未服膺憲法，而僅獻身社會主義。反之，對於《基本法》的成功，西德並沒有備案：不斷被打擊，處於盟軍的壓力下，經濟及道德跌到谷底，國土被分割，還有面對冷戰，除了嚴肅堅持自由民主憲法外，別無其他選擇。此種發展不是理所當然，而是伴隨著許許多多的衝突，在衝突中驅動向前；但是目標是明確的。

「自由、世俗化國家賴以存立的前提，是國家自己無法保障的。」前聯邦憲法法院法官恩斯特－沃爾夫岡．波肯費爾德（Ernst-Wolfgang Böckenförde）曾如是說。國家不能保證他的存在條件——但是可以維護既有的條件。對此，一部好的憲法可以有一些貢獻。《基本法》過去是一部好憲法，今天也還是。它把國家圈起來控制，過去如此，現在還是，德國過去的憲法無出其右，世界上也只有少數的憲法與之比肩。霍布斯的利維坦被馴服了，變成了美女。因此，我們對於法治國家的信賴與日俱增。

直到——是的，直到一種病毒傳播到全世界，不僅我們的健康受到攻擊，還有我們自由也受到威脅。

◆本章譯註

[*1] 保羅．勒伯（一八七五—一九六七），德國政治家，於一九四九年至一九五三年當選德國聯邦眾議院議員。

[*2] 雨果．保羅（一九〇五—一九六二），德國政治家，共產黨員，於一九三四年被人民法院判處徒刑，之後被關押至一九四五年，始被釋放。於一九四九年至一九五三年當選德國聯邦眾議院議員。其間，遭控叛國罪，短暫逃至東德；嗣於一九五三年遭聯邦法院判處徒刑，遂再次逃往東德，定居該地至去世。其間，德國共產黨於一九五六年被聯邦憲法法院宣告違憲。

[*3] 原文：Männer und Frauen sind gleichberechtigt。

[*4] 原文：Du bist nichts, den Volk ist alles!，德國納粹時期經濟政策的政治宣傳口號。

[*5] 原文：Deutsche Demokratische Republik，簡稱DDR，下稱東德。

[*6] 原文：Sozialistische Einheitspartei Deutschlands，簡稱SED，下稱社統黨。

[*7] 原文：Waldheimer Prozesse，瓦爾德海姆（Waldheim）位於東德薩克森邦的城市。

[*8] 原文：Schlussstrich-mentalität。

[*9] 佛列茲．鮑爾（一九〇三—一九六八），德國法律人暨檢察官，一九三〇年出任區法院法官，為德國最年輕的法官；納粹奪權後，遭政治迫害，逃至瑞典；二次戰後，返回德國，擔任檢察官，致力於揭發納粹犯罪行為，協助以色列逮捕並審判阿道夫．艾希曼（Adolf Eichmann）；一九六三年至一九六五年間，於法蘭克福啟動一系列奧斯威辛集中營的犯罪追訴程序；一九六八年，被發現死於家中。參見：Fritz Bauer Institut, Geschichte und Wirkung des Holocaust, https://www.fritz-bauer-institut.de/en/fritz-bauer

[*10] 奧斯威辛（Auschwitz）集中營，位於波蘭南部，為納粹時期建立最主要的集中營與滅絕營。奧斯威辛審判程序主要是針對集中營中負責執行的親衛隊員，一九六三年至一九六五年的法蘭克福審判為其中之一，共有十六名被判徒刑，其中六名無期徒刑。參見：Urteil LG Frankfurt/Main, 19./20. August 1965, und BGH-Urteil, 20. Februar 1969,in: Justiz und NS-Verbrechen, Band XXI, Lfd. Nr. 595, S. 361-887.

[*11] 全名：Freie Demokratische Partei，簡稱FDP，下稱自民黨。

第五章　病毒：基本權利

「獨裁的衛生政權」、「準獨裁者」、「緊急政權」。針對COVID-19大流行防制措施的刺耳示威抗議，響徹雲霄。一位講者將這些措施類比爲希特勒的奪權；一名女學生站在一旁當作被納粹政權處決的反抗者蘇菲雅．索爾（Sophie Scholl）[1]；一名十一歲女孩把她的慶生會模擬成猶太女孩安妮．法蘭克（Anne Frank）的封閉生活情境，安妮長年躲在阿姆斯特丹，最後死於集中營。其他所謂否認疫情的人，自稱自己是「今天的猶太人」，因爲他們被羅織罪名、受到迫害，如同當年在納粹時期一樣。如此之多的荒謬比喻，在這個共和國裡未聞久矣。

不過，這些指責的緣由卻是嚴肅的：在德意志聯邦共和國的歷史中，從來沒有如此大規模，像在COVID-19大流行期間的自由限制。我們必須戴口罩，不能完全的自由移動，無法隨意地、只能有限地拜訪親朋好友，不能旅行，不能從事團體性的運動；必須延後手術，在餐廳必須留下我們的接觸資料，如有染疫嫌疑就必須居家隔離，必須要讓防疫人員進入我們的家中、容忍他們對我們身體的檢查，必須停止營業並且忍受不公平對待；無法自由地從事我們的信仰活動，不能如常地上課及學習，只能在嚴格的條件下進行集會遊行，只能享有極小限度的司法救濟。幾乎所有的生活領域皆受到限制，《基本法》的基本權利無一倖免。這些限制有部分在本書出版的時候，也就是二〇二一年九月，還繼續存在。

然而，示威者的指責是對的嗎？防疫措施眞的侵害了我們的基本權利？德國已經淪爲獨裁政權了嗎？

為什麼要有基本權利？

一個人被別人攻擊時，他防衛自己：爲了他的生命、財產、名譽、信仰、意見。這是他的權利。但是只有當他比對方強大的時候，才有可能成功地防衛自己。如果這個他人是國家的話，自我防衛是沒有用的。因爲沒有人——在這個節骨眼上，霍布斯是對的——強過國家，也不該如此，所以才有了基本權利。

如同「健康」這個概念之所以會存在，只因我們可能會生病；如果沒有統治，基本權利是無可想像的。基本權利保護我們免於受到國家權力的侵犯，好似人類自然活動時頭上的一把傘，我們在史前時代理所當然地使用，在政治時代，爲了維護我們的利益，我們想要使用類似這樣的一把傘。基本權利不是賦予我們生命、自由、財產，而是保護我們的自然權利：不是因爲有生命權，所以我們才可以活著，而是國家必須讓我們活著；不是因爲有言論自由，所以我們才可說話，而是國家必須讓我們說話。

但不是所有的國家都會提供這樣的保護，幾乎沒有一個國家會自願這樣做，更不是基於個人的請求，基本權利多半是經過革命抗爭而來的。基本權提供的保護效力多半還是不夠，時至今日，在地球上仍然有許多的國家，他們的人民不能指望基本權利來保護他們。

《基本法》截然不同，在第一個條文就建構堅實的基礎，並且在此基礎之上構築保護我們的兩大核心支柱：基礎是第一條人性尊嚴的保障；兩個支柱分別是第二條的自由保障與第三條的平等保護。幾乎以下所有的其他基本權利都源自於此。例如第八條的集會自由，最重要的權利之一，因爲集結是人類的本性，非人類莫屬——而且巨大的政治力奠基在集會中。關於平等原則的特例是，第六條規定非婚生子女與婚生子女的地位相等——這項基本權利是在制憲委員會中經過多方角力才有的成果。[2]

《基本法》的所有基本權利都具有直接的規範效力，此意謂的是，基本權利不單只是國家應遵循的綱領，而是我們可以訴諸法院的權利。唯其如此，同性伴侶才有辦法在二〇〇一年立法者引進類似婚姻的生活伴侶制度之後[*1]，向聯邦憲法法院提起訴訟，逐步地除去遜於婚姻配偶的長期劣勢地位。其間，聯邦憲法法院針對遺產稅法、[3]公務員法之家庭津貼、[4]收養法[5]以及配偶分居，[6]排除了其中的不平等對待規定。這些都相當費力耗時，許多問題仍然開放未決——但是行得通。也許更重要的是，這些憲法訴訟程序擴展了政治上開放婚姻之路，關於同性婚姻部分，於二〇一七年已透過《民法典》的修正予以明定[*2]。

關於上述之發展，《基本法》第三條平等對待之憲法要求扮演了舉足輕重的角色。在此之外，有些基本權利甚至未明定於《基本法》即發揮了規範效力。例如資訊自決權（「資料保護基本權」[*3]），爲聯邦憲法法院於一九八三年人口普查判決中所創設。[7]當時，法院肯認在現代資料處理的條件下，存有資料保護的需求，使個人資料免於無限制之蒐集、儲存、利用及傳送。法院創設出一種權利：任何人原則上得自主決定，誰、何事、何時可以知悉自己的資料。自此之後，無數的法律、行政機關及法院賦予此一基本權利法律上的效力。還有在歐盟的層次，最後是以《一般資料保護規則》[*4]保護之。

基本權利之創設，如資訊自決權，反映出基本權利的一般性課題：基本權利本身益趨複雜。這是《基本法》的貢獻，在修改憲法之外，可以隨著世界的變遷而有所回應。一方面拜其簡潔規定之賜，留給憲法解釋與續造相當大的空間；另方面則歸功於聯邦憲法法院的特殊地位，其能夠且應該善用此一解釋空間。

人們或許會認爲，在一個有效運作的民主之下，基本權利是多餘的。因爲當人們可以自我治理的時候，何以會過度地限制自己的自由？所有的法律和行政機關不是都應該會自動地公平正義嗎？不，因爲法律只需要國會過半通過。這點也許就是基本權利最重要的功能：保護少數免於多數的獨裁。而且，我們都是某種意義下的少數。在球場裡群起鬧事的球迷、庭園自耕的小農們或啤酒節的群聚訪客，或許會自覺有特別的德國感，但在整個德國並不是多數，更不要說難民、窮人、老人、病人。基本權利無法保護免於逃難、窮困、年老、生病；但是可以保障免於因此而可能造成的無尊嚴生活。即使是社會的邊緣人、被鄙視者，甚至是危險人物，也都享有基本權利的保護。這也許是我們法秩序中最偉大的成就之一，即法秩序保護破壞法秩序的人。不是使這些人免於刑罰，而是從犯罪嫌疑到被判決的過程給予保護，並且免於過苛的刑罰。

即使是有特權的人也需要基本權利，因爲這些人通常也是少數：有錢人想要受到免於被徵收及高額稅賦的保護；成功的樂團想要維護他們的著作權；大明星想要保有私人生活；大型八卦報紙希望可以無所限制地報導。而且，屬於多數的人們必須預料政治情勢會改變——或者個人的情況會改變：今天還是壯年、健康且有工作的人，很快地可能會老邁、病痛、失業，乃至於需要被保護。

此外，社會的利益並不會總是等於其個人的利益。軍人必須服從命令，即使可能有生命危險（除非因執行命令而可能受到刑事處罰，譯按：可以拒絕服從）。服勤義務，如過去的服兵役及民防役，或今天的災害防救勤務，犧牲小我，完成大我。在社會保險體系裡，健康的人資助病人的治療與照顧，年輕人負擔老人的年金，有工作的人支援失業者。對於大多數的人來說，從純經濟的角度來看，終其一生，並不划算：他們付出的比起得到要來得多。縱使保險所帶來的安定對他們來說並不合算，但還是不能不參加保險。

這意味的是，在這個國家中，沒有人可以被保證整個國家的決定都一定是爲了他個人的利益，從而所有人都因基本權利而均霑其利——縱使未必總是以相同的方式。這也許是任何法秩序的重大挑戰，在公共利益與個人利益之間找到恰如其分的平衡。這是我們這個時代的豪華奢侈品，也就是公法主要須處理的問題，而不是——像以前或今日的其他地方——優先要面對的問題是，（如何）節制統治菁英的權力。

攻擊與防衛

《基本法》保障的基本權利，首要功能是一種對抗國家的防禦權。不過，《基本法》在第一條第二項即標舉：「尊重及保護（人性尊嚴），是所有國家權力的義務。」與此相應，其他的基本權利亦課予國家保護其行使的義務。例如生命權及身體不受侵害權可以衍生出的請求權，是要求警察不得坐視強取掠奪，必須協助被害人，必要時，使用強制力制止強奪。還有我們享有免於病毒的保護請求權——即使會損害到第三人的權利，因為基本權利的效力不是絕對的。

這點明定於《基本法》的一些基本權條款中。例如在「身體自由不受侵害」這個句子後面隨之規定：此一自由「得基於法律干預之。」因為，這可能是基於公共利益——於某些情況下，亦可能是基於當事人之利益。人身自由若是絕對的，就不可能有自由刑，警察就不能對搶匪上手銬，對於有自殺之虞的人就不能加以管束。

雖然有些基本權利的限制沒有明定於《基本法》，但也不是毫無限制。例如信仰自由受到他人基本權利的限制：誰要是在清晨三點禱告，就不能因此而干擾到其他人的睡覺。又如，可以禁止散布有害青少年的刊物給青少年，即使這項禁令限制到藝術自由。唯有一項基本權——人性尊嚴保障——是不容侵犯的，因此才有聯邦憲法法院關於擊落民航機的判決，前於第二章提過。反之，其他的基本權利都可以相互權衡。

單從基本權利的限制不能推導到獨裁統治。關鍵在於，此等限制是否正當。（唯有）該限制合於比例時，方屬正當。因此，該限制必須追求正當的目的、適合達到這個目的，不得存有其他干預較輕微又同樣可以達到目的的手段可供運用，以及該限制必須在權衡其目的與對當事人影響時禁得起考驗。

以此種形式表現的「比例原則」，是德國的發明。原本從普魯士警察法發展出來的，進入憲法領域則是《基本法》生效之後的事。[8]「循此」，聯邦憲法法院在一則判決中如此寫道：「此項原則經由歐洲人權法院（……）與（歐洲）法院的裁判找到進入所有歐洲（部分）法秩序的入口。」[9]在《歐盟基本權利憲章》中，此項原則——不同於《基本法》——被明文的規定。

抗體

以上簡述基本權利的理由、功能及其限制的界線，現在得以此來探討COVID-19防疫限制措施。各邦政府主要是以法規命令的形式爲之，授權依據是《聯邦傳染病防治法》（之後隨同聯邦緊急防制法新增一條聯邦法律規定）[*5]。法規命令是「行政權法」（Exekutivrecht），亦即——不同於行政處分——不是規範具體的事件，而是如同法律一樣的抽象規定，所有受其規範者均要遵守（最爲大家所知的法規命令是道路交通規則）。發布法規命令的前提要件是，國會的法律必須明定其授權的內容、目的及範圍。

保護民眾的生命及健康，是防疫命令的正當目的。此等措施必須至少有助於上述目的之達成，始具正當性。如果一無用處，則非法之所許。不過，對於該命令中規定之防制措施是否足以達到目的，聯邦政府（如同國會之立法）留有一定的判斷空間。例如除非有明確的反證存在，政府得假定在室內配戴口罩有助於感染風險的降低。反之，如果確認在戶外原則上不存在染疫的危險，則全面性的戴口罩義務（包括人群聚集以外之情形），即因缺乏防疫的適合性而不具正當性，區分不同程度的戴口罩義務方屬具適當性之限制措施。而且也沒有其他可以達到相同目的、但較爲輕微的手段存在——因爲配戴口罩帶來的負擔相當輕微。最後，這項義務亦相稱合理，因爲其所帶來的不利益，低於可能解救人命的利益。

較爲嚴厲的基本權限制，如禁止接觸，僅於其不可能或不足以框定或禁止高度感染數目之人群活動，方有違憲疑義。國家採取措施亦得設定較不精準的目的，當衛生醫療體系能量超載且死亡數目急速攀升時，採取禁止社會接觸所生之重大限制，仍屬合理。

不是一視同仁的措施，較難評價。從平等原則可以推導出，重要相同事物之差別對待（反之亦同，重要不同事物之相同對待），需要有合理之正當事由。例如旅館與劇院暫時關閉，而商店及教堂則繼續開放。對此差別對待是否具備堅實可信的理由？

有部分不具備，特別是二〇二〇年初及初秋時，全德的許多法院作出這樣的判定。法院撤銷了禁止集會及住宿的命令，還有禁止旅行與居家檢疫義務、關店時間及飲酒禁令。單單是公布的法院裁判就多達上千件。但不是所有的法院都如此裁判，有一些初審的裁判被上級審或聯邦憲法法院糾正。幾乎所有的案件都沒有走到最後的終局裁判，而是集中在暫時權利保護程序；也就是最後的終局裁判還處於待定狀態。

但不只是法院介入，各邦政府自己也廢止禁令，當二〇二〇年夏天染疫數目下降時。立即廢除者有之，逐漸放寬者亦有之，各邦不同調。到了秋天情勢再度急轉直上，防疫限制措施旋又趨於嚴格，這番一開始速度不一，直至二〇二〇年十一月起，全德（相對）步調劃一。二〇二一年夏天，再次封鎖。

爭取黃金之路的來回角力，彰顯的是民主法治國家，而不是獨裁政權。即使是在極其堅困的條件下，法院還是勇於糾正各邦政府的決定，即使是危機中，各邦政府還是遵從法院的裁判。還有，許多抗議防疫限制措施的示威遊行得以舉行，乃拜法規命令中例外規定之賜，以及法院對其有利的裁定，還有示威活動違反集會遊行規定時，警察有所節制（也許太過節制）而未採取行動。

「水平思考者」[*6]的另一核心指摘，同樣未切中要點：他們不應該說，新冠病毒並沒有一般所宣稱的那麼嚴重，或者應該用其他的方法防制。因爲沒有人可以和這樣的意見保持距離，也沒有人會因此而受罰。對於發言的個人，不會因爲其宣稱病毒無害的意見而被調查，除了出於故意毀謗、煽惑民族仇恨以及恐嚇外。

基於政府採取的基本權利限制措施，就直接得出「獨裁政權」的批判，而沒有檢驗是否符合比例原則，也沒有同時把政府的對手——國會與法院——納入考量，過於簡單。如此之作爲，除了一再提出的批判外，別無所剩；整體來說，法治國家依然運行，還有法院，儘管受到疫情的影響，法院的功能大受減損。

不過，對於政治的批判是對的：德國眾議院及邦議會幾乎是消失無蹤，聯邦政府與各邦政府少有作爲或總是慢半拍。《基本法》對於民選代表的要求原本不是這樣的。國會與政府之間的關係，到底不是這麼地簡單。如何調和，是每一部憲法最爲艱鉅的挑戰。《基本法》是如何克服這項挑戰呢？

◆本章譯註

*1 德國於二〇〇一年八月一日制定公布《生活伴侶登記制法》（Das Gesetz über die Eingetragene Lebenspartner schaft），簡稱《生活伴侶法》（Lebenspartnerschaftsgesetz, LpartG），允許同性者可以成立生活伴侶。

*2 《生活伴侶法》施行至二〇一七年十月一日，為《同性婚姻權利施行法》（Gesetz zur Einführung des Rechts auf Eheschließung für Personen gleichen Geschlechts）所取代。自此，《民法典》第一千三百五十三條規定：「婚姻由異性或同性之二人終生締結之。」（Die Ehe wird von zwei Personen verschiedenen oder gleichen Geschlechts auf Lebenszeit geschlossen.）。

*3 原文：Datenschutzgrundrecht：資訊自決權，原文：Recht auf informationelle Selbstbestimmung。

*4 原文：Datenschutzgrundverordnung，簡稱DS-GVO，英文：General Data Protection Regulation，簡稱GDPR。

*5 即所謂「聯邦疫情緊急控制」（Bundes-Notbremse），指適用於全德之防疫措施的總稱，於二〇二一年四月二十三日生效，新增的條文是《傳染病保護法》（Infektionsschutzgesetz, IfSG）第二十八b條。

*6 原文：Querdenker，泛指德國於新冠疫情期間反對防疫措施的團體及人士，自二〇二〇年起組織大規模的示威遊行及抗議活動。參見：Wolfgang Benz (Hrsg.): Querdenken: Protestbewegung zwischen Demokratieverachtung, Hass und Aufruhr, 2021; Jürgen P. Lang, Analyse: Was “Querdenker” mit Freiheit meinen, https://www.br.de/nachrichten/deutschland-welt/was-querdenker-mit-freiheit-meinen-eine-analyse,SWQl1tR

第六章　角力：國家的組織

中世紀最重要的階級象徵是座次。[1]一三五六年的《金律》（Goldene Bulle）——神聖羅馬帝國的前現代基本法[2]——明定選帝侯（Kurfürsten）的座位次序，其詳細之程度可比選舉羅馬德意志國王及皇帝的程序。緬因茲大主教是最尊位，落座於帝國皇帝之右方，科隆大主教則落座於左方——除了在科隆、義大利或嘉利恩（Gallien）議事外，此地是輪流換座。特利爾大主教始終坐在皇帝的對面，位居第三，再來才是其他各地的諸侯。當帝國結構發生權力變動，於特別集會時，經常發生座位次序的爭議〔所謂「席次爭議（Sessionsstreit）」〕。當時，這經常是發動戰爭的正當理由。

不過，在席次爭議時經常提出的論理，則沒有太大意義。例如在十五世紀假巴賽爾舉行的一次集會，卡斯提亞人*1主張其應坐在英格蘭人的位置，理由是西班牙人比英格蘭人還早皈依基督教，並且搭乘的是戰船；反之，英格蘭人只是搭乘商船。此外，英格蘭人的圍巾雖然無與倫比，但其特有的赭紅色及迷人氣味應該是來自朱紅胭脂蟲*2，這種蟲是西班牙的原生物種，後來出口到英格蘭，該地只有鄙俗的農作物，在卡斯提亞則產有酒製品及高貴的油樹。[3]

歷史學家芭芭拉・史托貝格—瑞林格（Barbara Stollberg-Rilinger）從中世紀領主的象徵儀式性行動，座位秩序爲其中一部分，認爲這是「現代成文憲法的前現代類比模型」。[4]在此儀式中，整個帝國的內在秩序對外表露無遺，特別是對行動者自己。

前面說的這些舉止，在我們的現代國家已不復見。我們已經沒有國王，也沒有領主與伯爵。我們的制度性秩序也不再需要透過儀式來確立，而是規定在《基本法》中。居於我們國家頂端的，不是神選之人，而是由我們選出的代表，渠等領導是由人民決定作爲自主組織的機關，根基是國家權力劃分爲立法、行政與司法，這三個權力中無一——所以其頂端無一——突出於其他權力。因爲，如果其中一個權力優位於其他權力，則權力分立的（現代）的附加目的——相互制衡——即無從實現。

不過即使到了今天，於實務上國家有時候還是需要分辨尊卑，主要是在「排位」的情形，也就是在特定場合的座位安排。通常是按照禮儀排名順序，且因爲必須決定位階次序，並讓外界得以見聞，因此還是具有一定程度的象徵意義，對於被排序的當事人來說，無疑亦具有個人的意義。「我深感受傷且被孤立，身爲女性及歐洲女性。」歐盟執委會主席烏蘇拉·馮·德萊恩（Ursula von der Leyen）於二〇二一年四月底對「沙發門」[*3]如此表示。三週前，她在會晤土耳其總統雷傑普·塔伊普（Recep Erdoğan）時，必須坐在沙發的位置，而不像歐盟理事會主席查爾斯·米歇爾（Charles Michel）被安排坐在塔伊普旁邊的靠椅上。這是歐盟史上一件具有爭議性的外交禮儀事件。

在德國，一九七六年就曾發生過禮儀爭議，並且導致鮮少被注意到的改變——也可以說促使了議會制度化的象徵性完成——在此之前，首位是聯邦總統，接著是聯邦總理，第三是聯邦眾議院院長。後者一直接受此安排，縱使咬緊牙關。[5]直到一九七二年，安妮瑪莉·倫格爾（Annemarie Renger）被選爲聯邦眾議院院長，爲全世界第一位女性出任自由選舉產生之國會龍頭。[6]她無法接受聯邦眾議院的位置被排在聯邦政府之後，因爲在國會裡坐著的是唯一由人民直接選出的代表（當時有四百九十六名，到了二〇一七年至二〇二一年的第十九屆聯邦眾議院，是七百零九名）。於是她向聯邦總理赫爾穆特·施密特（Helmut

Schmidt）提出抗議，並且在經過一再爭取後贏得國家第二位階的位置。就禮儀目的來說，理所當然。施密特及總理府如何被說服，不得而知。但他的讓步代表了對聯邦眾議院特殊地位的肯認。

關於這樣問題必須力爭，答案無法從《基本法》清楚獲得，並不是一件壞事。因為此舉旨在使三個國家權力平起平坐，而不是居於上下關係。相應地，有許多理由支持這項「正確的」禮儀。

要維持權力的對等分量，實際上並不容易。因此，《基本法》有相當大的部分是規定國家組織。對於制憲委員會最為困難的，莫過於找到政府（行政）與國會（立法）的權力平衡。在此方面，制憲委員會沒有取法美國憲法。

正當性

在美國，是由人民選出的總統領導政府，並決定內閣的成員，但需要經過參議院的同意。參議院是國會兩院中較有權力的一院；由一百名每六年選出的參議員組成。另一院是眾議院，每二年選一次。此二院共同構成國會，但不能以另一位總統取代現任總統，只能經由一相當複雜的程序將其解職（「彈劾」），這得需要參議院的三分之二同意票。從來沒有成功過；即便是二〇一九／二〇年和二〇二一年兩次對川普的程序都明顯失敗。

與之相比，施密特的總理職位，從任期開始到結束，都有很大的差別。他在一九七四年承接威利・勃蘭特（Willy Brand）的社民黨與自民黨的聯合政府，後者因總理府裡爆發東德間諜君特・紀堯姆（Günter Guillaume）醜聞而下台。當時施密特可以不經國會重新選舉而成為聯邦總理，因為德國的政府首領不是由人民選舉，而是由聯邦眾議院選出。

一九七六年的聯邦眾議院選舉，施密特擊敗了海爾穆．柯爾（Helmut Kohl）（基民黨），於一九八○年擊敗弗朗茨．約瑟夫．施特勞斯（Franz Josef Strauß）（基督教社會聯盟*4）。他的總理職位於一九八二年秋天結束，原因是社民黨與自民黨在安全與經濟政策上發生歧見而決裂，導致聯合政府破裂。於是自民黨與基民黨協商，打算對施密特動用《基本法》第六十七條的建設性不信任投票，由海爾穆．柯爾取代其擔任聯邦總理。一九八二年十月一日，在聯邦眾議院的一次決定性的院會中，對施密特提出了背信及欺詐的指責，自民黨主張聯合政府夥伴之間存在無法克服的嫌隙。此外，這項行動是《基本法》所明定，因此具有正當性。經過六小時的辯論，海爾穆．柯爾被選爲新任聯邦總理——而後在位長達十六年之久（德國總理的任期並無限制）。

引進建設性不信任投票，是制憲委員會對威瑪共和國時期經常有議員恫嚇提出且部分通過之「破壞性」不信任投票制的回應。當時此種不信任投票的結果不是建立新政府，而是國會改選，致使一九一九年起的十四年間，總計有十五位帝國總理、二十一個政府。相對於此，德意志聯邦共和國截至目前爲止，只有針對施密特的不信任投票案成功（政治關係的穩定程度比《基本法》本身還要高）。

政府形式上依附於國會，讓德國的政治體制成爲一種「議會內閣制」，相對於美國的「總統制」。更重要的是，此種形式上的依附性是聯邦總理在政治上依附於每四年改選之國會的多數。因爲國會必須對共同生活所有重要問題自己作出決定，例如是否出兵的問題。[7]法律的制定尤然，其界定政府行動的範圍，而且此範圍不能過廣。[8]此外，國會還享有預算高權。

實務上之意義則是，《基本法》中最重要的條文之一，第二十條規定：「所有國家權力由人民而出。」聯邦眾議院是聯邦層級唯一由人民直選的機關。今天，聯邦眾議院院長之禮儀位階也是奠基於此。唯有當聯邦政府——即使四分之三的法律案出自聯邦政府——獲得國會多數的支持，才有辦法將其施政方針——乃至於整個國家——依其規劃予以形塑落實，由此可見聯邦眾議院選舉的重要性。

一般、直接、自由、平等、祕密

截至一九一八年之前，布萊梅的市民（只有男性可以投票）於選舉布萊梅市議會時被分成八種等級：有高等學院教育的，列居第一等，商人第二等、營業者第三級、農莊（地主）則屬第四級。這些社會上層的四級占邦議會一百五十席次的九十八席，之後又變爲八十二席，相對來說，其他的居民（大多數是「平民」）顯然只能滿足於相當有限的席次。儘管如此，工人代表中有一位，還是成功地進入議會，之後成爲威瑪共和國的首任帝國總統，民社黨員弗里德里希・艾伯特（Friedrich Ebert）；另一位是後來的東德第一任（唯一一任）總統，威廉・皮克（Wilhelm Pieck）。較爲人知的普魯士三級選舉，按選民納稅多寡區分選票分量，同樣手法拙劣且不公平。今天，《基本法》第三十八條阻絕了如此極端的選舉權限制，其規定：「聯邦眾議院之議員，以一般、直接、自由、平等且祕密之方式選舉之。」以上所列之各種原則，於歷史上均有負面範例，以致需要用如此之語句確定下來。如果選舉不是一般的，就不會任何一位成年德國人都可以選舉聯邦眾議院，而可能排除特定的族群（例如一九一八年之前的女性）；如果選舉不是直接的，人民就沒有辦法自己投票選出議員，而只能選出選舉人團，再由他們選出議員——例如美國，由中介的選舉人團（Electoral College）選出總統——；如果選舉是不自由的，執政黨就有可能利用國家資源影響民意的形成，或者——例如在東德——在選票印上事前製作的統一名單，而不是讓各政黨提出自己的名單；如果選舉不是祕密的，選民在投票時必須受到監看——又是東德，例如投票亭的設置可以基於安全理由而取消——如此一來，選舉的自由又再度受到威脅。

不過，上述選舉原則幾乎沒有被完全地遵守。例如須取得超過百分之五的選票（或至少三位選區直選議員）的政黨才得以進入聯邦眾議院的規定，即嚴重影響到選舉的平等性。投票給未過門檻候選人的選民，在國會裡就沒有他們的代表。聯邦憲法法院於一九九〇年的一項裁判中雖認爲此一門檻條款合憲，因爲其可以避免國會裡小黨林立，有助於組成聯合政府的能力。但往後是否始終如此，則屬開放的問題。[9]二〇一三年的聯邦眾議院選舉提供了一次修改的絕佳契機。因爲拜門檻條款之賜，當時有將近七百萬票（相當於百分之十五點七）被掃到桌下，也就是對於聯邦眾議院的組成毫無意義，原因主要是自民黨及德國另類選擇黨*5以此微票數未達百分之五門檻。因此，許多公眾人物呼籲修改選舉法——未果。

倒是在過去幾十年以來，德國的政黨圖像有很大的改變。

政黨

聯邦共和國才剛誕生沒幾個月，在一次的記者會上，佛列茲．朵爾斯（Fritz Dorls），社會主義帝國黨*6第一主席暨德意志聯邦眾議院議員，宣稱：「一九三三年至一九四五年是西方國家革命時期的高峰」，「集中營及毒氣室是這時期革命的方法，這段時期誕生了新的生命原則。」他繼續說道。[10]朵爾斯，一九一〇年生，十九歲加入國社黨，曾爲衝鋒隊*7隊員。二次戰後，他成爲基民黨黨員，幾年後跳槽到極右派的選舉聯盟，藉此成爲聯邦眾議院議員。一九四九年十月二日，他一些昔日同志在下薩克森邦的哈默爾恩（Hameln）創立了社會主義帝國黨。

這個政黨是獨裁體制，並且建立與衝鋒隊、親衛隊*8及希特勒青年軍極爲類似的附屬組織，包括制服在內。「對帝國忠誠」是所有黨員的最高準則。誰要是在黨活動上汙衊希特勒，就會被獵捕。其他的黨派被斥爲「立案黨」*9（諷刺它們被三個西方三強的立案化），政府則被貶抑爲「立案政府」，對於納粹政權的模範反抗者，被貶爲「叛國者」。該黨向其政治對手叫囂這是一個「結算的時刻」。爲了這個目的，已經列出一長串的名單，演說者如此昭告。

尤令人反感的是，反猶太主義的復甦。該黨中常會員暨聯邦眾議員「弗朗茲·里赫特（Franz Richter）博士」（加引號是因爲他本名是佛里茲·雷斯勒（Fritz Rößler），戰後冒用一名死者的身分，此事於一九五二年廣爲人知）多次在反「猶太人陰謀論*10」的圈內通訊中指陳猶太人在世界上造成財政及政府危機。更誇張的是，里赫特即雷斯勒在一次聯邦眾議院會議辯論時，把社民黨眾議員卡洛·施密德（Carlo Schmid）斥爲（譯按：猶太人）同謀者，因爲施密德贊成應將猶太人的財產交給以色列，如果該財產經調查無人繼承者。不過，在譴責集體謀殺這件事情上，該黨倒顯得義憤填膺。

儘管（或者由於？）與納粹黨有許多的類似性，社會主義帝國黨於一九五一年的下薩克森邦議會選舉獲得了百分之十一的選票。最多時有大約四萬黨員。【11】對有些人來說，聽起來頗有納粹宣傳的揶揄口吻，「民主最好的笑話之一始終存在，即民主授予其死敵以毀滅自己之刀柄」。【12】

但制憲委員會已在《基本法》中預設防線：依據第二十一條規定，聯邦憲法法院得禁止政黨，「依其目標或其支持者之行爲足以認定將危害或排除自由民主之基本秩序（……）者」。絕不重蹈覆轍！是所至囑；不再讓反民主的政黨有機會利用民主機制毀滅民主。

只不過對政黨輕率地祭出禁令，對於民主亦是重大危險，因爲政黨在德國扮演極其重要的角色。在權力分立的古典體制中，政黨不易嵌入其中。因爲在權力分立制度肇建之初，尚無政黨之存在。但今之政黨對於人民政治意志之形成——《基本法》明白揭示——與有作用（wirken ...... mit），此點慎重其事地規定在憲法條文中。事實上，大多數重要的人與事之決定，於今天主要決諸政黨或政黨之間的委員會，也就是聯合政府協商，以及——在政府日常運作期間——聯合政府委員會。

截至目前爲止，在德國的所有聯邦政府幾乎都奠基於聯邦眾議院中二個或數個黨團的聯合。除了基民黨於一九五七年之選舉外，在德國從未有過一個政黨取得聯邦眾議院的多數席次，關鍵在德國的比例代表選舉制：一個政黨的國會議員數取決於總有效票數的得票比例。反之，在美國則是採多數決選舉制，由特定選區或候選人得票數最多者當選。此種選舉容易導致於國會中有兩黨，而非多黨——也就是在國會中的關係壁壘分明，但也高度降低了選擇可能性。

每個人都可以投身於政黨，政黨是社會與國家的政治上媒介。因此，政黨亦須如國家一樣是民主的組織結構——此點亦明定於《基本法》——不同於通常的社團。只有在嚴格的要件之下，政黨才可以被禁止。在德意志聯邦共和國的歷史中，只有兩次。第一次是社會主義帝國黨，於一九五二年被禁止。聯邦憲法法院以存有諸多實例顯示其反猶太主義之基本立場爲據，認定其蔑視人性尊嚴、人格自由發展之基本權及平等原則——從而予以禁止。[13]大家爲之鬆了一口氣，不只是在德國，還包括外國，因爲社會主義帝國黨在國外的活動不容小覷。

同一時期，聯邦政府提出禁止德國共產黨[*11]的聲請。該黨於一九四九年第一次聯邦眾議院選舉時獲得百分之五點七的選票，並且取得十五個國會席次。這樣的結果完全不合聯邦總理艾德諾當時推動的西聯政策，也就是德國整合進西方民主聯盟，以構成蘇維埃的對立面。儘管如此，憲法法院還是花了四年才作成判決，比審理社會主義帝國黨的時間還長。因爲有部分法官——據今人推測——聯想到德國共產黨受到納粹政權的種種迫害。不過，憲法法院最後還是以一份長達三百多頁的判決得出結論，德國共產黨是一個「馬列主義的鬥爭政黨」，依其自承，對共產黨來說，「通往社會主義沒有和平之路」，其所呼籲的「推翻艾德諾政權」危及自由民主基本秩序——從而亦予禁止。[14]從今天的觀點來看，這是一個值得商榷的裁判，因爲其論及的是馬克斯主義，而非該政黨的實際政治作爲。[15]這是繼一九一九年、一九二三年及一九三三年之後，德國共產黨第四次被禁止。[16]

數十年之後，唯二的兩宗政黨禁止程序，均以失敗告終，兩次都是針對極右派的德國國家民主黨*12。第一次聲請程序是在二〇〇三年，失敗的原因是聯邦憲法保護署，也就是對內的情報機關，在該黨的聯邦理事會及各邦的理事會中安插了「線民」，而聯邦政府的政黨禁止聲請主要根據這些線民的陳述。[17]第二次是在二〇一七年，聲請被駁回的原因是，聯邦憲法法院認爲國家民主黨不可能達到「建立一個以種族『人民共同體』爲方向的專制『民族國家』」的目標。[18]取決於敵對憲法企圖的成功率，是新的判斷準據；若按此準據，德國共產黨於一九五六年或許也可以免於被禁止（社會主義帝國黨也是）。因爲當時聯邦憲法法院院長就曾經問聯邦政府，當時「已經形同死亡」的德國共產黨是否還需要給它悲慣的致命一擊*13？[19]

面對（以推翻憲政體制的）衝鋒型政黨，我們是可以防衛的。但如果一個政黨勉強通過聯邦憲法法院的考驗，又將如何？即使聯邦憲法法院已做了防範措施。

設想一下，某一個極右派政黨將贏得某一邦議會的選舉，並且單獨組閣執政。該政黨將停止報紙出刊、對其黨的批評處以刑罰、禁止特定信仰取向的活動，該政黨有辦法這樣做嗎？德國的邦具有獨立的法人格，有自己的憲法、議會、政府，以及自己的警察。於特定的條件下，甚至可以簽訂國際條約。

在德國，不僅是政黨之間相互角力，不僅是政府與國會之間相互抗衡，特別是與反對黨——還有邦與聯邦之間的爭議。聯邦主義，也就是聯邦共和國與十六個邦的組合，再進一步分配其國家權力，而且是垂直劃分。此爲三個西方占領軍所重視者，因爲他們想要阻止一個強大的單一制國家。

《基本法》規定哪些事物領域歸由誰管轄，亦即誰享有事物權限。屬各邦自行決定之最重要領域是，教育、文化及警察。各邦對此所爲之規定如牴觸聯邦法律者，依第三十一條規定，《基本法》最短的一條規定：「聯邦法破邦法」（Bundesrecht bricht Landesrecht）。[20]聯邦部會的法規命令的位階甚至高於邦憲法。例如邦不得在其憲法中規定道路運輸業，因爲依照《基本法》第七十四條規定，道路交通法屬於聯邦的權限。

某一邦如果想要禁止特定宗教的活動或某一批判性報紙，即可能牴觸各邦亦直接受拘束之《基本法》；如果該邦不撤銷或廢止上述措施，特別是經法院判決下令裁廢之後，《基本法》授權聯邦政府得「經由聯邦強制（Bundeszwang）要求邦履行其義務」（第三十七條），必要時，得使用強制力。不過，動用聯邦強制的前提是，須經另一憲法機關的同意，此一機關在公共事務的履行上僅扮演次要的角色。

聯邦參議院

聯邦參議院（Bundesrat）裡議事的不是民選的議員，而是各邦政府的代表。除了前述少數特殊情況，邦政府可能變質成獨裁政權外，邦代表是經由參議院參與聯邦的立法。大約有五分之二的聯邦眾議院議決的法案須經聯邦參議院同意；至於其他的法律，聯邦參議院得提出異議——聯邦眾議院得決議否決之。因此，兩院共同構成德國的「立法者」。

各邦於參議院之票數份量取決於其人口數——但只是略估：布萊梅約七十萬人，有三票，北萊茵—西發倫邦約一千八百萬人，有六票（總共有六十九票）。這讓布萊梅相對於北萊茵—西發倫邦取得大約十三倍的票數份量。當然，在聯邦參議院票數的多數，必須不能是聯邦眾議院多數票數之政黨。相反地，聯邦的反對黨通常在聯邦參議院有足夠的份量，以便阻止須經其同意之法律案的通過。

特別重要的是修改憲法，不僅需要聯邦眾議院三分之二議員的通過，還需要聯邦參議院三分之二的贊成票。此項規定旨在確保憲法只能在跨黨派同意下修改。不過，其他法律只需要過半數的同意。

在政治禮儀上，聯邦參議院院長被排在第四位。儘管聯邦參議院自己宣稱其院長排第二，在聯邦總統之後；[21]因爲依據《基本法》，她是代表參議院。不過，這只是聯邦參議院的單方意見。

聯邦總統

艾麗絲・波班（Iris Berben）、奧莉維亞・瓊斯（Olivia Jones）、哈沛・科可林（Hape Kerkeling），以及約阿希姆・勒夫（Joachim Löw），他們有什麼共通之處？他們都曾經參與最近一次的聯邦總統選舉

（德國最高的職位，尚未有女性擔任過），不同於您或我。之所以會有此種特權（譯按：任何人都可以競選總統），原因在於聯邦會議的特殊組成方式，每五年集會一次，只爲了選舉聯邦總統：該會議由聯邦眾議院的議員，加上相同數目之邦議會選出之代表。後者未必是邦議員，可以是任何的成年德國人，因此各黨經常會選社會名流爲代表，並以此來妝點黨派的門面。

過去經常發生爭議的是，德國聯邦總統是否爲政治禮儀上之首位。前聯邦總統（同時是前聯邦憲法法院院長）羅曼．赫佐格（Roman Herzog）固然認爲這是「合於理性」的，「特別是亦合於國際的慣行」；但這「不是憲法原則，隨時可能以改由——例如——聯邦眾議院院長擔任（……）」。[22]

這位前總統職位擔當者如是說，已然充分說明了聯邦總統在《基本法》結構體系中之地位。事實上，聯邦總統在政治日常活動中主要是代表性任務。此一有限的角色是制憲委員會有意爲之，鑑於威瑪共和國帝國總統的權力過大。也因此，德國的聯邦總統不是由人民直選，而是由前述之聯邦會議。

聯邦總統對外代表德國，但其發布的所有命令及措施，均須由主管的聯邦政府成員副署，始生效力。例如聯邦總統任免聯邦總理及聯邦部會首長，但前者須先經聯邦眾議院選出或罷免，後者則要由聯邦總理提名。聯邦總統簽署並公布之，對其內容並無影響力。

但有極少數情況，繫於聯邦總統的決定，主要是聯邦總統如認爲法律明顯違憲時，得拒絕簽署。此雖非如美國總統之否決權，因爲聯邦總統不能作政治判斷，僅能作憲法上的評價。但此舉爲權力分立注入一劑具張力的細微影響，《基本法》中未明文規定，卻與國家實踐相符。

聯邦總統更重要的角色是，當新聯邦總理無法選出時，或者當聯邦總理向聯邦眾議院提出（不）信任案（「信任問題」）[*14]而未獲得多數支持時，於此二種情形主要落在聯邦總統手上，由他決定是否讓聯邦總理在少數政府下繼續執政，或者解散國會，重新選舉。這是一項重大的責任，前幾任的總統在三次信任問題皆未獲國會半數同意時作出重新改選的決定：一九七二年、一九八二／八三年及二〇〇五年。[23]

最近的兩次情形，信任問題是否合法，具有高度的爭議。不管是一九八二年的海爾穆．柯爾或是二〇〇五年的格哈特．施羅德（Gerhard Schröder），他們原本在國會擁有多數的支持，卻故意讓信任投票失敗，以便開啓當時有利於該黨時機的重新選舉。兩種情形，聯邦眾議院的議員均向聯邦憲法法院提起訴訟，主張系爭信任問題的聲請「非純正」，因此解散聯邦眾議院是違憲的。兩件訴訟聯邦憲法法院均予駁回——此舉亦使聯邦憲法法院繼聯邦眾議院、聯邦政府、聯邦參議院及聯邦總統之後，成爲聯邦第五個憲法機關。

關於聯邦憲法法院的位階，沒人質疑過其位居第五。因爲——從政治禮儀觀點——在聯邦機關中，聯邦憲法法院的位置無可爭議。不過，聯邦憲法法院的聲望，不管從那個角度來看，都不受影響。這或許是因爲聯邦憲法法院設立之初，發生了另椿根本性的問題，就是應否承認憲法法院爲具有平等相維的憲法機關。首屆聯邦政府最初以粗暴的語言拒絕承認，曾導致了安妮瑪莉．倫格爾（Annemarie Renger）（譯按：一九七三年任聯邦眾議院院長）與赫爾穆特．施密特之間相當大（形同角力）的衝突。於此涉及的不外乎就是政治是否受《基本法》拘束的根本性問題。

◆本章譯註

*1 原文：Kastilier，英文：Castilians，十一世紀建於西班牙伊比利半島上之卡斯提亞王國（Kingdom of Castile）的人民。

*2 原文：Kermes-Schildlaus。

*3 原文：Sofa-Gate，即文本所示發生於土耳其總統府的一次外交禮賓事件。Sofa-Gate是媒體上的用詞，為Sofa（沙發）與Watergate（水門）的混成詞，隱喻這是一項（國際）政治醜聞。媒體新聞，例如：Turkey blames EU in ‘sofagate’ diplomatic spat, https://www.bbc.com/news/56676344

*4 全名：Christlich-Soziale Union in Bayern，簡稱CSU，下稱基社黨。
Bundesverfassungsgericht, Urteil vom 12.7.1994 - Az. 2 BVE 3/92.

*5 全名：Alternative für Deutschland，簡稱AfD。

*6 全名：Sozialistische Reichspartei Deutschlands, SRP。

*7 原文：Sturmabteilung，簡稱SA。

*8 原文：Schutzstaffel，簡稱SS。

*9 原文：Lizenzparteien。

*10 原文：jüdische Verschw rung，又稱國際或世界猶太人陰謀論（international Jewish conspiracy, the world Jewish conspiracy），指稱猶太人密謀統治世界。參見：Helmuth Auerbach, “Weltjudentum” und “jüdische Weltverschwörung”, in: Wolfgang Benz (Hrsg.), Legenden, Lügen, Vorurteile: Ein Wörterbuch zur Zeitgeschichte, 2000, http://www.jewish-conspiracy.com/jc/index2.html

*11 全名：Kommunistische Partei Deutschlands，簡稱KPD。

*12 全名：Nationaldemokratische Partei Deutschlands，簡稱NPD。

*13 原文：Gnadenstoß，即所謂coup de grâce，指對於受重傷之人或動物給予最後一擊，以減輕其痛苦。參見：https://www.duden.de/rechtschreibung/Gnadenschuss

*14 指《基本法》第六十八條第一項規定：聯邦總理向聯邦眾議院提出是否信任之聲請（信任問題），如未獲

聯邦眾議院二分之一以上贊成者，聯邦總統得依聯邦總理之建議於二十一天之內解散聯邦眾議院。於聯邦眾議院以全體議員二分之一以上通過選出新聯邦總理時，聯邦總統此項解散權消滅。德國國會對內閣不信任投票制度，與我國憲法增修條文第三條第二項第三款所定立法院對行政院院長之不信任投票不同。於德國，提出不信任案的主動權在聯邦總理，於我國，則是立法院，亦即：立法院得對行政院院長提出不信任案，如經全體立法委員二分之一以上贊成，行政院院長應於十日內提出辭職，並得同時呈請總統解散立法院。

第七章　推手：聯邦憲法法院

湯瑪斯．德勒（Thomas Dehler）是早期聯邦共和國具爭議性部長之一，他的脾氣和確信促使他力排眾議，成爲聯邦憲法法院誕生的推手，讓法院成爲我們今天看到的面貌。

一九五一年九月七日於卡爾斯魯厄（Karlsruhe）開始運作的聯邦憲法法院，其成立的相關工作由聯邦司法部負責。憲法法院於德國史無前例，三週後舉行成立典禮，氣氛莊嚴隆重。聯邦總理艾德諾於致詞時表示，聯邦憲法法院將重新喚醒德意志人民的確信，「法律是人民及人類社會唯一長久賡續且具決定性之基礎。」

不過一年後，艾德諾政府就對聯邦憲法法院大加抨擊。德勒在一封電報上寫道：這個法院「以一種動搖體制的方式偏離了法的軌道」，從而「造成了嚴肅的危機」。幾個鐘頭之前，他在與新聞記者的一項私下談話中甚至抱怨，在法院中「欠缺合格的法官素養」。[1]幾個月之後，艾德諾自己在一次的基民黨聯邦中常會上將憲法法院稱爲「德國的獨裁者」，爲了順從憲法法院，聯邦眾議院「在很大的範圍……已經遜位了」。[2]另在政府會報上則稱，聯邦憲法法院「透過其權力完整性進行立法，逾越了《基本法》的規範……」。[3]

這些憤怒語言的緣由是，聯邦總統特奧多爾．豪斯向聯邦憲法法院提出一項詢問，在此之前，聯邦眾議院原訂要議決通過德國加入歐洲防衛共同體[*1]。豪斯想要知道，加入防衛共同體及其後德國的重新軍備暨實施一般義務役，是否牴觸《基本法》。當時大部分的西德人民認爲，國家的重新武裝將與東德的統一漸行漸遠；而社民黨認爲，《基本法》不允許德國擁有軍隊及採行服兵役義務。

豪斯總統希望在其簽署同意加入法案之前，釐清上述爭議。一九五二年十一月八日，聯邦憲法法院決議，其將作成總統聲請之鑑定書，並在此之後同時作成判決。[4]換言之，法院受理事前審查德國政府當時最重要的國際條約及德國再軍備的根本問題——對艾德諾政府來說，這是無法想像的自以爲是。即使豪斯總統在艾德諾力促之下撤回了鑑定聲請，艾德諾政府對於德國最高法院的敵意並沒有因此而結束。媒體稱這是一次的憲政危機。

不過，法院還是頂住壓力。院長赫爾曼・赫普克爾—阿紹夫（Hermann Höpker Aschoff），與德勒同爲自民黨黨員且熟識好友，親上廣播以嚴厲的言詞捍衛憲法法院，特別是針對德勒的批評。早在幾個月前，聯邦憲法法院就已經在一份向其他最高聯邦機關公開名爲《地位備忘錄》（Statusdenkschrift）的文件中，強調法院的自主獨立性與憲法重要性。該法院享有自主預算及組織獨立性之請求權，而且司法部並非法院成員的上級職務長官。德勒對法院的抨擊剛好加重強調了這樣的訴求——還有，聯邦參議院的決議，表彰了聯邦憲法法院應有自主的預算。聯邦眾議院稍後亦決議同意。總之，公眾站在法院這一方。

赫普克爾—阿紹夫甚至還向艾德諾總理力主於一九五三年聯邦眾議院選舉後，不要再任德勒爲司法部長。[5]有點諷刺的是（但這也是二次戰後的典型現象），赫普克爾—阿紹夫自己——不同於性情乖逆的德勒——曾經與納粹政權爲伍，並以首席法曹的身分參與赫爾曼・戈林（Hermann Göring）*2所創「東方信託總辦公室」*3的波蘭「日耳曼化」計畫。如今，他轉身成爲新興法治國家的英雄，而德勒——據《明鏡》週刊的「波昂名人誌」[6]——則成爲惡魔。直到赫普克爾—阿紹夫臨終病榻前，兩人才和解。[7]而關於德國加入歐洲防衛共同體的問題，最後則不必由法院作成裁判，因爲法國國民會議於一九五四年夏天否決了這項計畫。

儘管如此，聯邦憲法法院還是自己爲維護其權威性而努力。憲法法院——也是德國——歷史上的重要一步，但尚未長大成爲政府的眞正對手。直到一九六一年憲法法院才找到這樣的角色，當時基於部分社民黨執政的邦政府提起的訴訟，憲法法院作出禁止聯邦成立電視台的判決。廣播電視爲各邦的權限，依據判決理由——此外這也是駐軍政府對制憲委員會的要求——聯邦不得規劃設立自己的廣播電視。[8]艾德諾——已擔任總理超過十一年——又再次憤怒異常，幾天後，他在聯邦眾議院裡說，他的內閣「一致認爲，聯邦憲法法院的判決是錯誤的」。但是他接著說，這項判決必須遵從。[9]

其後，諸多政府閣員及聯邦眾議員批評聯邦憲法法院，來自各方，部分批評過了頭。我們不能讓東方政策*4毀於「這八個在卡爾斯魯厄的屁眼」*5，據《法蘭克福匯報》報導，[10]有一位社民黨高階政治人物如是說，在聯邦憲法法院針對西德與東德之基礎條約的合憲性判決之前。當時不清楚這是誰說的，諸多指向時任聯邦司法部長的霍斯特·艾姆克（Horst Ehmke），實則甚至出自聯邦總理威利·勃蘭特自己之口。[11]這樣的攻擊實無必要，因爲憲法法院同意了這項條約，[12]兩德自此首次相互接近。

之後批評的口吻較爲緩和，但在實際內容則非如此。一九七八年，在赫爾穆特·施密特爲總理之社會自由聯合政府，想要鬆綁社會役的認定程序。基於信念而拒絕服兵役者，只需要宣稱，而不需要提出理由。聯邦憲法法院受理此項案件，並以牴觸兵役正義原則爲由，宣告系爭法律規定違憲、無效。[13]對此，社民黨高層政治人物批評憲法法院，說它們自抬身價爲「憲法之主」與「受支配者之支配者」。[14]

針對二〇〇九年有關《里斯本條約》的判決，該條約對於歐洲聯盟做了根本性的改革，前社民黨聯邦眾議院黨團總召托馬斯・奧珀曼（Thomas Oppermann）說，聯邦憲法法院回答了沒有人提出的問題，自己在推動「憲法政治」。前聯邦眾議院院長諾貝特・拉默特（Norbert Lammert）（基民黨）甚至成爲批判憲法法院的常客，他將法院斥爲「法官的過動」，並且建議其回歸過去「睿智的節制」。

政府與國會中不同政黨代表一而再、再而三地對第三權的自負表達不滿，彰顯的只是司法控制發揮功能，縱使法院把弓拉得有點過滿。而且要說國會對法院毫無影響力，事實上也並非如此：分爲兩庭總共有十六名的憲法法院法官，各半分別由聯邦眾議院與聯邦參議院選舉產生，且需三分之二之多數。有些人儘管不時對於法院有所不滿，只能說被選出者具有獨立性，以及聯邦憲法法院在憲法體系結構中之特殊重要角色。什麼讓其角色如此的突出？

沉默的權力

沒有規則，就沒有足球；沒有裁判，就沒有德甲聯賽。朋友之間或出於娛樂，我們會信任規則被遵守，或者容忍一定的違規。但是如果是嚴肅的比賽，單單相信規則被遵守是不夠的，而犯規是不能被接受的。憲法的規則，則有其特殊性。

制憲委員會在建置聯邦憲法法院時，主要有兩種範例：美國的最高法院與奧地利的憲法法院。美國最高法院於一八〇三年是第一個宣告法律違憲的法院。[15]因此，法蘭克福國民會議當時將美國最高法院當作範本，並且在《保羅教堂憲法》中明文賦予帝國法院廣泛的權限。[16]這部憲法沒有發生效力，在威瑪共和國時期，帝國法院及新成立之國事法院並沒有宣告任何一部法律違憲。早在海倫基姆湖召開制憲委員會之會前會時，即已確信，相對於過去，聯邦憲法法院應該要成為「名符其實之憲法維護者」[17]。

制憲委員會從奧地利承繼觀念，聯邦憲法法院不是（如美國最高法院）作為所有訴訟案件之最後審級的法院，而是獨立、純粹的憲法法院。這樣的法院於一九二〇年（譯按：在奧地利）就已經運作並建立。

不過，聯邦憲法法院以其被賦予較多權限而超越兩個前例，被打造成為世界上權力可能最大的法院：[18]其審理憲法機關間與聯邦與各邦間之爭議；得基於各級法院之聲請，審查其應適用之法規範的合憲性，例如刑法之合憲性；依聯邦政府、邦政府或至少四分之一聯邦眾議員之聲請，抽象審查法規範，亦即不問具體之法律爭議，並宣告其無效；得就地位有爭議之政黨，確認其是否違憲，並禁止之；得就危及社會秩序之人，剝奪其基本權利（至今未曾用過）；得審查聯邦眾議院及歐盟之選舉；得基於職務訴訟，廢除聯邦總統或法官之職位。聯邦憲法法院的裁判拘束聯邦與各邦暨所有法院及行政機關。

屬憲法法院權限清單的核心，且為衡量憲法法院之黃金標準的是憲法訴願。任何人，凡認為其基本權利受到法律、行政措施或法院裁判侵害時，得以憲法訴願向聯邦憲法法院提起訴訟——前提要件是，須窮盡其他所有的權利救濟途徑。憲法訴願是針對基本權利侵害的最後手段——而且是公民社會中控制國家權力最有效的工具。儘管只有百分之二的憲法訴願案件獲得勝訴，但個人可以藉此達到特定法律的廢除。此點給予人民巨大的權利，相當有利於我們的法律與權利。

近期的顯例，諸如第五章提及聯邦憲法法院關於同性與異性生活伴侶平權的裁判，還有廢除多項因應二〇〇一年九月十一日美國恐攻事件之安全法案，因為這些規定侵害資訊自決權，或者二〇〇八年新創的電腦基本權，該權利保護我們的數位居家免於非法的干預。

遙想五十年多前，聯邦憲法法院必須一路披荊斬棘，打下諸多的根基，第一個就是著名的呂特判決。

人民的憲法

埃里希・呂特（Erich Lüth）於一九五〇年發起杯葛導演威特・哈蘭（Veit Harlan）新片的活動，當時他是一名新聞從業人員，同時是漢堡市新聞局局長。哈蘭自一九三〇年代中期起爲納粹主義者拍攝宣傳影片，其中包括反猶太主義的種族仇視片《猶太人蘇斯》（Jud Süß）（一九四〇年上演），作家雷夫・焦爾達諾（Ralph Giordano）——本身是猶太人之子，本片上映後於電影院觀看——將本片稱爲「其所見過之最卑下、最惡意、最狡黠之『藝術類』反猶太主義的表現形式」。[19]爲了本片，哈蘭差點就被漢堡法院以幫助迫害猶太人爲由而判罪。儘管如此，呂特認爲哈蘭「一點都不合適」重建德國電影的聲譽。只不過，哈蘭新片的製片公司看法不同。

製片公司向法院提起不作爲訴訟，要求呂特不得再爲上揭表述，理由是他發起的杯葛構成《民法典》第八百二十六條所定違反善良風俗之侵權行爲[*6]。所有審級的法院，包括暫時程序與本案訴訟，均判決製作公司勝訴，儘管該片的上映受到無數的抗議，特別是來自學術圈。

於是，呂特在社民黨的明星法律人阿道夫・阿恩特（Adolf Arndt）協助下提起了憲法訴願——並且獲得勝訴。他的發起行爲受言論自由保障，聯邦憲法法院於一九五八年初如是闡釋。這在當時頗令人驚訝，因爲截至當時爲止，當事人僅能對國家主張言論自由，而不能針對私人，像是呂特於本案對抗製片公司。但是，《基本法》「在其基本權利章中亦建立了一個客觀的價值秩序」，法院說道，此「當然」亦影響到民法，也就是私人間之法律。呂特「向其呼籲的對象訴求道德感」，其動機並無任何違反善良風俗。

聯邦憲法法院廢棄了不利於呂特的法院判決。呂特不僅帶動了對共和國納粹過去的第一次規模空前的抗議浪潮，同時也大大地提升了言論自由與基本權利的保護。在他的基礎之上，誠如法律史學者烏維・魏瑟（Uwe Wesel）所言，讓「舉世獨一無二的一次人權微調」成爲可能。[20]

一九五八年第二件開路先鋒裁判，其案由引起公眾關注的程度，遠不及呂特的杯葛行動：卡爾—海因茨・羅伯（Karl Heinz Röber）申請於特勞恩爾特（Traunert）開一家藥房，遭到駁回。羅伯是一名藥師，三年前從東德逃到西德。上巴伐利亞行政區政府駁回其申請，理由是：在一個只有六千住民的地方已經有一家藥房，據評估，若再開一家，於經濟上無法有善經營。對於此種情形，依巴伐利亞邦藥房法規定，經營許可不予核發。

羅伯提起憲法訴願，聯邦憲法法院判他勝訴。像這樣客觀的職業許可限制，如巴乏利亞邦藥房法所定，只能爲了防制可證明或高度可能性之危險，方屬可能。對於此種危險，巴伐利亞邦政府並未釋明。特別是藥房之間的競爭將導致販售禁藥的論點並未說服法院。因爲來自瑞士的專家表示，該國當時已允許藥師在各地註冊開業，（譯按：若有問題）應該會提出相反的報告才對。

具開路先鋒意義的不僅是保護《基本法》第十二條之職業自由免於國家的經濟控制，而是聯邦憲法法院首次宣告國會法律無效——特別重要的是，法院質疑立法者所根基的事實。三位法官的不同意見書顯示，相對於立法者，法院原本可以有所保留。不過，這些不同意見書最初不爲外人所知，因爲直到一九七〇年代不同意見書才在相關法官的要求下與法院的裁判一起公布。也只有在法院的資料爲研究而開放之後，法律學者費邊・米歇爾（Fabian Michl）才能夠對藥房判決的不同意見進行研究。[21]

綜合來說，在聯邦憲法法院成立約七年得以確立：憲法法院審查所有三權是否遵守憲法——政府、法院及國會。明定於《基本法》，但未必刻在腦袋裡的權力分立，最終由聯邦憲法法院讓它誕生了。

在憲法法院從《基本法》推導出其權力之後，數十年以來，透過無數的裁判強化言論自由、出版自由、集會遊行自由、宗教自由，特別是近期的資訊自主決定權。不過，另方面，聯邦憲法法院在一九五七年維持了一系列對於男性同性戀的處罰規定，甚至比納粹時期還嚴[22]；於一九七五年阻止了墮胎規定的自由化。[23]法院總是會遭遇不滿，但這點不會讓憲法法院在德國法體系中的重要性因而消退——主要的原因在於，聯邦憲法法院享有四分之三人民的信賴（聯邦眾議院及聯邦參議院目前只有百分之四十）。[24]此外，原因或許亦在於，聯邦憲法法院法官的任期十二年，且不得連任，這點給予法官們足夠的時間及建立可信度的機會，向公眾證明其獨立性。

聯邦憲法法院畢竟是一個全然非典型的法院。在日常生活中，正義毋寧繫於其他的法院。在各級法院的事實認定程序及實體判定的背後，同樣蘊含著巨大的演變與進展，後世吾輩受惠於茲。反思過去，在一定程度上確實有深切之痛。

◆本章譯註

[*1] 全名：Europäische Verteidigungsgemeinschaft，簡稱EVG。

[*2] 赫爾曼・戈林（一八九三－一九四六），德國納粹黨政軍首領，與希特勒關係親密，曾擔任德國空軍總司令、國會議長、衝鋒隊總指揮、經濟部長、普魯士總理等要職；二次戰後，經紐倫堡審判，被判違反戰爭罪及違反人道罪等罪，處以絞刑，行刑前一晚自殺身亡。參見：US-Gefreiter: Ich übergab Göring die Zyankali-Pille, https://www.sueddeutsche.de/politik/nuernberger-prozesse-us-gefreiter-ich-uebergab-goering-die-zyankali-pille-1.312177

[*3] 原文：Haupttreuhandstelle Ost，德國納粹政府負責清算波蘭占領區企業（「四年計畫」）的機構。

[*4] 原文：Ostpolitik，指西德總理威利・勃蘭特於一九六九年上任起開始推動與東德及其他東歐國家關係正常化的政策，為與納粹時期的「東方政策」相區隔，又稱「新東方政策」（Neue Ostpolitik）。參見：Manfred Görtemaker, Entspannung und Neue Ostpolitik 1969-1975, https://www.bpb.de/shop/zeitschriften/izpb/internationale-beziehungen-i-245/10344/entspannung-und-neue-ostpolitik-1969-1975/

[*5] 原文：Von den acht Arschlochern in Karlsruhe。

[*6] 相當於我國《民法》第一百八十四條第一項後段：「……故意以背於善良風俗之方法，加損害於他人者亦同。」

第八章　（非）理性：其他法院

糾問制度於十三世紀蓄勢待發之時，對於法院制度來說，則是一項進步。固然，從今天的角度來看，處罰「異端」是一件瘋狂的事。同樣地，以刑求強制認罪，並處決人類，也令人不可置信（這兩件事情即使不是原則，也是相當普遍）。但是，在糾問制度之下，合理的證據提示居於首要地位，也就是要有證人陳述，再加上——因爲證人通常不夠——自白。

試想在司法程序中，還可以取決於其他事物判案，從今天來看，簡直不可思議。但是在糾問制度之前，被告多半可以用靈異證據來爲自己辯解：[1]用傳統的宣誓來解除微罪的指控。於複雜的雪冤宣誓程序，必須由證人依正式程序發出誓言才能證明無罪。不過，這兩種方式均與眞相調查無關。遇有重大案件，尋求神靈審判，諸如：沉水試驗，嫌疑人被放入水裡，如果嫌疑人浮在水面，則視同有罪（類似的作法早載於西元前二世紀的《漢摩拉比法典》）；火烤試驗，嫌疑人必須把手放入火裡（後來成爲常見的成語[*1]），在此之後，傷口如果發炎，則判定有罪。還有，原告與被告之間的決鬥——尤其是騎士之間——也不是追求眞相，仍是神靈審判。

在糾問制度之下，靈異證據被排除，這代表了一個小小的、但影響深遠的重要進步。而且，糾問程序要製作紀錄，控訴由公部門提起，而非被害人，這點過去至少在本地是一項革新。換言之，糾問程序不再像傳統的刑法，屬私人爭議，目的不在報復及損害賠償，而是公眾的事務。

職權偵查與「理性」的舉證，亦擴及適用於非教會的刑罰領域，結果自白——從而刑求——成爲具高度重要性的證據。極其不幸的是，據估計，有四萬到八萬人——主要是女性[2]——在十五世紀至十八世紀之間的獵巫時期，遭到世俗法院刑求並且處決。

刑求歷經了數個世紀仍被容許，在德意志地區直到十六世紀——至少在理論上——才受限制，當時人們認知到刑求的無效用（而非其殘酷），終而普魯士在一七五四年、其他德意志邦國至一八三一年廢除了刑求。首先是理論上廢除，經過一番的推促壓力下才逐漸地落實。只不過——想像一下——納粹主義者透過「強化審訊方法」[*2]讓刑求再度復活（這種概念，讓我們不得不聯想到：強化審訊技巧[*3]，例如灌水刑[*4]）。

隨著刑求的式微，證據提示必然要有進一步發展：依據《卡洛琳娜刑法典》[*5]，一五三二年的一部刑法典，明定判決必須有兩名目擊證人——或自白。目擊證人相當罕見，（無刑求的）自白亦同。法醫的證據提示——指紋、對被害人或犯罪工具的檢查——當時尚未得見，至少不在歐洲。反之，在中國，大約六百五十年左右，人們已經使用指紋來進行債權契約的身分確認；[3]南宋大夫宋慈於一二四七年著述解說[*6]如何藉由觀察屍體及自然科學方法減少冤假錯案。類似的技術於德國直到十八、十九世紀才逐漸運用。

受到新方法出色發揮的鼓舞，一八七九年生效之《帝國刑事訴訟法》取代了《卡洛琳娜刑法典》的形式證據法則，確立法官的自由心證原則，迄今適用於所有的法院程序。今天，法院得自己評價及認定證據，但不得恣意裁判，也就是須對關鍵之事實形成個人之確信，詳予審酌系爭事實存否的正反觀點，而且不得違背邏輯及經驗法則。上述原則於刑事訴訟程序的重要性，容後於第十七章詳述。

公開原則

糾問程序於十三世紀奠定了「合理」證據提示的基石，背後同時蘊含了另一價值非凡的程序原則：訴訟程序的公開性。依據日耳曼舊法，在遇有特別重大案件時，所有當事人齊聚於庭（Thing*7，全體配戴武器之自由人的部族會議）[4]；中世紀前期，則是聚集在法官面前，即審判者及其所在處所（法官所在之法庭村*8）。[5]在此之後，刑事偵查改在閉門的空間裡進行，特別是在刑求的時候——以及決定是否動用刑求時——被告完全孤立無援，且不能閱覽卷宗，通常不知道被指控何事。只是在公布審理結果時，眾人才得以共見共聞，並且立即執行判決，整個過程堪可謂效率神速。[6]

時至十八世紀，要求重建證據程序（也要）公開化的呼聲才越來越多。[7]一七九八年的大革命之後，這項訴求在法國獲得了落實，於德國則要等到一八七九年《帝國刑事訴訟法》生效施行之後，始明文見諸《法院組織法》。即使在納粹時期，法院審判程序公開規定仍被廣泛的繼續適用。截至今日，法院審判程序公開規定防止法官的恣意，並且容許重要審判程序的紀錄及報導。不過，公開原則於一定的特殊要件下——多半是為了保護訴訟當事人——得予排除適用，通常是少年刑事案件，但亦可基於聲請，例如於財政法院審理的稅務事件。

民事訴訟程序，於糾問制度期間及之後，主要是由當事人自主：法院不會依職權發動，概由起訴開啟法院訴訟程序。這項原則被稱作當事人進行主義，構成民事訴訟程序的主要特徵，以迄今日。同樣原則亦適用於審理的過程，也就是民事法院不會自行調查事實，只是審理當事人提出之聲請及證據。民事訴訟程序的另一發展方向是：過去僅作書面審理，因此只有書面的內容才具有重要性；此種情形的改變同樣也是在一八七九年之後，再次引進了言詞審理程序——不過，就法庭辯術來說，今不如昔，殆俱往矣。今天，一名刑事辯護人在法庭上的申論，相較於一名商業律師的法庭陳述，其間之差別令人咋舌：鑑諸當今實務，於民事訴訟程序中往來攻防之書面文書，其重要性原則上勝於法庭上的表現。

誰來審判？

今之律師概念與職業圖像肇端於十九世紀，其日耳曼的前身是由被控告者自由挑選的「辯護人」（Fürsprecher，瑞士有些邦今天還是如此稱呼），其間演變爲「訴訟代理人」（Prokuratoren），即出庭者，以及「辯護士」（Advokaten），於庭外商議者，乃至於公務員。[8]在一八七八年的《律師法》*9之後，律師的執業範圍不受限制——直至今日。自一九二二年起，女性亦得擔任律師，於一九三三年爲止，有二百五十二名。[9]於一九七〇年時，女性律師僅占所有約二萬三千名（西德）律師的百分之五，而在現有十六萬五千（全德）律師中，已有三分之一的律師是女性，[10]在新登錄的律師中，女性律師顯然多於男性。[11]於東德，由於司法的重要性較低，最後（譯按：統一前）只有約六百名律師。[12]

今天，大部分的律師都專精於特定的法領域。不像許多警匪片給人的印象，刑事辯護人於法庭扮演的角色，從數字上來看，其實不多。二〇二〇年大約有五萬七千名律師使用專科律師頭銜（從農業法到保險法等），共有二十四種，其中只有三千七百名左右的律師是刑事專業（約百分之六點五）。[13]主要原因是，在可想到的生活領域中都會形成與之對應的法律專業領域：於親屬法，有專打離婚或贍養訴訟；於公司法，有企業的組織規範或企業收購的專業律師；於道路交通法，專辦事故損害賠償事件，諸如此類，不勝枚舉。

法律被如此的分科，如同醫學一樣，就像很少有家庭科醫師可以作開心手術，謀殺嫌疑犯也不會請一位專辦繼承法的律師擔任其辯護人。不過，所有的律師都可以在所有的法院出庭——但有一個例外：德國的最高民事法院——聯邦法院，於二〇二一年夏天只有三十九名經篩選的律師被允許得於該院出庭。這些律師算是特別的優秀，但不一定知曉聯邦法院涉訟問題的所有細節，因此於實務運作時仍會與下級審律師緊密合作。

在一個法治國家中，最爲關鍵者，莫過於法院具備法律專業知識。因爲縱有最正義的法律，如果沒有具專業素養的法院在個案中正確的適用法律，或法官在其裁量空間裡找出合於正義的解決之道，也是無濟於事。不是任何人都可以擔任法官一職，這點旨在確保法院的法律專業素養。（譯按：在德國）通常必須通過兩次的國家考試，且成績要超過平均數[14]（通過第二次國家考試，大學畢業的法律人成爲完全法律人（Volljurist），同時是宣誓成爲律師及檢察官的前提要件）。在不同的法院中，雖有榮譽職的國民法官；例如除刑事案件的參審法官外，於民事法院的商事庭中還有所謂的商事法官，於勞動法院，雇主與勞工各推派一名法官。不過，每一個審判庭中至少要有一名完全法律人。

比起法官的資格，更重要的是《基本法》第九十七條保障法官的事務與個人獨立性。事務的獨立性，指無人可以對法官如何處理案件下指令，甚或令其爲特定之裁判；個人的獨立性，指立法者或行政權不得把法官撤職（只能由法院予以撤職，例如某一法官有犯罪行爲，且獲判一年以上有期徒刑）。

即使情況並非總是如此！尚在近代早期階段，也就是從十六世紀至十八世紀期間，領主保留有廢除或變更民事及刑事法院裁判，以及隨時免除法庭官吏職位——非現代意義之法官——的權力。[15]此種領主的「權力宣示」（Machtsprüche）在過去被認爲理所當然，甚至有時候爲人民所期待，因爲可以藉此方式糾正司法黑箱。即使是孟德斯鳩，這位法國國家理論家，爲權力分立於自由保障之重要性奠定了理論基礎，聲名遠播於法國之外，他在《法的精神》（一七四八年）一書中對法官角色的理解，也沒有太大的改變[*10]。

比如說，腓特烈大帝，自一七四〇年起，就位普魯士國王。於一七五二年及一七六八年的政治宣言中昭告自我約束、捨棄對司法的干預（權）。但實際上並未遵守[16]——正因如此也使法官獨立性的確立獲得了突破。但最先不是在普魯士，而是在巴伐利亞（一八〇八年），該邦國法院的獨立性取得了憲法位階；於第一次世界大戰之後，拜《威瑪憲法》之賜，一體適用於全德國——直到納粹主義興起爲止。

納粹主義者在一九三〇年代中期甚至不再任命新法官，並且勒令在職法官退職。儘管自一九二二年起，法官及檢察官職位得由女性擔任，且在威瑪共和國時期始終有部分意志堅定的女性法律人抗拒來自上層的不斷施壓（一九三三年，總共約有一萬四百名法官與檢察官，其中有三十六名女性）。[17]二〇一八年底，總計一萬一千五百名法官中約有九千八百名女性[18]，此種趨勢持續提高中。於聯邦憲法法院方面，自伊內絲．黑爾特（Ines Härtel）於二〇二〇年七月被選任爲憲法法官起，該院的女性法官數首次過半。

法院系統

古日耳曼的（法）庭通常是在法院裡的一棵樹下舉行。今天，法官分爲五大裁判系統：民事法院裁決私人之間的法律爭議；刑事法院對於犯罪行爲進行審判。這兩種法院共同構成正規的法院審判權（die ordentliche Gerichtsbarkeit），最早且最大的裁判系統。「正規」（ordentlich）概念源自於法院設有（依當時情況）獨立法官的時期；相對於此，（人民）與行政間之爭議，過去則由行政機關內部審理，亦即由公務員裁決之（東德時期多半亦是如此）。於今已有所轉變，人民與國家之間的爭議，同樣也是由獨立的行政法院審理，例如關於禁止集會遊行的合法性或請求核發建築許可等問題。在一般的行政法院之外，關於稅務案件，設有財務法院；關於社會救助或法定健康保險等問題，有社會法院；再有勞動法院構成了第五大且最後一個法院系統。

每一個法院系統都有數個審級，幾乎所有的程序至少有一次的審級救濟途徑可供運用，也就是每一個法院裁判都可以被上級法院審查。案件經由上訴，可以大範圍地重新審理，特別是重新提示證據（於民事訴訟程序明顯有所限制）。也就是所有的證人再一次詢問，所有的文件再一次審閱，所有的照片再一次檢視等等。上訴到法律審（Revision）則只有案件的法律問題重新審查，亦即在不可動搖的事實基礎下，法律是否正確適用。例如法律審法官得審查有人販售被稀釋的毒品，是否構成詐欺犯，儘管買受人因種種原因不得持有該毒品（此一問題具爭議性，瑞士法院曾判決：構成詐欺）。[19]上訴的可能性對於權利保護極有助益，同時可以確保司法的一致性與嚴謹度，因爲下級法院會以上級法院的法律見解爲依歸，以避免其裁判被廢棄。

在哪一個法院開啓程序，應向哪個審級提起，既非憑運氣，亦非靠個人的恣意。因爲《基本法》保障「法定法官」，意思是，由哪個法庭審理哪些法律案件，事前於法律中明定一般性準則，目的在防止行政或法院自身決定誰就何種案件作成裁判——更不要說爭訟當事人之一方也可能會挑選對其有利的法院。在這一點上，今日已大不同於專制時期。

再次重申：法律旨在促進和平，但和平不表示沒有爭端，相反地：法律規定，我們如何彼此爭執，但不是在街頭，而是在法院；不是用武器，而是用法律。訴訟法為每一個法領域明定如何在法院裡貫徹權利的程序。

自由心證、程序的公開、法官的獨立性，以及法定法官的保障，是通用各法領域的最重要原則，構成德國訴訟程序的主要特徵。與此同時，各該裁判系統中另有不同甚或相左的其他原則，這些原則的目的都是為了得到公正的裁判。因為法院判決是國家的具體呈現：法院裁判對爭訟當事人具有拘束力，法院認定事實，並且落實法律對該事實的評價。儘管對此司法的核心任務備有諸多制度支援，始終還是會有錯判誤決，即使是層級最高的聯邦法院亦不能免。

部分的錯誤判決得由聯邦憲法法院予以糾謬指正。但要達此地步，並非易事。我們可以粗略的說：法院的層級越高，對於理由論證的要求就越複雜，從而有延請專業訴訟代理人的義務（於大多數上級審的法院，法律甚至規定強制律師代理）。無可諱言，對許多人來說，此種訴訟代理人（制度）是一種訴訟障礙，一般人可能無力負擔或根本苦無門路。

總之，吾人有理由如此宣稱，世界上只有少數國家的法院制度比德國來得完備。世界正義計畫*11比較了一百二十八個國家的法律制度，總共只有五個國家。[20]

◆本章譯註

*1 原文：Die Hand ins Feuer halten或Die Hand ins Feuer legen，意思是：我可以證明我無罪。

*2 原文：verschärfte Vernehmungsmethoden。

*3 原文：enhanced interrogation techniques。

*4 原文：Waterboarding。

*5 原文：Constitutio Criminalis Carolina，簡稱CCC。

*6 宋慈（一一八六－一二四九），南宋人，著有《洗冤集錄》。

*7 原文：Thing，源於古日耳曼語，原意是集會，後引伸為職司審判者集會之處所。參見：https://anthrowiki.at/Thing; 古代法庭常在椴樹（Linde）底下召開，德國至今仍留有遺跡，參見：Thing- und Gerichtslinde, https://www.uni-goettingen.de/de/thing--und-gerichtslinde/41768.html

*8 原文：Gerichtsgemeinde，中世紀時期歐陸之法院，參見：Martin Bundi: "Gerichtsgemeinde", in: Historisches Lexikon der Schweiz (HLS), Version vom 01.10.2014, https://hls-dhs-dss.ch/de/articles/009819/2014-10-01/

*9 原文：Rechtsanwaltsordnung。

*10 孟德斯鳩對於法官角色最主要的理解是：司法權在某種程度上幾乎是「等於不存在」（en quelque façon nulle）。參見：Charles-Louis de Secondat, Baron de La Brède et de Montesquieu (1689-1755), "De L'Ésprit des Lois", Buch XI, Kapitel VI ("De la constitution d'Angleterre"), 1748：翁岳生，憲法之維護者，二〇一二年六月，頁一一二。

*11 原文：World Justice Project，簡稱WJP，一個多學科的獨立非營利組織，致力於創造知識、培養意識，並激發行動，以促進全球法治，參見：https://worldjusticeproject.org/about-us

我們的公法，大致如此，至少部分如是。您會這樣建構嗎？這樣的公法，正義嗎？無論如何（譯按：今日的公法）擺脫了若干的不正義，其中有些是過去幾百年來才有的不正義，有些則是自古以來一直存在的不正義：專制主義、階級社會、恣意、死刑；於今取而代之的是，民主、平等、法治國家、人性尊嚴，還有法院制度，其在相當大的程度上足以維護這些正義。

但是在日常生活中，公法的重大裁判很少跟我們切身相關；法律體系是否正義，往往決諸小處，也就是我們之所以必須承擔不正義——或者不必承擔，乃因他人或企業之故。下一編要討論的，即是在這方面，我們到底走了多遠。

◇本編注釋

第三章

[1] 據同時代人約翰．奧布里（John Aubrey）的說法，霍布斯此說並無討好當時君王的用意，參見：John Aubrey, in: Brief Lives, Oxford 1998, S. 335, online unter https://archive.org/details/brieflivesschiefl01aubruoft/page/335/

[2] 於《論公民》（*De Cive*, 1642）一書的獻詞：德文翻譯，參見：Lehre vom Menschen und Bürger, Max Frischeisen-Köhler (Hrsg.), Leipzig 1918.

[3] 於此所呈現的簡化金字塔，其後復經馬斯洛予以修正與補充。原始版的金字塔，參見：Abraham Maslow, A theory of human motivation, Psycho-logical Review, Vol. 50 Ausgabe 4, S. 370 ff (1943).

[4] 詳見Uwe Wesel, Geschichte des Rechts. Von den Frühformen bis zur Gegenwart, 4. Aufl., München 2014, Rn. 32.

[5] L. Keller, Queen lifespan and colony characteristics in ants and termites, Insectes Sociaux, Vol. 45, S. 235 ff.

[6] 出刊：24.3. 1848, S. 3, online unter https://zefys.staatsbibliothek-berlin.de/kalender/auswahl/date/18483-24/27112366/

[7] Hans Fehr, Deutsche Rechtsgeschichte, 5. Aufl. 1952, S. 252.

[8] 於此涉有爭議，保羅憲法是否真正生效。聯邦憲法法院在多數的裁判中以該憲法生效為前提，相關引證參見：Simon Kempny, Die Staatsfinanzierung nach der Paulskirchenverfassung, Tübingen 2011, S. 22 bei Fn. 171.

[9] 國民會議實錄，一九一九年三月十九日第十一次會議，S. 177 (D), online unter: https://www.reichstagsprotokolle.de/Blatt2_wv_bsb00000010_00184.html

[10] 發言的全文，online unter: https://digital.blb-karlsruhe.de/blbihdl/periodical/pageview/368851

[11] 確切而言，是三名社民黨黨員與三名德國獨立社會民主黨（Unabhängige Sozialdemokratische Partei Deutschlands, USPD）黨員，一名社民黨黨員退出。後者因抗議政府對前皇室海軍譁變採取暴力鎮壓而退出

委員會，後有兩名社民黨黨員遞補。

[12] 國民會議實錄，一九一九年二月二十日第十二次會議，S. 216 f., online unter: https://www.reichstagsprotokolle.de/Blatt2_wv_bsb00000010_00223.html

[13] 參見一九一八年十一月九日至十二日於帝國內政部召開關於憲法架構之協商會議紀錄，載於：Detlef Lehnert/Christoph Müller/Dian Schefold (Hrsg.), Hugo Preuß, Das Verfassungswerk von Weimar, Tübingen 2015, S. 111 ff.

[14] 此見例如對《威瑪憲法》制定史最瞭解的學者：Jörg-Detlef Kühne, Die Entstehung der Weimarer Reichsverfassung. Grundlagen und anfängliche Geltung, Düsseldorf 2018, S. 849.

[15] 關於此說及普魯斯的思想，參見：Elmar Hucko, Zur Erinnerung an Hugo Preuß, Neue Juristische Wochenschrift 1985, 2309 ff.

[16] 另方面，基本權利規定的位置則遠較後來生效之憲法還要前端，參見一九一八年一月三十日暨二十日威瑪憲法草案第一版及第二版，載於：Detlef Lehnert/Christoph Müller/Dian Schefold (Hrsg.), Hugo Preuß. Das Verfassungswerk von Weimar, Tübingen 2015, S. 533 ff.

[17] 參見：Jörg-Detlef Kühne, Die Entstehung der Weimarer Reichs-verfassung. Grundlagen und anfängliche Geltung, Düsseldorf 2018, S. 60f.; Hans Schneider, Die Reichsverfassung vom 11. August 1919, in: Josef Isensee/ Paul Kirchhof (Hrsg.), HStRI, 2. Aufl., 1995, § 3 Rn. 9f.

[18] 普魯斯於一九二四年二月十六日《沃斯報》（*Vossische Zeitung*）頭版的自述：online unter: https://zefys.staatsbibliothek-berlin.de/list/title/zdb/27112366/-/1924/#feb

[19] 本件訴訟程序及其情節的精詳整理，參見：Uwe Wesel, Geschichte des Rechts. Von den Frühformen bis zur Gegenwart, 4. Aufl., München 2014, Rn. 292a.

[20] 關於引渡失敗的過程，參見：D.C. Watt, Die Bayerischen Bemühungen um Ausweisung Hitlers 1924, IfZ 1958, S. 270 ff.

[21] 詳見：Ulrich Menzel, Professor oder Regierungsrat? Hitlers Einbürgerung in Braunschweig zwischen

Provinzposse und Weichenstellung zur »Machtergreifung«, Braunschweig 2013, online unter https://publikationsserver.tu-braunschweig.de/receive/dbbs_mods_00055278

〔22〕Carl von Ossietzky, Lob der Außenseiter, Die Weltbühne, 4.1.1927, online unter: https://www.projekt-gutenberg.org/ossietzk/schrift4/schrift4.html

〔23〕Ernst Fraenkel, Der Doppelstaat, Hamburg 2001, S. 55.

〔24〕Reichsgericht, Urt. V. 28.4.1921 - Rep. VI. 368/20 -, online unter https://research.wolterskluwer-online.de/document/b3b7b762-d224-49ed-a010-ba852b82fd9f

第四章

〔1〕引自：Peter Merseburger, Theodor Heuss - Der Bürger als Präsident, München 2012, Kapitel »Ein Ja, das aus der Lebensgeschichte nicht auszulöschen ist« (E-Book-Ausgabe), hier auch eine Einordnung seiner Haltung.

〔2〕Theodor Heuss, Die Machtergreifung und das Ermächtigungsge-setz. Zwei nachgelassene Kapitel der Erinnerungen 1905- 1933, Eberhard Pikart (Hrsg.), Tübingen 1967, S. 23.

〔3〕Theodor Heuss, in: Elke Seefried (Hrsg.), In der Defensive: Briefe 1933-1945, Band 3, K.G. Saur 2009, S. 132, online unter https://www.theodor-heuss-haus.de/uploads/pics/Briefe_1933-45_01.pdf

〔4〕Wissenschaftlicher Dienst des Deutschen Bundestags, Biographische Angaben zu den Mitgliedern des Parlamentarischen Rates während der Zeit des Nationalsozialismus, 2009, online unter: https://www.bundestag.de/resource/blob/410876/ 3C286468493b7d29de7cb5b0789d5be3/WD-1-008-09-pdf-data.pdf

〔5〕指的是第四任聯邦總統瓦爾特・謝爾（Walter Scheel）及第五任聯邦總統卡爾・卡斯滕斯（Karl Carstens）；第三任聯邦總理庫爾特・喬治・基辛格（Kurt Georg Kiesinger）（譯按：這幾位都曾經是納粹黨員）。

〔6〕Michael Feldkamp, Der Parlamentarische Rat 1948-1949. Die Entstehung des Grundgesetzes, Göttingen 2019, S. 48.

[7] 參見：der Landgerichtspräsident Dietrich, Der Beruf der Frau zur Rechtsprechung, DJZ 1933, 1255f. 引自：Ramona Pisl, Im Gedenken an die Gründung des Deutschen Juristinnen-Vereins (1914-1933), in: Berlin vor 100 Jahren, Zeitschrift des Deutschen Juristinnenbundes 2015, S. 140 (141).

[8] Heike Drummer/Jutta Zwilling, in: Hessische Landesregierung (Hrsg.), »Ein Glücksfall für die Demokratie«. Elisabeth Selbert, Die große Anwältin der Gleichberechtigung, 2. Aufl., Wiesbaden 2008, S. 52 f.

[9] Stenographische Protokolle des Hauptausschusses, Bonn 1948/49, S. 206.

[10] 關於盟軍對《基本法》制定的影響，詳見：Michael Feldkamp, Der Parlamentarische Rat 1948-1949. Die Entstehung des Grundgesetzes, Göttingen 2019.

[11] 這同時也是制憲委員會四名代表的主要訴求，以及德國歷史的鏡象。德國歷史學者邁克爾・F・費爾德坎普（Michael Feldkamp）特別指出此點，並得出結論：於《基本法》之下絕不會是獨裁政體。參見：Michael Feldkamp, Der Parlamentarische Rat 1948-1949. Die Entstehung des Grundgesetzes, Göttingen 2019, S. 198.

[12] 關於「原始基本權」（Ur-Grundrecht）的意涵與歷史，可參看：Martin Kriele, Einführung in die Staatslehre, 6. Aufl., Stuttgart 2003, S. 112 ff.

[13] 同樣更無意義的是「帝國公民」宣稱：德意志帝國（而非德意志共和國）繼續存在。聯邦憲法法院已確認：「德國聯邦共和國的成立，並非建立一個新的西德國家，而是從新組織一部分的德國。聯邦共和國……作為一個國家，與『德意志帝國』具有同一性」，參見：Urteil vom 31.7.1973 - Az. 2 BVF 1/73 -, Rn. 79.

[14] 關於《基本法》對於其他歐洲國家（特別是南歐、東歐／中歐）的影響，參見：Klaus Stern, Ausstrahlungswirkung des Grundgesetzes auf ausländische Verfassungen, in: Bundesministerium des Innern (Hrsg.), Bewährung und Herausforderung. Die Verfassung vor der Zukunft, Opladen 1999, S. 249 ff.; 關於《基本法》於世界上其他憲法的繼受，英文文獻，詳見：Juliane Kokott, From Reception and Transplantation to Convergence of Constitutional Models in the Age of Globalization – with Special Reference to the German Basic Law, in: Christian Starck (Hrsg.), Constitutionalism, Universalism and Democracy – a comparative analysis,

Baden-Baden 1999, S. 71 ff.

[15] 詳見：Falco Werkentin, Scheinjustiz in der frühen DDR. Aus den Regieheften der »Waldheimer Prozesse« des Jahres 1950, Kritische Justiz 1991, 333, 亦可參見：online unter https://www.kj.nomos.de/fileadmin/kj/doc/1991/19913Werkentin S_333.pdf

[16] 瓦爾德海姆審判案在當時引起了巨大的抗議，特別是來自西方國家，以致於東德政府於一九五二年將超過一千六百名的被判罪者釋放出獄。

[17] Georg Brunner, Das Staatsrecht der Deutschen Demokratischen Republik, in: Josef Isensee/Paul Kirchhof (Hrsg.), HStR I, 2. Aufl., 1995, § 10, Rn. 84ff.

[18] 關於東德法律及其評價的簡明概述，值得推薦：Uwe Wesel, Geschichte des Rechts. Von den Frühformen bis zur Gegenwart, 4. Aufl., Munchen 2014, 507 ff.

[19] 相關估計，參見：Alexander von Brünneck, Politische Justiz gegen Kommunisten in der Bundesrepublik, Frankfurt 1978, S. 242, 278.

[20] 詳見：Reinhard Schiffers, Grundlegung des strafrechtlichen Staatsschutzes in der Bundesrepublik Deutschland 1949-1951, Vierteljähreshefte für Zeitgeschichte 1990, Heft 4, S. 589 ff., online unter https://www.ifz-muenchen.de/heftarchiv/1990_4_3_schiffers.pdf

[21] Uwe Wesel, Geschichte des Rechts. Von den Frühformen bis zur Gegenwart, 4. Aufl., München 2014, S. 573.

[22] 於法院成立時，唯一的一名女法官是厄爾納．舍夫勒（Erna Scheffler, 1893-1983）。她於一九六三年由薇陶特．魯普—封．布林涅克（Wiltraut Rupp-von Brünneck, 1911-1977）取代其位，再來於一九七七年的繼位者是吉塞拉．尼梅爾（Gisela Niemeyer, 1923-2012）。自一九八六年任命卡琳．格拉斯霍夫（Karin Graßhofs, 1937-）起，至少會有兩名女性的聯邦憲法法院法官。自二〇二〇年六月起，女性法官以九比六首次居於多數。

[23] 事件背景，參見：Oliver Lembcke, Das Bundesverfassungsgericht und die Regierung Adenauer - vom Streit um den Status zur Anerkennung der Autorität, in: van Ooyen/Möllers (Hrsg.), Das Bundesverfassungsgericht

im politischen System, Wiesbaden 2006, 151 (158f.); 另詳見：Richard Häußler, Der Konflikt zwischen Bundesverfassungsgericht und politischer Führung, Ein Beitrag zu Geschichte und Rechtsstellung des Bundesverfassungsgerichts, Berlin 1994, S. 39 ff.

第五章

[1] 關於蘇菲雅・索爾生平的深刻傳記，值得推薦：Robert Zoske, Sophie Scholl: Es reut mich nichts. Porträt einer Widerständigen, Berlin 2020.

[2] Peter Badura, in: Maunz/Dürig, GG, Stand: August 2020, Art. 6 Rn. 173 ff.

[3] Bundesverfassungsgericht, Beschluss vom 21.7.2010 - Az. 1 BVR 611/07.

[4] Bundesverfassungsgericht, Beschluss vom 19.6.2012 - Az. 2 BVR 1397/09.

[5] Bundesverfassungsgericht, Urteil vom 19.2.2013 - Az. 1 BVL 1/11.

[6] Bundesverfassungsgericht, Beschluss vom 7.5.2013 - Az. 2 BvR 909/06.

[7] Bundesverfassungsgericht, Urteil vom 15.12.1983 - Az. 1 BvR 209/83.〔譯按：為因應數位時代對人權帶來之影響，德國聯邦憲法法院於二〇〇八年一則有關線上搜索判決中再提出另一新興基本權（BVerfGE 120, 274），即「確保於資訊技術系統私密性與整全性之基本權」（Grundrecht auf Gewährleistung der Vertraulichkeit und Integrität informationstechnischer Systeme），一般稱為「IT基本權」、「電腦基本權」或「數位隱私基本權」（Grundrecht auf digitale Intimsphäre）〕。

[8] Johannes Saurer, Die Globalisierung des Verhältnismäßigkeits-grundsatzes. Der Staat 2012, 3 ff.; Bernd Grzeszick, in: Maunz/ Dirig (Hrsg.), GG, Stand: August 2020, Art. 20 Rn. 107 m. W.N.

[9] Bundesverfassungsgericht, Urteil vom 5.5.2020 - Az. 2 BVR 859/15 - (»EZB-Urteil«), Rn. 124; 另參：Johannes Saurer, Die Globalisierung des Verhältnismäßigkeitsgrundsatzes. Der Staat 2012, 3 (8) m. W. N.

第六章

[1] 參見（含以下）：Karl-Heinz Spiess, Rangdenken und Rangstreit im Mittelalter, in: Paravicini (Hrsg.), Zeremoniell und Raum, 4. Symposium der Residenzen-Kommission der Akademie der Wissenschaften in Göttingen, Sigmaringen 1997, 39 (45 ff.).

[2] 拉丁文版的德文譯本，online unter https://de.wikisource.org/wiki/Goldene_Bulle_(Neuhochdeutsche_%C3%9Cbersetzung,_1713), https://digital.blb-karlsruhe.de/blbihdl/periodical/pageview/368851

[3] 綜合重述載於：Hermann Heimpel, Sitzordnung und Rangstreit auf dem Basler Konzil, in: Johannes Helmrath/Heribert Müller (Hrsg.), Studien zum 15. Jahrhun-dert. Festschrift für Erich Meuthen, Band 1, München 1994, 1 (5). online unter https://books.google.de/books?id=pZBdDwAAQBAJ&printsec=frontcover&dq=%20Festschrift+%20f%C3%BCr%20+%20Erich%20+Meuthen&hl=%20de&sa=X&ved=2ahUKEwjTm5Wc9_XtAhVLzaQKHSW1AjOQ6AEWAHOECAQQAg#v=onepage&q&f=false

[4] Barbara Stollberg-Rilinger, Des Kaisers alte Kleider. Verfas-sungsgeschichte und Symbolsprache des Alten Reiches, 2. Aufl., München 2013, S. 14.

[5] 以下詳見（其他部分亦富含知識）：Jürgen Hartmann, Rang und Verfassung - wer ist die Nummer zwei im Staate?, Der Staat 2013, 662 (664 ff.).

[6] 德國眾議院院長諾貝特・拉默特（Norbert Lammert）於二〇〇八年三月十三日的演說，online unter https://www.bundestag.de/parlament/praesidium/reden/2008/003-247008

[7] 首次有關大學名額限制（Numerus clausus）的裁判，Bundesverfassungsgericht, Urteil vom 18.7.1972 - Az. 1 BVL 32/70.

[8] BVerfG, Urteil vom 29.9.1990 - Az. 2 BvE 1/90.

[9] Vorstand der SPD (Hrsg.), Die Sozialistische Reichspartei (SRP), Bonn 1951, S. 28 (zitiert nach: Michael Lausberg, Die extreme Rechte in Nordrhein-Westfalen 1946-1971, S. 85 Fn. 223); 引文略有差異，但意義相同：Die Zeit vom 1. Juni 1950, online unter https://www.zeit.de/1950/22/dummes-geschwaetz

[10] 參見：Dominik Geppert, Die Ära Adenauer, Darmstadt 2002, S. 77; 另有估計數較少者，約超過一萬黨員。

[11] 此語非出於——一般所認為的——希特勒的宣傳部長約瑟夫·戈培爾（Joseph Goebbels），而是戈培爾文集的編者漢斯·史瓦茲·范·貝爾克（Hans Schwarz van Berk）所撰Die Dummheit der Demokratie一文，收於：Joseph Goebbels, Der Angriff. Aufsätze aus der Kampfzeit, hrsg. von Hans Schwarz van Berk, München 1935, S. 61, online unter https://archive.org/stream/ DerAngriff-AufsaetzeAusDerKampfzeit/GoebbelsJoseph-DerAn griff-AufsaetzeAusDerKampfzeit 1935345S.ScanFraktur#page/n61/mode/2up

[12] BVerfG, Urteil vom 23.10.1952 - Az. 1 BvB 1/51.

[13] BVerfG, Urteil vom 17.8.1956 - Az. 1 BvB 2/51.

[14] 對於此一程序的嚴厲批判（此部分又受到批評），參見：Josef Foschepoth, Verfassungswidrig! Das KPD-Verbot im Kalten Bürgerkrieg, Göttingen 2017.

[15] 德意志聯邦共和國穩定後，於一九六八成立之非正式政黨，德國共產黨（Deutsche Kommunistische Partei），則被容忍。該黨於二〇一七年的聯邦眾議院選舉獲得一萬一千五百五十八選票或所有有效票的百分之零點零二一。

[16] BVerfG, Beschluss vom 18.3.2003 - Az. 2 BvB 1/01.

[17] BVerfG, Urteil vom 17.1.2017 - Az. 2 BVB 1/13.

[18] 聯邦政府秘書長里特·封·萊克斯（Ritter von Lex）於一九五四年十一月十九日的註記，引證參見：Josef Foschepoth, Verfassungswidrig! Das KPD-Verbot im Kalten Bürgerkrieg, 2. Aufl., Göttingen 2021, Dokument Nr. B 16, S. 436.（譯按：萊克斯代表聯邦政府參與本案訴訟）。

[19] 事實上，《基本法》第三十一條的適用範圍非常窄，因為《基本法》中設有許多的特別規定，特別是嚴格的權限規範。

[20] Jürgen Hartmann, Rang und Verfassung - wer ist die Nummer zwei im Staate?, Der Staat 2013, 662 (676).

[21] Roman Herzog, in: Maunz/ Dürig (Hrsg.), GG, Stand: August 2020, Art. 54 Rn. 16.

[22] 各該背景於維基百科上有相當完整的整理，online unter https://de.wikipedia.org/wiki/Vertrauensfrage#Geschichte

第七章

[1] Rudolf Morsey/Hans-Peter Schwarz (Hrsg.), Adenauer Rhön-dorfer Ausgabe. Teegespräche 1950-1954, München 1984, S. 390.

[2] Günter Buchstab/Klaus Gotto/Hans Günter Hockerts/Rudolf Morsey/Hans-Peter Schwarz (Hrsg.), Adenauer: »Es mußte allesneu gemacht werden. « Die Protokolle des CDU- Bundesvorstands 1950-1953, Stuttgart 1986, Sitzung vom 22.5.1953, S.522f., online unter https:/www.kas.de/c/document_library/get_file?uuid=92c040dd-11d2-ee2c-bca0-61166bf87326&groupId=252038

[3] 議員梅里斯（Melies）（社民黨）於一九五三年三月五日聯邦眾議院第一五三次會議的發言紀錄，Plenarprotokoll, S. 12159 (C).

[4] 細節及隨後論述的《地位備忘錄》（*Statusdenkschrift*），參見：Felix Lange, Der Dehler-Faktor - die widerwillige Akzeptanz des Bundesverfassungsgerichts durch die Staatsrechts-lehre, Der Staat 2017, 77 ff., sowie Richard Häußler, Der Konflikt zwischen Bundesverfassungsgericht und politischer Führung. Ein Beitrag zu Geschichte und Rechtsstellung des Bundesverfas-sungsgerichts, Berlin 1994, S. 28 ff.

[5] Bundesverfassungsgericht, Beschluss vom 8.12.1952 - Az. 1 PBvV 1/52.

[6] 關於德勒下台的細節，參見：Uwe Wengst, Thomas Dehler: 1897-1967. Eine politische Biografie, München 1997.

[7] »Das ist nicht Vati«, Der Spiegel vom 19.8. 1953, S. 9 (11), online unter https://magazin.spiegel.de/EpubDelivery/spiegel/pdf/25657376

[8] »Scherbengericht«, Der Spiegel vom 8.3.1961, S. 18 (24), online unter https://magazin.spiegel.de/EpubDelivery/spiegel/pdf/43160074

[9] Bundesverfassungsgericht, Urteil vom 28.2.1961 - Az. 2 BVG 1/60.

[10] Deutscher Bundestag, Plenarprotokoll, 3. Wahlperiode, 147. Sitzung am 8. März 1961, S. 8308 (D), online unter https://dip21.bundestag.de/dip21/btp/03/03147.pdf

[11] Johann Georg Reißmüller, »Die Regierung wird's schon recht machen«, FAZ, 27.6. 1973, S. 1.

[12] 據賴斯米勒（Reißmüller）的繼任者貝托爾德・科勒（Berthold Kohler）所稱：»Ein eiserner Zeuge des 20. Jahrhunderts«, FAZ.net, 11.12.2018, online unter https://www.faz.net/aktuell/politik/zum-tode-von-johann-georg-reissmueller-eiserner-zeuge-des-20-jahrhunderts-15936435.html：科勒跟我證實，賴斯米勒做了這份報導〔譯按：賴斯米勒是《法蘭克福匯報》（*Frankfurter Allgemeine Zeitung*）的前總編輯，科勒則是現任總編輯〕。

[13] 同時對於該條約的理解做了若干清楚的闡述，參見：Bundesverfassungsgericht, Urteil vom 31. 7. 1973 - Az. 2 BvF 1/73.

[14] Bundesverfassungsgericht, Urteil vom 13.4.1978 - AZ. 2 BYP 1/77.

[15] 黑森邦總理霍爾格・伯爾納（Holger Börner）於一九七八年五月二十一日的發言，載於：Richard Häußler, Der Konflikt zwischen Bundesverfassungsgericht und politischer Führung. Ein Beitrag zu Geschichte und Rechtsstellung des Bundesverfassungsgerichts, Berlin 1994, S. 71.

[16] Marbury v. Madison, Urteil vom 24. 2. 1803, 5 U.S. 137 (1803).

[17] 詳見：Simon Kempny, Die Staatsfinanzierung nach der Paulskirchenverfassung. Eine Untersuchung des Finanz- und Steuerverfassungsrechts der Verfassung des deutschen Reiches vom 28. März 1849, Tübingen 2011, S. 45 ff.

[18] Bericht über den Verfassungskonvent auf Herrenchiemsee vom 10. bis 23. August 1948, München, S. 45.

[19] 前聯邦憲法法院院長尤塔・琳芭赫（Jutta Limbach）認為，德國憲法法院是全世界權限最大的法院：Limbach, Das Bundesverfassungsgericht, 2. Aufl., München 2011, S. 20 ff.

[20] Ralph Giordano, Erinnerungen eines Davongekommenen, Köln 2007, S. 158.

[21] Uwe Wesel, Recht, Gerechtigkeit und Rechtsstaat im Wandel. Aus Politik und Zeitgeschichte 35-36/2011, S. 41 (46), online unter https://www.bpb.de/system/files/pdf/DOK4YA.pdf

[22] 不同意見書——含詳細的導論——參見：Fabian Michl, Das Sondervotum zum Apothekenurteil, Edition aus den Akten des Bundesverfassungsgerichts, JöR 68 (2020), 323 ff.

【23】Bundesverfassungsgericht, Urteil vom 10.5.1957 - Az. 1 BvR 550/52.

【24】Bundesverfassungsgericht, Urteil vom 25.2. 1975 - Az. 1 BVF 1/74.

【25】西德廣播公司（Westdeutscher Rundfunk, WDR）於二〇一九年的民意調查，online unter https://de.statista.com/infografik/20044/vertrauen-in-medien-und-institutionen/

第八章

【1】不過，理性的證據方法（文書及證人）只有原告可以運用，參見：Rudolf Gmür/Andreas Roth, Grundriss der deutschen Rechtsgeschichte, 15. Aufl., München 2018, Rn. 65.

【2】關於「對女性的戰役」（Feldzug gegen das weibliche Geschlecht），詳見：Gerhard Schormann, Hexenprozesse in Deutschland, 3. Aufl., Göttingen 1996, S. 31 f., 116 ff.

【3】Robert Heindl, System und Praxis der Daktyloskopie und der sonstigen technischen Methoden der Kriminalpolizei, Berlin/Leipzig 1922, S. 13 (f.).

【4】Rudolf Gmür/Andreas Roth, Grundriss der deutschen Rechtsgeschichte, 15. Aufl., 2018, Rn. 22f.

【5】Uwe Wesel, Geschichte des Rechts. Von den Frühformen bis zur Gegenwart, 4. Aufl., München 2014, Rn. 195.

【6】Rudolf Gmür/Andreas Roth, Grundriss der deutschen Rechts-geschichte, 15. Aufl., 2018, Rn. 223f.

【7】關於刑事訴訟程序公開性的回溯歷史，參見：Christian Laue, Die Öffentlichkeit des Strafverfahrens - Entwicklung und Begründungen, in: Baden-Württembergische Strafverteidiger e.V. (Hrsg.), Strafverteidigung vor neuen Aufgaben, Berlin 2010, S. 135 ff.

【8】Uwe Wesel, Geschichte des Rechts. Von den Frühformen bis zur Gegenwart, 4. Aufl., München 2014, Rn. 250, 273.

【9】Deutscher Juristinnenbund (Hrsg.), Juristinnen in Deutschland, 4. Aufl., Baden-Baden 2003, S. 23.

【10】聯邦律師公會二〇二〇年一月一日的統計數字，online unter https://brak.de/w/files/04_fuer journalisten/statistiken/2020/entwicklung_fachanwaltschaften_1960-2020.pdf

[11] 根據聯邦律師公會二〇一八年的最新統計數字，online unter https://brak.de/w/files/04_fuer_journalisten/statistiken/2018/zu-und-abgaenge_2018.pdf

[12] Deutscher Juristinnenbund (Hrsg.), Juristinnen in Deutsch-land, 4. Aufl., Baden-Baden 2003, S. 45 f.

[13] 聯邦律師公會二〇二〇年一月一日的統計數字，online unter https://brak.de/w/files/04_fuer journalisten/statistiken/2020/entwicklung_fachanwaltschaften_1960-2020.pdf

[14] 至於此等考試能否確證其具有擔任法官的特別能力，暫且不論。此一爭議或許與考試制度一樣古老。

[15] Michael Kotulla, Machtsprüche, strafgerichtliche Bestätigungs-vorbehalte und die richterliche Unabhängigkeit, in: Rechtsstaat und Grundrechte, Festschrift für Detlef Merten, Heidelberg 2007, S. 199 (200 ff.).

[16] 想要閱讀著名一七七九年磨坊主阿諾德案件的讀者，可在維基百科找到相當好的敘事與定位：https://en.wikipedia.org/wiki/Miller_Arnold_case（譯按：簡明版，可閱讀李建良譯，Uwe Wesel著，法學導論的博雅講堂，二〇二三年十二月，頁一三五—一三九）。

[17] 引證，參見：Stefan Bajohr / Kathrin Rödiger-Bajohr, Die Diskriminierung der Juristin in Deutschland bis 1945, Kritische Justiz 1980, 39 (45).

[18] Nach Vollzeitäquivalenten, s. Bundesamt für Justiz, 15.11. 2019, online unter https://www.bundesjustizamt.de/DE/SharedDocs/Publikationen/Justizstatistik/Richterstatistik_ 2018.pdf;jsessionid=CDFD2DA92460B6F047F9B10DF123785D.1_cid392?_blob=publicationFile&v=3

[19] Kassationshof, Urteil vom 17.5. 1991, BGE 117 IV 139.

[20] 即丹麥、挪威、芬蘭、瑞典及荷蘭。World Justice Project, Rule of Law Index 2020, S. 16, online unter https://worldjusticeproject.org/sites/default/files/documents/WJP-ROLI-2020-Online_0.pdf

第三編　我們彼此之間的關係：私法

人類共同生活，先於有民族之前，更不要說國家。因此，決定我們彼此之間關係的規則，遠早於公法，我們稱之爲市民法（Zivilrecht）、民法（bürgerliches Recht）或私法（Privatrecht）。前二概念原本意義相同，但僅涵蓋整體私法的一部分。爲求簡易，以下稱私法，雖然另一概念有時候比較精確。

現代私法最重要的工具是契約，是我們日常生活中的一部分，如此的重要，又如此的習以爲常，以致於只有在絕少數的情形，我們才會把契約當一回事。換句話說，我們每個人幾乎每天都在簽契約：我們買一杯咖啡、買一張地鐵車票、租一部電動滑板車，或者線上訂購東西、送修我們的腳踏車等等，都是契約。

對於如此種種的契約，我們不需有任何的想法，也不必費心誰要賠償契約所生之損害，以及如何處理責任的問題，因爲《民法典》規定了所有的細節。這給了我們法的安定性，而且面面俱全：我們可以確保拿到我們購買的東西；可以退還有瑕疵的商品；對於製造所生的損害，可以獲得損害賠償；當契約的內容沒有滿足我們的請求權時，我們可以提起訴訟。在法院判決確定後，如果有人不履行其義務時，法院的執行員可以拿義務人的財產抵充債務。

公法的目的，在致力於團體與個人之間利益的平衡，（現代）私法則是以調和個人間利益爲宗旨，核心規範是內含約二千四百個條文的《民法典》。在此之外，另有諸多法律，其屬私法領域者，例如勞動法、智慧財產權法、商法、競爭法、公司法等，均屬之。

下一章我想呈現的是，私法如何讓不同的利益之間彼此和諧；私法如何透過爲數眾多的繁瑣規定加上若干的概括條款，保護弱者免於受到強者的欺凌，使私人不受企業的宰制，不讓遭遇不幸之人任由命運捉弄，還有防範親屬之間互相傾軋。其中有部分我們早就視爲理所當然，有些成就則因依然存在的不正義而隱晦不彰，因此重要的是，我們必須明瞭我們的法律在私法關係中歷經了什麼樣的發展。

也因此，我們同樣需要先回顧一下過去。

第九章　羅馬：私法的歷史

「奴隸之出賣人應告知買受人，該奴隸患有何種疾病及身體缺陷、有無逃亡或四處遊蕩之習性，……。奴隸之買賣違反前項規定者，……吾人授予買受人……提起訴訟之權利，俾使該奴隸（譯按：買賣）得以被撤銷。」[1]

羅馬市政官詔令如上規定，古羅馬時代的一種市場警察。該規定建立了「劣値」或具叛逆性奴隸的退還權。舉凡奴隸之男人、女人及兒童的所有權、交易、出租、抵押或繼承，甚至前述瑕疵之退回，均爲羅馬帝國時期的日常慣行，且爲諸多法律、契約及遺囑的標的。在羅馬帝國的全盛時期，其奴隸的數量大概介於一百萬到一千萬之間（據估計，總計有六千萬之多）。[2]

羅馬人不是第一個蓄奴的民族。早在世界最古老的法律文件中——《烏爾納姆法典》*1與《漢摩拉比法典》——即提及奴隸。歷史學家推測，最晚在七千年前就已經發展出奴隸制度，甚至可能更早。[3]在古代時期，除了羅馬外，還有巴比倫人、希伯來人、埃及人、希臘人也都有奴隸。亞里斯多德於西元前四世紀在他的著名《政治學》一書中對於奴隸制度的正當性提出了相當詳細的闡述。在那個時代，古希臘城邦約有四分之一到三分之一不等的居民被當作奴隸。[4]在世界的另一邊亦可見類似情況：易洛魁族*2、馬雅族及阿茲特克*3也都有奴隸，非洲及亞洲的許多民族，亦同。[5]

國家奴隸人類，並非總是那麼明顯且殘酷如美國南部各洲種植園中的奴隸，而是強度各有不同；於有些時期及社會裡，奴隸與家族成員之間幾乎難有分別——但是受到強力壓抑——；在其他的社會中則被當作牲畜，許多法律規定足可爲證。對待奴隸的方式，從完全的恣意到至少在身體上給予最起碼的保護，皆有其例。正因有如此多種樣態，歷史學者邁克爾・祖斯克（Michael Zeuske）才以複數形式稱呼奴隸，也就是「Sklavereien」。[6]不過，在羅馬帝國中，奴隸遭到虐待以致釀成不折不扣的起義反抗。最著名的起義舉事者是斯巴達克斯（Spartacus），於西元前七十三年，大約有十二萬人跟從他抗爭。成爲奴隸的原因多樣：生而爲奴隸或被劫爲奴、戰爭受俘後被逼成奴、舉債過多的代償或作爲一種處罰，僅列舉最常見者。

日耳曼人在基督出生世紀之交的奴隸也相當普遍，於法蘭克時期（西元五〇〇年至八八八年）甚至增加。[7]於中世紀，中歐及南歐是販賣斯拉夫人（Slawen，今日Slave用語的前身）的集散地，這些人主要被賣到近東地區。[8]

可資比較的發展是，在德意志地區的農奴制度*4，依其區域和時期，與奴隸制度之間只有細微的差異。在此制度之下，農奴在他人的土地上生活並工作，還要爲他人服一定的勞務，而且無改變自己身分地位的可能性。有時候他們也像奴隸一樣可以被販賣、贈與或繼承，即使多半連同土地一起爲之。此點尤其受到當時望重人士的批判，例如埃克・封・瑞帕高（Eike von Repgow），《薩克森通鑑》*5的作者，德意志中古時期後期最重要的法律典籍。於該書中，封・瑞帕高在十三世紀寫道：「在我的理智中，我亦不認爲這是正確的：一個人應該屬於另一個人。」[9]然而，他的批評對此影響甚微，就像希臘智辯家（Sophisten）阿爾西達馬斯（Alkidamas）在四世紀時期曾試圖改變的一樣渺小（由他流傳下的一句諺語：「上帝給了所有人自由；自然不讓任何人成爲奴隸」*6）。[10]

在巴伐利亞，比如說，於一八〇〇年間據估計仍有大約百分之二的居民是農奴，[11]直到一八〇八年才廢除農奴制，德國最後廢除農奴的是漢諾威王國，於一八三三年。不過，在該邦國——其他德意志邦國亦有類似情形——，農人如要免除「其義務」，必須向其主人贖身，以致於許多農奴被迫去借貸（這也是部分儲蓄銀行（Sparkasse）設立的緣由），[12]有些農奴則乾脆賣掉自己的土地。[13]奧地利於一八一二年生效、至今仍施行的《一般民法典》*7，其中有一個條文規定：「奴隸或農奴……不被允許」。

一九八一年茅利塔尼亞*8禁止奴隸制度之後，地球上再無任何國家容許奴隸制度。儘管如此，奴隸至今依然存在。不只是個別性，而是大範圍：根據國際勞工組織*9與自由穿行基金會*10的估計，於二〇一六年仍有大約四千萬人被奴役，百分之七十一是女性。[14]在絕對値上多過於歷史上奴隸的數字。[15]即使是在德國，始終存在著人口販賣，特別是女性被強迫從事性工作。

相對於人，人們可以把動物稱作是自己的財產，這完全合法。一九九〇年《民法典》新增之規定雖然宣示：動物非物，並且受到法律的保護，例如《動物保護法》。但是，《民法典》有關物的規定仍準用於動物。換言之，人類還是可以買賣、出租動物，或者讓動物爲人類（有限地）工作。有朝一日，這樣的事情被禁止或至少嚴格限制，似乎也不是不可能。

外來的影響

何物可歸我所有？這道問題如此之根本，以至於只能在大歷史的時空脈絡下提出，而私法史適可以作爲此一問題的範例：其核心旨趣，乃所有權的一段發展史，其始也，即前所述及之農耕時代（奴隸制度亦始於此）。[16]當人類可以駕馭農耕技術之時，構築房舍、犁耘田地、圈養牲畜——然後宣稱這些皆歸我所有。這些財產爲人類存活之所繫，必須全力護守，因爲要回到狩獵及採集的生活，已無可能。

在早期社會中，最重要的財貨——土地、牲畜——據推測，非屬於個人，而是歸由家族或部落統理。[17]此種情況在現今德國的大部分地區，直到中世紀才有所改變，也就是起於——如同數百年之前的羅馬帝國——土地私所有權開始發展的時候。但是個人所有權與家族的聯繫關係並未因此而完全解消：據《薩克森通鑑》所載，土地所有權之移轉，以出讓人之所有未來繼承人均同意者爲限。

私所有權制只是眾多事例之一，顯示古代羅馬法發展之深遠。當西元前二世紀，羅馬法隨著羅馬軍團進犯日耳曼地區時（萊茵河及多瑙河東北方的族裔），即備有許多我們今天還繼續適用的法律制度——例如本章開頭提到的，可以連同買賣價金退還瑕疵「商品」之權利。當時，日耳曼人對於買賣契約還沒有一丁點的概念（甚且在中世紀時期，尚無瑕疵擔保責任，充其量只有「睜大眼，買賣就是買賣[*11]」）[18]。

關於日耳曼法的內容，今人所知不多，因爲日耳曼人當時並無文字。極少數可考的文件之一是，羅馬作家塔西佗（Tacitus）的一份報導，名爲《日耳曼尼亞志》（*Germania*）（西元九十八年）。從中可以得知，日耳曼人——據塔西佗的說法是，「一支獨立、純粹、自我相似的民族」——是階級結構分明的族裔。塔西佗詳細描寫族人權利受侵害時的處理方式，多半是支付贖罪金，罕有處以死罪，至於私法部分，幾無所載。

羅馬帝國的鄰邦很快地展露其影響力，最先是透過雙邊貿易，德語Kauf（買賣）一詞即源於此：caupo，拉丁文的意思是Schankwirt（店主），跟隨著羅馬軍團到來此地，不只賣給日耳曼人特別想要的酒類，還扮演零售商的角色。西元五世紀，西羅馬帝國滅亡，法蘭克王國繼之而起，於統治時期，不同的日耳曼族裔各自發展出屬於自己的「民族法」[*12]，多半是以拉丁文書寫，且不同程度地混合了羅馬法與日耳曼族舊慣。

當中最重要者，要屬六世紀初葉的《薩利克法》（Lex Salica），據稱包含了大部分的舊日耳曼法，也因此該法的重點是刑法，現代意義的私法規定不多。例如因奴隸或家畜所生之損害賠償責任，僅此部分可歸類爲私法，其方式以金錢賠償，涉及殺人者，稱爲償命金（因家畜所生之特別嚴格責任，於今尚存，詳見第十一章）。另方面，《薩利克法》亦規定複雜的遲延給付償金制度，主要是借貸物的遲延返還；明顯屬於私法的是繼承法，特別是明定女兒無繼承權，母親及姊妹不得繼承土地（不得以遺囑約定女性的繼承）。

法蘭克王國在其高峰期，統治版圖涵蓋西歐及中歐。於九世紀末崩解時，王國的東半部（即後來的德國）要求承接羅馬帝國，後自稱爲神聖羅馬帝國（十五世紀起，偶而附加「德意志」的稱號）[*13]。此項訴求是基於基督教之世界四大帝國學說[*14]，據稱，四大帝國（羅馬）滅亡後，接著是世界末日（前三個帝國是巴比倫帝國、波斯帝國及亞歷山大帝國）。於中世紀，人們確信：——按歷史學者赫爾伯特・格倫德曼（Herbert Grundmann）的說法——「如果反基督教者和世界末日不能到來，羅馬帝國就必須存在。」[*15]【19】

羅馬帝國並沒有成爲一個民族國家，也無此必要，一直到一八〇六年覆滅爲止，也沒有發展出統一的私法。但是德國的所有法秩序都受到羅馬法的影響。當羅馬軍團敗在日耳曼民族手下時，羅馬的法律已經輕騎而過，尤令人感到不可思議的是，這些法律曾有數百年之久被完全的遺忘。這樣的命運，同時也是一名羅馬法英雄的命運。

殉道者

受到羅馬法律人雲集景從，被尊奉爲最偉大的法律人：帕皮尼亞努斯（Papinian）。一部於四二六年間頒行的羅馬皇帝版《援引法》[*16]，將帕皮尼亞努斯列爲五大法學者之一[*17]，明定此五人的學說見解得用來決定爭議事件；於正反見解相持不下時，帕皮尼亞努斯的見解具決定性。他過世後，《援引法》仍繼續適用超過兩百年，而他殞命的事蹟更是他受到後世尊崇的主因。

帕皮尼亞努斯生於一四二年，於羅馬皇帝塞提米烏斯・塞維魯斯（Septimius Severus）任高級官吏，與皇帝熟識相知。塞維魯斯完全不若其子卡拉卡拉（Caracalla），後者於其父死後成爲一個殘酷的暴君。卡拉卡拉甫就位羅馬皇帝時，即埋伏誘陷其弟暨共同攝政者蓋塔（Geta），並殺害之。事後，卡拉卡拉要求帕皮尼亞努斯公開合法化此舉。帕皮尼亞努斯拒絕，於是卡拉卡拉將他誅死——造就了法律人的第一個殉道者（不該有太多人追隨他）。總之，這是歷史上的一個異數。一六五九年，德國詩人安德烈亞斯・格呂菲烏斯（Andreas Gryphius）以此事蹟爲題材寫成一部歌頌「勇敢的法學者」的悲劇。[20]

當格呂菲烏斯在譜寫其歌劇作品《帕皮尼亞努斯》時，羅馬法早就死過一次，又再度復活，進而席捲全歐洲。從未有過他種人類造物經歷過如此神奇之重生暨二度全盛時期。羅馬法之死，肇因於民族大遷移導致西羅馬帝國的滅亡。羅馬法的復興，則歸功於東羅馬帝國皇帝查士丁尼，在五二八年組成立法委員會，有系統地編纂並記錄相關法律，後人稱之爲《民法大典》（Corpus Iuris Civilis），成爲「法繼受」的基礎，也就是羅馬法被納入本土在地的法律之中。這部法典未以查士丁尼之姓氏命名，而是用他的名號（「正義者」），部分是同義的拉丁字根ius（「法」）暨iustus（「正義」），這同時是德國現行用語Jura（法律）、Jury（法官）及Justiz（司法）的語源根基。

查士丁尼的遺產一度湮沒而不爲人知，直到九世紀或十世紀前，《民法大典》最重要的部分——註釋（Digesten）被發現了，先是在波隆那（Bologna）被研讀並且講授；其後，在波隆那發展出歐洲第一所大學，很快地，莘莘學子從歐洲各地湧向該校，以學成法律人之身返回桑梓地，在整個歐洲大陸傳播古羅馬法，特別是在十四、十五世紀的德意志地域，並且流傳下來。

一部統一的法典

截至十九世紀末葉之前，德國尚無一部眞正的統一私法。各邦國法律優先適用於神聖羅馬帝國的「共通」（亦即通用）法[*18]，至少理論上如此。[21]在特定的城市或地區，地方法又優先於邦法。縱使是規模宏大、含有數千條文之一七九四年《普魯士一般邦法》，廣受歡迎，也無法通用於整個德國。強勁的競爭對手主要是一八〇四年的《法國民法》，經由拿破崙征服神聖羅馬帝國而找到通往德國的路徑，即使法國兵敗之後從帝國地域撤離軍隊，《法國民法》依舊有效適用，這也造就了本地私法的碎裂化。儘管如此，此起彼落的各邦法典彰顯出法律中蘊含的一種新理性，依憑的不再是各地法院的法感情，而是普遍有效、抽象的法原則。

今天在德國適用的私法，對於德意志民族國家的建立有著密切的關聯。一八七一年是關鍵時刻：南德的巴登、符騰堡、巴伐利亞及黑森等邦國，加入由普魯士主導的北德聯盟，並改名爲「德意志帝國」；一八七三年，制定統一私法的立法權限從各邦國移轉到帝國之後[*19]，起草全德民事法典的巨型計畫，於焉展開。

第一版《民法典》草案的完成，總共費時十三年。對該草案產生影響的主要是，多位專精羅馬法的教授在此之前的前置工作，這些教授發展出所謂羅馬學說彙纂體系，成爲《民法典》規範架構的依循版本：總論部分，通用於整體私法之一般性規定；其後是債法、物權法、親屬法及繼承法。此一結構至今仍是《民法典》的基礎。

第一版《民法典》草案的法條擬議者，幾乎把所有可能的內容都納入考量。比如說，如何宣告死亡（經由法院，至少五年「無生存之訊息者」）；或者，因賽事或打賭不得成立債之關係（即使是今天，打賭的債務只是禮貌性債務，但如果已履行者，則不得請求返還。）；或者拾獲遺失物報酬的額度，以及寶藏發現者得向該物所藏之處的所有權人請求分享部分之所有權（此二規定仍存在於今天的《民法典》）；又或者配偶及親屬「繼承權之剝奪」及其法律效果（詳見第十四章）。

《民法典》草案第二版，經五年完成後，於帝國議會通過前，又加入其他的建議，例如規定自書（除公證外）遺囑的可能性；另有今天仍適用但略爲怪誕的蜜蜂法（例如蜜蜂群之所有權人如不立即追捕者，即成爲無主物）。總而言之，如此的精雕細活是値得的。因爲在此之前，如此精密且完整的法典，即使難以理解，在德國尚未得見。

善良風俗與法律漏洞

截至今日，《民法典》主要規定財產的問題，舉例言之，買賣與租賃、保證與損害賠償、所有權與抵押權、扶養與繼承順序等；於小範圍包含其他的問題，像是社團、婚姻或親系等。條文的內容通常非常抽象，對法律門外漢來說，問題重重。例如第一百三十八條第一項規定：「法律行爲違反善良風俗者，無效。」什麼是法律行爲[*20]？什麼是善良風俗？何謂「無效」？

以上這些概念，《民法典》本身都沒有定義，需要經過解釋探求之。實務上，法律註釋書——法學的工具書——可以提供幫助，還有儲存無數法院裁判的資料庫，恰好第一百三十八條的註釋內容及相關裁判特別多。因爲這是一條所謂的概括條款，也就是規範包羅廣泛的條文，尤其適用其他規定而可能得出不正義的結果時，即可援用此項規定調節之。

此一「結果」之所以存在，乃因有所謂的「法律行爲」。在本書第一章呈現的圖像中，法律行爲就是一種魔法，可以把觀念變成某種眞實的東西。法律的任務不是創設可觸摸之物，而是形成某種具法效力之事。例如遺囑，這是一種單方作成的法律行爲；多方當事人作成的法律行爲中，最重要的是契約，例如透過所謂的物權契約，一人的所有權可以被移轉給另一人。

何謂「善良風俗」，司法裁判以「所有具理性及公正思考者的法感情與正義感[*21]」作爲衡量標準。這樣的說法並沒有比較具體，其意思是在社會及經濟的交易中，絕大多數人認爲社會中不可或缺的價值觀；稍微粗疏的問法是：經由意見調查，且看得出什麼？依《民法典》第一百三十八條，法律行爲違反善良風俗而無效者，比如說，一種讓人可以經由傳銷系統[*22]從事獲利遊戲的契約，【22】在此遊戲中，先加入者可以從後加入者的投注獲得固定的獲利，一直到這個系統垮掉爲止，不利益由最後加入者承擔；又如，賭場與賭客簽訂鉅額的借貸契約，目的是讓賭客可以用這筆錢繼續賭下去。【23】

「無效」，指法律上不生效力：就如同該契約未曾簽訂過一樣，也就是該契約不曾存在過一樣。其結果是，該價金在沒有（無效）契約的情況下，也就是沒有法律上原因，移轉出去，可以請求返還，因此取得償金者應將其不當得利歸還。《民法典》對此設有一些規定。

立法者也可以全面禁止所有的傳銷系統或賭場的借貸，但是《民法典》選擇走另外一條抽象規定之路。優點是，不需要一有新的發展就立即制定新法；缺點則是（譯按：抽象規定）較難以理解，且不具可預測性。

從德意志帝國以降，《民法典》歷經了（威瑪）共和國的滅亡與（聯邦）共和國的重生，在東德時期，《民法典》甚至施行過一段時間，直到社會主義（政權）先排斥不用——特別是限制私有財產制——後於一九七五年以《市民法典》[*23]全面取代之。

《民法典》無疑是一部法學的大師之作，但只有一點，在這部法典長時間的草擬過程中，竟沒有人想過，（譯按：草案內容）停留在羅馬時期；在第一版的草案，在第二版、第三版或在一八九六年最終版議決時——除少數例外——還有在一九〇〇年一月一日公布生效時，都沒有人想過。這樣的遲滯甚至讓一位被歸類為保守的法律人挺身而出，對《民法典》提出強烈批評，還有社民黨決議對《民法典》投下反對票。

《民法典》的創造者當時遺忘了：人民。

◆本章譯註

*1 原文：Codex Ur-Nammu。

*2 原文：Irokesen，英文：Iroquois，北美洲原住民族。

*3 原文：Azteken，英文：Aztecs，墨西哥原住民族。

*4 原文：Leibeigenschaft，英文：Serfdom。

*5 原文：*Sachsenspiegel*，英文：*Saxon Mirror*。

*6 英文版：God has left everyone free. Nature made no one a slave, in: Alkidamas of Elaia about Freedom, https://novoscriptorium.com/2020/02/10/alkidamas-of-elaia-about-freedom/

*7 原文：Allgemeines Bürgerliches Gesetzbuch，其第十六條規定：「任何人享有與生俱來、經由理性彰明之權利，從而皆應以人看待之。奴隸或農奴，以及與此相關之權力行使，於本國不被允許之（原文：Jeder Mensch hat angeborne, schon durch die Vernunft einleuchtende Rechte, und ist daher als eine Person zu betrachten. Sclaverey oder Leibeigenschaft, und die Ausübung einer darauf sich beziehenden Macht, wird in diesen Ländern nicht gestattet.）。」參見Gerhart Wielinger, "Sclaverey oder Leibeigenschaft nicht gestattet". Die Presse, Print-Ausgabe, 30.05.2011, https://www.diepresse.com/66226/sclaverey-oder-leibeigenschaft-nicht-gestattet

*8 原文：Mauretanien，英文：Mauritania，西非國家，茅利塔尼亞伊斯蘭共和國。

*9 原文：International Labour Office。

*10 原文：Walk Free Foundation。

*11 原文：Augen auf, Kauf ist Kauf，德國諺語，源於中世紀時期。參見：Karl Kroeschell/ Albrecht Cordes/ Karin Nehlsen-von Stryk, Deutsche Rechtsgeschichte, Bd. 2: 1250-1650, 9. Aufl., 2008, S. 89.

*12 原文：Volksrechte，與類似用語Völkerrecht意涵不同，後者指國際法。

*13 全名：Heiliges Römisches Reich deutscher Nation，拉丁文：Sacrum Imperium Romanum Nationis Germaniae（德意志民族神聖羅馬帝國）。

*14 原文：Vier-Reiche-Lehre，英文：Four kingdoms of Daniel，載於《舊約聖經》之《但以理書》。

*15 原文：das römische Imperium bestehen muß, wenn nicht der Antichrist und das Weltende kommen soll.

*16 原文：Zitiergesetz，拉丁原文：lex citationum，英文：Law of Citations，指西元四二六年，由西羅馬皇帝瓦倫提尼安三世（Valentinian III）所頒布，明文規定應依循五大法學者之法律見解。此一法典其後被納入東羅馬帝國皇帝狄奧多西二世（Theodosius II）的《狄奧多西法典》（Codex Theodosianus）與拜占庭帝國皇帝查士丁尼一世的《查士丁尼法典》（Codex Justinianus）。《援引法》之施行，於民事法領域一定程度形成「通說見解」之制度。參見：Uwe Wesel, Geschichte des Rechts. Von den Frühformen bis zur Gegenwart. 3. Aufl., 2006, Rn. 156.關於羅馬帝國時期的法學者，參見：Detlef Liebs, Hofjuristen der römischen Kaiser bis Justinian, 2010.

*17 其他四位是：鄔爾比安（Ulpian）、蓋亞（Gaius）、保羅斯（Paulus）及摩德斯提努斯（Modestinus）。

*18 原文：gemeines Recht。

*19 指一八七三年的修憲。一八七一年《帝國憲法》有關帝國立法權限的規定原本只列有「債法」、「商事暨票據法」，經過修憲改為「全部之民法」（das gesamte bürgerliche Recht）。參見：Franz Wieacker, Privatrechtsgeschichte der Neuzeit, 1976, S. 468 ff.

*20 原文：Rechtsgeschäft，拉丁文：negotium juridicum，英文：legal transaction。德文“Geschäft“，對應的英文語彙是Business，Rechtsgeschäft意指由意思表示為元素組成的一種法律上的事務，嚴格而言，並非「行為」。參見：Jaap Hage, “What is a Legal Transaction?”, in: Maksymilian Del Mar & Zenon Bankowski (eds), Law as Institutional Normative Order, 103 (2013).

*21 原文：Rechts- und Anstandsgefühl aller billig und gerecht Denkenden，為德國聯邦法院判斷是否違反善良風俗的主要理據，參見：Helmut Haberetumpf, Die Formel vom Anstandsgefühl aller billig und gerecht Denkenden in der Rechtssprechung des Bundesgerichtshofs, 1975.

*22 原文：Schneeballsystem，直譯：滾雪球系統，一種傳銷式的投資系統，投資者之利息收入來自新投資者之資金。參見：Armin Willingmann, Sittenwidrigkeit von Schneeballsystem – Gewinnspielen und Kondiktionsausschluß, NJW 1997, 2932 ff.; Gerhard Bruschke, Risiken bei der Beteiligung an einem Schneeballsystem, SteuK 2015, 136 ff.

*23 原文：Zivilgesetzbuch der Deutschen Demokratischen Republik，於一九九〇年十月三日德國統一之日失其效力。

第十章　自由與強制：契約法

最古老且流傳最廣的道德原則，莫過於《黃金規則》*1。於印度教、袄教、猶太教及伊斯蘭教，乃至儒教、佛教及耶穌教，都可以發現類似的誡令：要像對待自己一樣，對待他人。[1]不過，這個規則很早且一再受到批評，例如來自哲學家賽繆爾·普芬多夫（Samuel Pufendorf）及伊曼努爾·康德（Immanuel Kant）的批評。[2]二人以下例反駁之：按此黃金規則，則法官應該判被告無罪，因為難道我們自己也想被判罪嗎？因此，此項規則不適合作為一般性的行為準則。

誠然，這道規則不是回答所有道德問題的答案，但其所蘊含的直覺卻是任何人都無法完全否定的，因為在許多實務應用案例中，黃金規則提供了一項睿智、簡明且特別有感的裁決原則。[3]尤其，著眼於同理心角色，黃金規則不外乎就是約翰·羅爾斯的思想實驗，人們要在不計個人的情況下，也就是在無知之幕底下，為眾人制定規則。

人類依照互惠原則共同生活，不管何時，不問何地，過去如此，於今猶是，這不令人意外，不妨再一次瞧瞧動物世界。馬、大象、海豚，還有人猿，形成真正長久的友誼，通常是基於彼此合作的互動關係。[4]最顯而可見的是食物分配上的互惠關係，特別是肉品。我們無法確切的說，何以剛好是這些動物。不過，群聚動物在獵捕其他動物時所需耗費的時間，可以提供清楚的說明：[5]不同於植物或果樹，牠們會逐漸移動；只有多重狩獵的複雜合作分工才有辦法成果豐碩，不管是黑猩猩、狼、鬣狗或吸血蝙蝠。[6]

不過，分工在狩獵上若要發揮功能，則不能是各自享用其所捕獲的獵物，而是所有獵人都可以分享獵物，否則下次就不會一起去狩獵。換言之，分配原本就是交換行爲的另一面：爲了分享獵物而參與狩獵。反之，亦然，因爲分享了獵物，而參與下次的狩獵。

早期的人類社會，即是如此。根據有關近代原住民族報導可知，所獲獵物在部落中分享。[7]甚至在現代近似社群中，亦盛行互惠原則。例如在家庭之內，一般期待唯有相互的施與受，方足以維持成員間的平衡，方式包括將獲得的照顧傳衍給下一代。同樣道理亦適用於朋友之間，只是基於友情的付出通常要等相當時日之後才會獲得回報。

現代的法律展現此種的施與受，例如在近親家庭關係中，規定可以透過訴訟請求之扶養義務；還有透過契約法，這是私法的核心支柱。在我們古老的習慣中早可見此種規則，即所謂無償的契約關係，如贈與及使用借貸（無償租賃）。於此種契約中，只有一方提供給付，但未取得相對的給付。不過，贈與人仍期待一定的回報，例如感謝（受贈人如有「忘恩負義[*2]」之情事者，贈與人得請求返還贈與物），承認[*3]或作善事（例如匿名捐贈），通常還有之後的態度回報。類似情形也適用於使用借貸之貸與人，因爲貸與人會期待日後亦得隨時向借用人借用東西。但是，貸與人並無請求借用人出借其物的法律上請求權。

相對來說，有償契約的情形，則有不同。於此種契約中，物之交付構成一種債務，原則上只能經由對待給付滿足之。這是一種非個人的、毫不爛漫、但十足標準的互惠性。透過契約的運作，可以讓行之經年適用於緊密關係中的遠古法則（譯按：互惠原則），轉換成爲非個人性的接觸關係。

而唯有當人們爲了交換特定標的物而以金錢以外之物爲給付時（譯按：以物易物），給予（施）與收受（受）才是法律意義之「互易」（交換）。對此，《民法典》的規定僅寥寥數語：「互易，準用關於買賣之規定。」因為「眞正」的互易於日常生活中已經式微。除非金錢失去作為支付工具——例如在極端的貨幣貶值情形下——的功能，互易才會再度出場。在絕大部分的時候，都是以銅臭錢（der schnöde Mammon）作為最終的交換媒介：我們工作獲取薪資，用薪水購物或取得服務、支付我們的租金。

不過，《民法典》上述簡單幾句話的準用規定，觀念上卻有混淆之虞。事實上，契約法中絕大部分條文所規定的，都是非技術性意義之不同型態的互易，也就是各種的給予與收受：於買賣，商品與價金的交換；於租賃，（租賃物）使用與租金的交換；於勞動，則是勞務與工資的交換。

（有償）互易契約規定之最具關鍵的問題是，如何建立你我之間眞正的公平正當？在檢驗這個問題的時候，《黃金規則》再度是很好的量尺；也就是試問：一個人是否對待他人，有如對待自己一般？我們的契約法符合這項黃金規則嗎？

締結契約

契約的成立，經由兩個合致的意思表示：要約與承諾。書報攤老闆一早把報紙陳列在攤位上，以此向顧客表達出售報紙的要約；有人抓起一份報紙，放在報攤台上，即承諾了這項要約，買賣契約立馬成立，雙方當事人不用說任何一句話，也就是默示的行為、單純的動作就夠了。

只有少數的法律行為需要一定的形式，幾乎所有的買賣契約都是非要式，即可生效。甚至是勞動契約、租賃契約都可以口頭約定。儘管如此，重要的契約還是以書面締結，主要是基於證明的目的。

不過，針對若干法律效果較為廣泛的法律行為，《民法典》定有特定的形式，若不遵守，該法律行爲即屬無效。例如私人之間借貸契約，應以書面締結，也就是要親手簽名；還有保證契約原則上應以書面爲之；遺囑甚至必須全文手寫。關於不動產之買賣契約或婚姻契約，還必須經過公證，贈與的預約，亦同（不過，預約贈與的要式規定，可以經由如交付生日禮物的方式滿足之，形式瑕疵不影響效力，也就是該贈與契約不須經過公證而生效）。上述情形之書面要式規定，除了證據功能外，另有作用，即：警示當事人不要過快地作成這類法律行爲，請謹思慎行。

總之，《民法典》極盡保護我們之能力。人們在簽訂契約時，就算沒有把所有的細節都約定清楚，也可以訴諸《民法典》的規定。除偶有特別法之補充規定外，《民法典》幾乎囊括了買賣、租賃、僱傭及其他法領域之所有重要規定。不過，《民法典》的規定大部分是任意規定，也就是說，我們可以另行約定，特別是透過契約。因此，在契約法中眞正確保正義的規定是不可變更的部分，也就是強制規定，沒有人可以透過協商予以刪除。

《民法典》生效之初，此種強制規定尚不多見。不動產出賣的書面要件，是少數的例外之一。《民法典》原本應該多設這類或他種的保護規定，因爲在（譯按：《民法典》生效的）二十世紀之交，貴族暨資產階級與大多數無產階級之間的權力不均等關係，何其巨大，伴隨的後果，何其殘酷。

從身分到契約

問題的出發點是契約，特別是締約的自由——又稱私法自治——不能過於高估的一項成就。在契約自由之下，過去單憑身分——女兒、外國人、農奴、猶太人、僕人——即負有特定無可改變的義務（以及偶而享有權利）的社會結束了。及至十九世紀末，不再有人因法律之故而被禁錮在特定的身分當中，任何人都可以依其個人的決定、透過與他人的協議，改變其生活關係。

「從身分到契約」的轉變，法律史學家亨利・梅因（Henry Maine）最先在他著名的《古代法》（*Ancient Law*, 1861）一書中提出：奴隸的情況已然消失，取而代之的是「契約上受僱人與僱用人、勞工與企業的關係。婦女在監護之下的地位，除了受其夫的監護外[*4]，同樣也不復存在；女性從成年到結婚自主形成的關係，都是契約關係。」[8]

以上種種，當時聽來相當理想，但接下來的大問題是，如此之關係實際上是否比過往來得好？在基本結構上，一九〇〇年的《民法典》依循的確信是，平等人類的自由協議可以達到經濟上最理想的結果；所有人都應該可以自己決定自己的命運，私法自治在近乎無所限制的契約自由上找到了最佳的體現：是否締約、跟誰締約、締結何種內容的契約，所有人皆應自行決定。

從實踐正義的觀點來說，這是一大災難。因爲上述確信忽略了契約締結的意志往往不是自由的形成，同樣的權利並不會讓人同樣的強大。以勞動法爲例，設想一下，您是一名貧窮且未受過教育的勞工，必須在一個競爭激烈的勞動市場中與您的未來雇主討價還價，不只是工資，還有生病時繼續支領工資、要求有薪休假及週末休息等待遇，在一九〇〇年世紀交替之際，法律讓您自己獨自面對。

再早幾十年前，法律的規定甚至對您不利。第一代的工廠女工完全沒有機會向營利至上的企業主貫徹她們的利益：她們不能組織工會、被禁止罷工，必須遵守工廠規範：在領班面前不准頭戴東西，工作時間不准說話，必須卑躬屈膝聽從命令。[9]違反廠規，動輒扣薪；一所柏林自設的工廠法院甚至允許對「來自下層階級」的實習生施以「嚴厲的體罰」。於普魯士，學徒、助手及工廠工人偶而還會被處以刑罰，如果其擅離工作（非罷工意圖）或造成「持續性的怠工」，也就是契約不履行。[10]

這些不平等的關係，基本上就是中世紀時期等級不平等的延續。當時，農奴被強迫工作、經營地主為工作目的所交付的土地。其後，同樣的一批人在他人的工廠及房舍裡勞動並且生活；「階級」（Klassen）概念取代了「等級」（Stände），一如一八四八年的《共產黨宣言》所言。三十年後，歷史暨經濟學家威廉．羅雪爾（Wilhelm Roscher）沿用其所不喜的「住屋封建主義」*5概念，寫下：「住宅短絀最悲慘的一面是，將房客置於房東之極盡羞辱貶抑能事之濫權依附關係中」。[11]

十九世紀末期的法律人多數不這麼認為，只有少數提出批判，其中最為激烈、同時是針對《民法典》的是，法學教授奧圖．基爾克（Otto Gierke），他是雨果．普魯斯（後為「威瑪憲法之父」）的業師，肯定不是社會主義者，成長於法律世家，一九一一年經加封為貴族，被同僚烏立克．史都茲（Ulrich Stutz）稱為介於自由與保守之間、立憲君主制的支持者。[12]基爾克最為嚴厲的譴詞見諸一八八九年一篇廣被引用針對《民法典》第一版草案的演講中：「毫無限制的契約自由，將自我毀滅。一把銳利的武器在強勢者的手上，一個遲鈍的工具在弱勢者的手上，契約自由將成為一方壓迫另一方的工具，是精神上及經濟上優勢者行無情剝削的工具。」契約自由把「無就業經驗者交到狡猾的事業主、把小市民及農民交到大企業者、把勞工交到資本家的手上，將之置於毫無抵抗力的境地」。[13]

基爾克的批判一語中的，因為面對當時最為棘手的問題——勞工的命運——《民法典》草案（以及一九〇〇年生效的法律）的規定寥寥可數。對此立法缺陷，憤恨不平的安東．孟葛（Anton Menger），基爾克的維也納同事，於一八九〇年的一篇批判文章中亦提出質疑：唯有當「工資主」必須顧及到「勞工的最高人格資產」時，「工資契約才會抹去對奴隸制度的最後一點記憶，從而取得真正的人性特質，而有別於物的出租。」[14]他把勞工比做是物品，此一駭人聽聞的比喻，非出於偶然。早在一八四〇年，頗負盛名的法學家弗里德里希．卡爾．馮．薩維尼（Friedrich Carl von Savigny）在指稱勞動契約之法律關係時，謂其「存在對於他人身體支配之關係，並未摧毀其自由，故類似於所有權，但又與所有權有所不同」。[15]《民法典》制定之時，勞動契約還算是一種相當新鮮的現象，相關規定更是如此。但當時的法律對於契約自由的限制尚不至完全陌生的程度，也不是全然欠缺對人較為友善的法律先例存在，其中極為重要之一例，早已沿襲世界歷史數千年之久。

禁止重利

收取利息有其道理：誰要是借錢給別人，就必須假定借用人不會還錢。利息，例如由銀行收取，可以平衡這種風險——如同平衡因通貨膨脹貨幣貶值的風險。重要的問題是，在風險與貶值的平衡之外，是否允許貸與人從中獲利，例如補償該筆金錢原本可另作投資的所失利益，如果可以，此種獲利的可容許額度有多高。

附有利息的借貸，早在西元前三世紀即已存在。[16]首次的禁止是在西元前七世紀左右的古希伯來法，但禁令僅及於希伯來人之間（舊約聖經，Ex, 22. 24）。在德意志地區，教會於西元八世紀也採行此種禁令，並以新約聖經（LK 6.35）為依據，特別是在十二世紀時，教會試著嚴格執行這道禁令。不過，依照教會的學說，其僅適用於基督徒，猶太人還是可以放貸收利（但有些神職人員認為，猶太人也不得向基督徒收取利息，可是另方面基督徒還是繼續借錢給猶太人）。[17]許多猶太人認為其借錢給別人是被迫的，因爲歧視性的行規讓猶太人無法從事大部分的職業，沒有理由又要同時繳納高額的「猶太人稅」——通常是繳給領主的一種保護費。[18]

其他的宗教，例如印度教，也有一段時間禁止利息。在許多伊斯蘭教國家中，直到今天仍然禁止加計利息，這點促成伊斯蘭教特有銀行制度的興起，並且在放款業務上做一些巧思性設計。例如銀行會自己經營某些投資商品，並且以高價賣給客戶。

除了全面性的利息禁止——通常都被規避——歷史上無數的嘗試是至少禁止過高的利息，也就是高利貸[*6]。在西元前二世紀的《漢摩拉比法典》中已可見相關規定。在古希臘及羅馬，還有印度，利息的額度有一段時間被限制。[19]近代歐洲，配合利息禁令的鬆綁，在許多地區也訂有利息的最高利率，大部分是每年百分之五到十之間。[20]

今天，在德國，利息原則上可以自由商議，所以在緊急紓困時，可以要求遭遇困境的企業償付百分之百的年息？不！雖然沒有固定的上限，但高利貸還是被禁止的。《民法典》第一百三十八條又再次發揮規範功能，其已建立了傳銷系統與賭場借貸的無效性；該條第二項復規定：法律行爲之一方利用他方之急迫、無經驗、缺乏判斷力或重大精神耗弱，爲取得財產上之利益而使其約定顯失公平之對待給付者，該法律行爲，無效。

所稱顯失公平者，依司法實務見解，指給付與對待給付之客觀價值相差一倍以上者。於金錢借貸之情形，貸與人要求之利息高於市價之一倍者，即構成顯失公平。[21]高利貸甚至受到刑法之處罰（《刑法典》第二百九十一條）[*7]。

豪取重利不限於金錢借貸，商品售價太貴、勞務給付之報酬過低、租金過高，亦均屬之。重利禁止亦適用於上揭情形，並以不同的標準權衡給付與對待給付之間是否顯失公平。關於勞務、租賃及買賣，除了重利禁止外，尚有其他限制契約自由的規定，讓今人受益匪淺。

人與勞動

《民法典》生效之時，契約自由在勞動法受到的限制，值得一提的僅有：童工。十九世紀時，童工頗爲普遍，因爲在工業時代初期，許多家庭生活窮困，特別是被迫放棄土地的農民，多賴其小孩的工資維生。兒童主要在農地工作，有些則在礦場或在家與父母從事所謂的家庭工作，有些甚至必須賣淫。在工廠裡，童工從事成人工作中較不複雜的部分，以賺取微薄的工資。

在一八七一年德意志帝國建立之前，只有部分邦國限制童工，且無一全面禁止。先行者是普魯士，於一八三九年頒訂有關僱用「青少年」勞工之「詔令」，惟限於工廠，僅禁止僱用九歲以下的兒童，限制九至十五歲兒童每日工作時間不得超過十小時。頒布這道詔令的動機，倒不是因爲認知到兒童不該待在工廠裡，而是確信這些精疲力盡的小朋友們無法充分履行一七六三年起實施的學校義務教育；來自公民社會的壓力，特別是教育界，毋寧扮演主要角色。

對於實際之情形，這道詔令的頒布改變不大，部分禁止幾乎難以落實。即使在民生經濟情況有所改善之後，許多父母還是依靠其子女營生，[22]於是對於童工的限制逐步擴大，一八五〇年代之後漸見成效。自一八九一年起，也就是《民法典》生效前，全帝國禁止工廠僱用十三歲以下的童工。之後，這些童工不在工廠工作，而是在家編織或做木刻。一九〇三年，禁止十三歲以下兒童從事體力負擔過重之工作，其他行業的年齡下限是十二歲，近親兒童則是十歲。以上這些限制的例外領域是農業，於一九○四年左右仍有大約一百八十萬名兒童在農村工作，其中有一百萬不足十歲。[23]

即使在威瑪共和國時期，童工依舊普遍，二次大戰之後，又再度遍及農村。東德雖然在一九四九年建國憲法中禁止童工，卻經常強制未成年的院童從事粗重且危險的工作，同樣情形亦發生在所謂少年感化院中被標記爲「難以教化」及「不適應」的兒童身上。

在聯邦共和國，一九六○年的《少年工作保護法》終於禁止十二歲以下兒童從事農事工作。不過，十三及十四歲的兒童還是可以在家庭以外的場所工作。社民黨籍國會議員海因茨・弗雷希（Heinz Frehsee）在聯邦眾議院會前會的辯論中表示此類形式的童工亦應禁止，以終結農田中的兒童勞工兵團。他自己小時候即曾經必須在田裡做粗活，堅定認爲「絕對不要再用童工解決農業的經濟問題」。他朗讀了一位十歲小女孩的日記，她描述在九月裡一個禮拜包括週末在內必須完成的工作，每天大約要工作四到十個鐘頭。不過，弗雷希的提案未獲通過。直到一九七六年之後，（法律才規定）十三歲到十五歲的兒童只能在家庭農場裡受僱工作，且只能從事適合小孩的工作，每天不超過三小時。

其他國家則非如此：根據國際勞工組織關於二○一二年至二○一六年的調查報告，全世界還有一億五千兩百萬的兒童必須工作，幾乎有二分之一從事危險工作，例如採礦、紡織工廠或建築工地。

童工的限制不是契約自由在勞動法領域的唯一限制。對我們來說，以金錢作爲工資，在今天是理所當然的事，但在十九世紀普遍適用卻是所謂的實物工資制度（Trucksysteme）（英文的truck——交換），也就是受僱人取得抵充工資的物品，以代替金錢工資。這種陋習讓勞工承擔的風險是，自己會把這些經常是劣等的物品再交換出去，進而讓原本已經不高的工資更加惡化。德國老牌瓷器製造廠——修道院・法伊爾斯多夫（Closter Veilsdorf）[*8]及其他類似的工廠，甚至用銅幣形式充作廠資的支付工具，該廠雇員只能用這些代幣在工廠內店或餐廳購物；這些廠資約占總工資的四分之一。【24】直到一八四九年普魯士始規定：只能用（眞正的）金錢支付工資。這是當時對企業契約自由的少數干預之一。

一八八〇年代，德意志帝國的首位帝國總理，奧托．封．俾斯麥（Otto von Bismarck），爲了抑制逐漸興起的社會民主主義，引進了健康、意外及年金保險制度，大大地改善了勞工的命運，同時蔚爲成效卓著之社會政策的標竿，以迄今日。但是與企業的關係，勞工——儘管第一個團體協約自一八七三年起適用於所有產業——還是只能自力更生。

上述情形迄至二十世紀，方有所改善。一九一八年十一月革命期間，產業代表雨果．斯廷內斯（Hugo Stinnes）與工會代表卡爾．列金（Carl Legien）協商出一份以他們爲名的協議，作爲基礎，數週之後，引進一天工作八小時制，同樣旨在阻止蘇維埃共和國[*9]及其一系列的社會化措施。與此同時，團體協約——十幾年來不被法院嚴肅看待——終於在法律上獲得承認。

還有更重要的一步是，一九二七年成立獨立的勞動法院：往後有關勞動契約的爭議，不再由普通民事法院審理——如企業公會之前所要求的——而是由專業的法官及勞資雙方代表組成審判庭（最初只有第一審，上級審直到《基本法》制定後始有改變）。經由專業法院的運作，審判程序可以統一、加速且更有效率，裁判的作成可以較爲完善，以及——工會的主要立法動機——勞動關係中的特殊敏感要素可以被妥適審酌；因爲在民事法院中主要是由保守的法官坐鎭。【25】

二次大戰之後的一系列有利於勞工的契約自由限制，整體上爲勞工營造出一套相當友善的勞動法制：中型及大型企業的解僱權受到限制（一九二七年有關懷孕婦女禁止解僱的粗略規定被妥善規範）；病假期間繼續支薪的範圍或擴大或新增，建立至少二十天的有薪休假請求權（於威瑪共和國時期，僅三天或四天；美國到今天都沒有此種法律上之休假請求權，由企業給予的休假，平均是十天）。[26]自二〇一五年起，設有一般性的最低工資規定，爲了給予勞工有足夠對抗企業的能力，《基本法》第九條保障了勞工的結社權，勞動法院並承認勞工有勞動鬥爭的權利，包括罷工權。

罷工是一種強而有力的工具，但在其他權力均等的法領域中，則無可相匹比者。例如對抗失去住所，罷工毫無用處。這的確是個問題，因爲比起保住飯碗來說，住宅的重要性不容小覷，舉世皆然，但不是每個地方的法律都認知到這個問題。

個人的立錐之地

世界上幾乎沒有一個地方的財產分配不均之程度勝過香港。大批的市民必須爲了入不敷出的薪水而縮衣節食，平均每週工作超過五十個小時。每五個人當中就有一個人生活在窮困中，甚至大學畢業生也不保證有好的收入。

特別値得注意的是，居住問題。要是有人看過一家三口擠在一個五（！）米見方大的「住宅」照片，大概不敢相信這個城市在絕對値上是全世界最富有的城市之一。另一方面，人們理解到，在超過七十個億萬富翁中（更多的只有在紐約），有大約三分之一在不動產上置產。在香港可以隨時終止不定期租賃契約，租金可以自由地商議約定，住宅大小沒有最低限制。但有一點香港法律是保護承租人的：在租賃物出賣的時候。

房屋所有權移轉時，承租人可能遭遇兩種命運的其中之一：租賃契約隨之解消，或者繼續存在於承租人與新所有權人之間。前者有利於所有權人，因爲其可以——如果承租人想要留下來——約定新的條件，或者把房子租給其他人。後者對承租人較爲有利，因爲承租人可以用相同的條件繼續住下去。如何處理這個問題，有相當長的一段時間，法律一下這樣，一下那樣。

羅馬法選擇了對所有權人比較友善的作法：房屋所有權移轉時，房客即面臨搬家的威脅。十三世紀的科隆——那裡有三分之二的房子被出租——不同於羅馬法：買賣不破租賃。[27]之後，羅馬法席捲德意志地區，許多城市廢除了社會性的租賃法——直到普魯士王國腓特列二世，先是於一七六五年用一道命令回歸社會租賃法（譯按：買賣不破租賃），後於一七九四年的《普魯士一般邦法》賦予法律上效力。此後不久，羅馬法的支持者再度居於上風：一八八七年《民法典》草案第一版站在所有權這一邊（譯按：買賣破租賃）。經過抗議之後，此項立場才被排除，直到現在，《民法典》第五百六十六條規定：「買賣不破租賃。」如同在香港一樣。

除此之外，現行的租賃法中還有許多契約自由的限制規定。緣於第一次世界大戰，當時許多前線戰士擔心其家人可能無家可歸。所幸一九一七年發布了一項《承租人保護令》，效力持續到戰爭之後，再以其他的命令及法律予以補充。在艾德諾政府的一番經濟間奏曲之後[*10]，今天，房屋租賃契約的終止，只有在承租人嚴重違約或出租人有自用需求時，方有可能。[28]爲了提高租金而終止契約，不被容許。關於自用需求的認定，法蘭克福邦法院曾在下述事例中予以否定：出租人夫妻之二十一歲女兒就讀大學，想要搬入其已出租之一〇七平方公尺大之四廳住宅裡，因爲就讀大學的子女不需要住這麼大的房子。[29]像這樣的租屋終止保護在德國的法律中簡直是獨一無二的。

還有租金的數額，也不是可以完全自由商議約定的。在租約有效期間提高租金，唯有在有限的範圍方有可能，例如為了平衡通貨膨脹。在實務上所有房屋市場均適用所謂的租金凍漲機制*11，於簽訂新的租賃契約而提高租金時，須取決於當地可比較的租金（不過，許多出租人規避此項規定）。

總而言之，租賃法的限制履行了我們社會中的一項重要社會功能，因為住宅——引用聯邦憲法法院判決——「對每個人來說，是其私人生存的中心點」。[30]有多少人受惠於社會性租賃法，顯示在一項統計數字上：二〇一八年，在德國只有百分之四十六點五的人住在自己的房子裡。[31]

儘管租賃法中有各種的契約自由限制，出租人仍享有利於自身的租賃契約形成權。最典型的例子是，租屋整修義務——例如搬遷時的牆壁粉刷——歸由承租人負擔。出租人依然可以利用事前寫好的契約，亦稱一般契約條款（下稱「定型化契約條款」*12）。法律對此設有特別規定，旨在防止契約當事人之一方受到不當對待。

《定型化契約條款法》對於買賣尤其重要，因為買賣——不像租屋及勞動——未受特別嚴格規定，縱使買賣法中對於契約自由的最初限制可以追溯到一八九四年。

小字印刷

今天到處可見分期付款的促銷要約，還有越來越多的線上交易。多筆契約各期的待付款項累加起來，可能會急速成長而超出當事人所能負擔的程度。這不是什麼新鮮事：分期買賣從十九世紀中期起就已經相當普遍。許多商店利用分期買賣來促銷商品，包括出售給窮人，後者可以從中受惠，因為窮人無法透過正規舉債來大批採購。但是這種分期付款經常會給窮人們帶來害處。因爲商家還是保留該商品的所有權，也就是商品屬於商家所有，如果分期付款停止，就必須歸還給商家。在十九世紀末左右，眾多大企業此類完全不受規範的營業活動，逐漸衍化成爲眞正的問題。

「分期付款商業遍及所有轄區，主要是在較大的城市及有工廠居民的地方」，巴伐利亞政府於一八九〇年左右向帝國內政部提出的報告。「這些商業行爲主要是各種的家庭設備用品，接著是奢侈品，如鏡子、鐘、畫，還有衣物。縫紉機的買賣，全德幾乎都是以分期付款的方式。這些物品大都品質粗劣且昂貴，這些交易經常讓顧客陷入一種令人不快、違反善良風俗的依附關係之中……」。[32]

出賣人的利基在於：依其事先擬定的契約，出賣人在取回買受物之後，還可以保有已支付的各期款項。欠缺交易經驗的人們特別容易受到推銷人員的誘使，以小額分期購買不必要且昂貴、其後卻帶來大麻煩的物品，包括掛畫、首飾、西裝和外套、精品及收藏品等。[33]

透過一八九四年《分期付款法》的施行，這類嚴重問題終於被遏止，特別是在交易中斷後，買受人得請求返還已支付的分期付款，只須給付其間使用該物之對價。這部法律特別之處在於：其僅適用於未經商業登記之非商人，故被稱爲世界上第一部消費者保護法；[34]不僅如此，這部法律還是「後德皇時期最重要的社會政策私法」。[35]

當然這不是德國最後一部消費者保護法，今之消費者可以援引的諸多法規中，關於定型化契約條款的規定尤其重要。締約之前先擬訂好契約條款，省去了契約當事人協商買賣、租賃等約款細節的時間。《民法典》的規定範圍雖廣，但未囊括人們應該商訂的內容。對於使用者來說——大部分是企業——定型化契約條款可以讓交易具有可控性。

然而，對企業同等重要、對消費者卻大有問題的是，定型化契約條款實際上經常將《民法典》的任意規定（非強制規定）作有利於企業的修正。因爲除了契約要式、禁止重利、最低工資或解僱保護等規定外，企業有太多可以透過契約創設利己條件的可能性，例如排除瑕疵物之退還權。相反地，消費者通常沒有勇氣或氣力或能力去促使定型化契約條款的修改，[36]大多數的消費者連讀一遍都沒有。

《民法典》生效後不久，許多法院在面對這樣的問題時——堅決而果斷。這是「德國司法實務光榮的一頁」，一位德國法學教授於一九五七年如此寫道：「數十年以來，……在援引《民法典》第一百三十八條之下，拒絕承認這些不公平的條款」。[37]一九七七年起，一系列的法律規定承接了此項任務，現今見諸《民法典》第三百零五條至第三百十條，明定於何種條件下定型化契約條款可以成爲契約的一部分；對於突襲性條款、過廣的責任排除、過長的契約有效期間，或者捨棄法院訴訟權之條款，明文禁止。

《黃金規則》對強勢契約當事人的訴求，極其透徹地體現在《民法典》的上述條文中，因爲此等規定要求定型化契約條款的使用者不能只注意到自己的利益。根據聯邦法院的闡釋：出具定型化契約條款之一方，單方運用了有利於己的契約自由，因此「在草擬定型化契約條款的時候，亦應同時適當地顧及其未來締約對象的利益」。[38]此恰恰契合《黃金規則》對我們的要求，要像對待自己一樣，對待他人。

為了自由的強制

綜觀自由於十九及二十世紀的發展，或可一言蔽之：市民向貴族爭取自由，以人民爲後盾。但對人民來說，自由卻是壓制的另一種形式，須俟強者的自由受到限制，普羅大眾才得獲自由。在此過程中，契約自由及其限制扮演重要的角色。

今天，人與人之間的（契約）關係逐漸接近《黃金規則》：己所不欲之事，即不當爲，諸如放高利、剝削、掃地出門，以及突襲性契約條款等，均不當爲。換言之，法律試著透過令行禁止，調和缺損的利益與他人的利益，把陌生人之間的關係提升到朋友或家庭互動關係的境地。質以言之，私法的目的在調和權力的不對等，並且力求合於公平正義的關係。

依據聯邦憲法法院，時至今日，「一致認爲，契約自由只有在當事人之間屬相近均衡的權力關係中，方適合作爲合理之利益調和的工具，而調和契約之不均等性，爲現行民事法的主要任務」。[39]這項任務持續面臨新的挑戰。比如說，當我們在與Facebook、Google或Amazon協商我們的個人資料時，我們到底有多少自由？

非常不自由！也因此除上述規定外，另有諸多保護規定，以限制契約自由：例如卡特爾法（限制競爭法）禁止企業之間的價格協議；具市場支配力之企業不得濫用其權力，如透過收取規費，以壓低供應商的價格；部分市場參與者負有締結契約的義務（強制締約），如電力或瓦斯的供應者，或者運輸業者，如計程車或航空業；契約中「因種族或族裔、性別、宗教或世界觀、身心障礙、年齡或性傾向」之不利益條款（甚至拒絕締約），依《一般平等對待法》[*13]，不得爲之；又，契約當事人締約之事實基礎有重大改變時（例如突然發生通貨膨脹或疫情大流行），受不利影響之一方得請求變更契約，甚或終止之。

以上所述，旨在強調契約自由於過去是一種進步，但唯有契約自由受到限制，方能打開了形成公平關係的機會。不論如何，契約法是一個相對新的法領域，在此領域中，正義尚未滋長繁衍。私法的另外兩種核心制度，則明顯古老多了，也就是：損害賠償與責任。我們的法律如何處理這些問題呢？

契約法凸顯出一項極爲具體的理論性問題：個人的自由，對於一個社會來說，有多少是可以兼容並蓄的？自由不表示可以依各人好惡壓制他人，即使沒有無知之幕，也該知道這個道理。不過，無知之幕可以讓我們站在弱者位置上，力爭自由。仰觀俯察在這麼多的關係中，人們受到被剝削或霸凌的威脅，顯示出契約法中公平規範需求的急迫性。恰恰在這個問題上，科技的發展帶來越來越多新的挑戰。我們的法律接受挑戰，這是好事。下一章即要展現，通往正義的各種不同路徑。

◆本章譯註

*1 原文：Goldene Regel，英文：Golden Rule。

*2 原文：bei grobem Undank。參見德國《民法典》第五百三十條第一項。我國《民法》第四百十六條第一項規定：「受贈人對於贈與人、其配偶、直系血親、三親等內旁系血親或二親等內姻親，有故意侵害之行為，依刑法有處罰之明文者，或對於贈與人有扶養義務而不履行者，贈與人得撤銷其贈與。」

*3 原文：Anerkennung。我國《民法》第一百二十九條第一項第二款規定：「消滅時效，因承認而中斷。」根據最高法院五十一年台上字第一二一六號判例，所謂承認，指義務人向請求權人表示是認其請求權存在之觀念通知，不以明示為限。例如請求緩期清償或支付利息，亦有承認之效力。

*4 原文：außerhalb der ehelichen Vormundschaft，英文原文：if the tutelage be understood of persons other than her husband。

*5 原文：Wohnungsfeudalismus。一八七三年，德國經濟學家暨帝國議員恩斯特・恩格爾（Ernst Engel）於一篇批判租屋者受剝削的著作裡，將當時房屋租賃契約範本斥為「住屋封建主義與租屋暴君的證物」（Beweisstück des Wohnungsfeudalismus und der Miethstyrannei）。參見：Jürgen Herrlein, Ein Leben mit der Miete, NJW 2017, 711 ff.

*6 原文：Wucher，源自日耳曼語wuochar、wokaraz，意思是獲利，對應的英文：usurer，源自拉丁文usus，意思是利用，引申為放利者。參見：Ulrike Köbler, Werden, Wandel und Wesen des deutschen Privatrechtswortschatzes, 2010, S. 120.

*7 相當於我國《刑法》第三百十四條：「乘他人急迫、輕率、無經驗或難以求助之處境，貸以金錢或其他物品，而取得與原本顯不相當之重利者，處三年以下有期徒刑、拘役或科或併科三十萬元以下罰金。前項重利，包括手續費、保管費、違約金及其他與借貸相關之費用。」

*8 德國著名瓷器製造廠，全名：法伊爾斯多夫修道院瓷器廠（Porzellanfabrik zu Kloster Veilsdorf），位於德國圖林根邦（Thüringen）的法伊爾斯多夫（Veilsdorf），於一七六〇年由歐根・封・薩克森—希爾德布格豪森（Eugen von Sachsen-Hildburghausen）所設立，廠區是建於十二世紀的一所廢棄修道院，故名。參

見：Rudi Greiner-Adam (Hrsg.), Geschichte des Porzellanwerkes zu Kloster Veilsdorf, 1994.

*9 原文：Räterepublik，英文：Soviet republic。指由工人委員會（蘇維埃）組成的共和國，又稱委員會共和國。Soviet為俄語，意為代表會議。

*10 指一九七〇年代艾德諾政府頒行《關於住宅租賃關係解約保護法》，出租人的解約權只有在例外情形方得允許，亦即於承租人有重大違反租賃契約、出租人有自用需求或經濟利用之變更，例如拆除。參見：李建良譯，Uwe Wesel著，法學導論的博雅講堂，二〇二三年十二月，頁一七八。

*11 原文：Mietpreisbremse，文義：租金煞車，為租金管制措施之一。參見：Ulf Börstinghaus, Die "Mietpreisbremse" in der Praxis, NJW 2018, 665 ff.

*12 Allgemeine Geschäftsbedingung（AGB），我國法制上稱為「定型化契約條款」，例如《消費者保護法》第二章第二節，依第二條第九款規定：「定型化契約：指以企業經營者提出之定型化契約條款作為契約內容之全部或一部而訂立之契約。」為便於理解，以下譯為「定型化契約」。

*13 原文：Allgemeines Gleichbehandlungsgesetz，簡稱AGG。

第十一章　損害與咎責：損害賠償法

美國人貝蒂·布拉克（Betty Bullock）自十七歲起開始抽菸，長達四十五年。她先是抽萬寶路（Marlboro），然後是金邊臣（Benson & Hedges）。這兩種廠牌都是菲利普·莫里斯（Philip Morris）香菸製造公司出品。一九五四年，也就是布拉克開始抽菸的前兩年，菲利普·莫里斯及其他香菸公司在美國的報紙上刊登全版廣告，猛烈抨擊有關抽菸引起肺癌的科學研究。公司的目的在讓這些廣告配合其幾十年來貶低抽菸危險的公關工作。與此同時，在菲利普·莫里斯公司內部流通的文書，則承認抽菸有致癌的效應。該公司有系統地破壞證實此事的研究結果——同時還向青少年促銷其產品。直到一九九九年，莫里斯公司才公開承認，抽菸會上癮，並且致癌及罹患其他疾病。

二〇〇一年，布拉克罹患肺癌，向莫里斯公司提出控告。陪審團判她勝訴：香菸製造者應該告知她抽菸的危險。陪審團判給她八百五十萬美元的賠償金，其中大部分是精神慰撫金——再加上，二百八十億美元的punitive damages，也就是懲罰性損害賠償。判給一人如此高的金額，美國法院還未曾有過。這個判決轟動了全世界，賠償總額是莫里斯公司當年度總營業收入的百分之三十八。

只不過一年之後，一名法官將懲罰性賠償金減爲原本金額的千分之一，也就是「尚有」兩千八百萬美元。再經過後續的訴訟程序之後，剩下一千三百八十萬美元。當二〇〇九年她的女兒收到判決的時候，貝蒂·布拉克早就過世了。在此之外，其他上億之數的損害賠償訴訟，經美國媒體揭露者，都遭遇到相同的命運：在一宗控告菸草集團的團體訴訟中，被砍掉一千四百五十億美元；另一宗控告菲利普．莫里斯公司的三十億美元被大幅減少。除了菸草產業外，另一案例是判決一名被殺害男孩的家人可以從兇手獲得一千五百億美元，但無論如何，也只具有象徵意義（因爲該凶手一文不名）。因傷害他人而負損害賠償責任之最高金額，是判給兩個成年人及四個小孩，他們因汽車結構瑕疵引發事故而被嚴重燒傷。陪審團原本判決通用汽車公司應負四十億八千萬美元的損害賠償，經上訴後，剩下十億一千萬美元（最後雙方和解，省下後續的訴訟程序，金額不明）。

儘管賠償金額最後都大幅減少：但在德國未曾有法院判給像貝蒂．布拉克的女兒那麼高額的慰撫金，或是接近之數。德國法院曾判過的最高金額，是給一名兒時因遭受重大手術錯誤而必須終生受苦的人，最高判到八十萬歐元，[1]未有高出此數額者。爲什麼？

關鍵在巨大賠償數額的名稱：punitive damages，也就是懲罰性給付，而不是損害賠償。既不是用來填補治療的費用，也不是爲了彌補現在及未來的痛苦，而是由民事法院判處的刑罰，在這方面，另有一套獨特的規範。前提要件是確認是否存在異於常態的故意違失行爲，例如莫里斯公司數十年來反科學的宣傳。

與之不同，德國的私法提供的只是損害的賠償，作爲引起損害的反制，也就是填補損害。基本的法律規範是《民法典》第二百四十九條，旨在建立一種「應負損害賠償之狀態恍若未曾發生一樣」：被損害之物的修理費用應予償還；骨折之手臂的治療費用，亦同；還有給予因疼痛之金錢賠償。除此之外，別無賠償。「懲罰及……嚇阻是刑事處罰（但不是私法）的目標……，以罰金形式流向國家」，聯邦法院曾有如上闡釋。[2]唯有以調和爲限之損害賠償，方符合比例原則。

何者較為公平正義——純粹的損害填補，抑或額外的懲罰性賠償？為了回答這個問題，我們需要更多一些資訊：在美國勝訴的損害賠償訴訟當中，只有百分之二到九判賠懲罰性賠償；而且很少達百萬之數，[3]一般都是損害賠償金額（但還是比德國高）的三到四倍。此外，美國很多州拿走可觀的懲罰性賠償金，並且轉用到其他地方，比如說提供作為救助基金，也就是沒有流向特定的被害人身上。

另方面，帶有懲罰性質之損害賠償，於德國法亦不陌生。有相當長的一段時間，損害賠償與刑罰是攜手同行，因為在近代早期之前，私法與刑法是同一件事。直到公法性質之刑法形成之後，方有所改變（詳見第十五章）。今天在德國的損害賠償法中甚至又可見懲罰的要素，[4]儘管許多人反對。

最好的例子是，侵害一般人格權之損害賠償。此項權利保護個人的生活免於國家及私人之干預，例如免於跟拍或偷拍照片的干預，如果沒有公開該照片之特殊當代利益存在者。關於受媒體嚴重侵害之情形，根據聯邦法院針對與卡洛琳（漢諾威王妃）（Caroline von Monaco）虛構訪問之裁判，雜誌社的獲益意圖被納入賠償金額高度的考量，以產生「嚇阻效應」。[5]嚇阻，也就是預防，與損害填補無關，涉及的不（只）是受害人，而是加害人。仔細以觀，美國與德國的差別並非如此之大。懲罰性賠償或許還更古老一點，也許在某些特殊的情境還是一種必要的糾謬歸正之道。

姑不問賠償金的額度，有趣的問題是，在德國罹患肺癌的老菸槍是否能夠獲得慰撫金作為損害賠償？迪特．屈恩（Dieter Kühn）於一九九九年曾經試過。

損害可能發生在契約關係之內或之外，於契約法領域，《民法典》定有特別的損害賠償規定。例如大盤商向某一電子用品店老闆保證會交付最新型的智慧手機，以供其開賣，若可歸責其事由而遲延給付，即負有賠償該電商老闆所失利益之義務。此項責任的理由是違反契約義務，於上例，違反交貨時間的保證。

在此之外，因租賃物之瑕疵所生之損害（例如修理費），或於履行契約時所生之損害（例如木工在修理臥房櫥櫃時，不小心打破床頭燈），受損害者亦得請求賠償。

但是，老菸槍與莫里斯公司之間並未簽訂任何契約，迪特·屈恩也一樣；只有在超市購買香菸時，與該超市簽訂契約；又如，酒店顧客把啤酒潑灑在酒店老闆的筆電上，就筆電來說，顧客與老闆之間也沒有契約的存在；再或者，腳踏車騎士撞斷了行人一隻手臂，情形亦同。以上事例都涉及侵權行為，《民法典》稱為不法行為法[*1]。

「故意或過失不法侵害他人之生命、身體、健康、自由、財產或其他權利者，對其所生損害負賠償之義務」。《民法典》第八百二十三條第一項定有明文，為侵權行為法之基本規範；類如刑法的構成要件，只是法律效果不是刑罰，而是損害賠償。如同犯罪行為的認定，第八百二十三條分三個層次逐一檢驗之：構成要件、違法性及有責性。若有人侵害上揭法益之一（生命、身體或其他）者，構成要件該當。所謂「其他權利」，例如前述之一般人格權。法益之侵害若無正當事由，則構成不法。例如消防員為了熄滅房屋大火而破壞花園圍籬，屬緊急避難，具有正當性，因此不必為破壞圍籬而負賠償責任。凡以故意或過失侵害他人的權利者，即屬有責性的侵權行為。例如因為突然昏倒，把他人的手機拍落掉地，造成損壞者，不具有責性。

以上所述，表面上清楚，細節則相當複雜。核心問題之一：歸責問題，簡單地說，在侵害行為與損害結果之間是否具有充分的關聯性，足以建構起損害賠償義務。因為單是損害的肇因而不夠（否則父母也可能要為生出侵權行為人而負責）。除了單純的肇因外，具體的損害結果還必須是錯誤行為可預期的結果之一。舉例來說，一名汽車駕駛人於一九三七年嚴重傷害一名行人，致其殘廢，後來在第二次世界大戰的某一次聯軍轟炸時，這名身障者因不及找到防護處所而被炸死，聯邦法院於一九五二年否定了這名駕駛人的賠償責任。[6]又如，阿恩斯貝格（Arnsberg）邦法院於二〇二〇年否定了一名男士的責任，他受友人之託，於該友人不在時管理其汽車工廠，他啓動了一個故障停用的暖氣設備——結果造成藏在該暖氣爐裡的五十四萬歐元現鈔被焚燬；理由是，他無從想到有人會把現金藏在暖氣爐裡。[7]

我們再回到菲利普．莫里斯公司與迪特．屈恩的案子。如果公司不生產香菸，屈恩就不會因爲抽菸而罹患肺癌。在因果關係上，罹患肺癌是公司生產香菸抽菸行爲的結果。對於公司來說，這項疾病是否可以預見？也就是說，該公司必須想到屈恩會罹患肺癌？這個問題，從第一份科學研究發布起：答案是肯定的。但是，屈恩是否要負自己的責任？原則上，自傷者不能令他人爲其自傷行爲的後果負責。不過，此原則僅適用於受害人能夠認知到其行爲的危險性。

這正是莫里斯公司應否對屈恩負責的關鍵之點：屈恩能夠自己認知到抽菸的危險嗎？或者香菸公司應該對他提出警告才對？漢姆（Hamm）邦高等法院於二〇〇四年就本案作出判決，一如前審的見解，抽菸的危險，包括可能成癮，於一九六〇年代即爲人所知，在法律規定之外，莫里斯公司無須對此提出警告。屈恩的訴訟被駁回。[8]或許有些人爲認爲，這不是令人滿意的結果，但對於這個問題，德國法院沒有不同的判決。

除此之外，如果不以《民法典》第八百二十三條作爲損害賠償之請求權基礎，而是依據所謂的《產品責任法》，結果亦無不同。這部法律於一九九〇年生效，規範產品製造人因產品瑕疵之責任，其特別之處在於：不問產品的相關瑕疵是否可歸責於製造人，產品製造人皆應負責。例如某一品牌的電動螺絲起子在使用時爆炸，原因出於製造過程中工廠雇員的疏忽，依據《產品責任法》規定，該電動螺絲起子的製造人不能以其已愼選工廠雇員，並善加監督，也就是無可歸責事由而免責。不過，於莫里斯案，無關歸責問題；該公司之所以不負責任，乃因不存在產品瑕疵（在未爲健康警告之形式下）。

寵物與核電廠

《民法典》侵權責任法原本的特徵是：「（非）損害之賠償（義務），而是責任」，[9]也就是說，僅出於故意或過失造成損害之人，負賠償責任。相對而言，《產品責任法》則是侵權行爲法的特別領域，一般稱危險責任，主要特徵是：產生損害之特定危險源，應予賠償，不問有無責任，即僅取決於危險的製造，而非故意或過失。最好、也是最古老的例子是我們之前提過的：六世紀《薩利克法》（早已見諸《漢摩拉比法典》）所定之動物所有人責任，這也是《民法典》唯一規定的危險責任。

動物侵害人或物者，飼主應負賠償責任——不問有無可歸責事由。僅經濟動物[*2]之管領人得以免責，如其證明該動物已受到妥善管領。其他動物的責任，較爲嚴格，目的在促使飼主採取防範措施（也因此具有一定的預防作用，屬懲罰性賠償），同時也把損害的風險加諸於動物飼主身上。[10]這是合理的，因爲寵物對受害人所生之侵害，不是一般生活的風險，而是人們自願飼養動物所生之風險。

同樣情形亦適用於其他的危險源。由於鐵路企業所生之風險並非一般生活的風險，因此一八三八年起，鐵路業者即負有危險責任（部分有所限制）。在此之後的危險責任是，能源暨輸送設施、礦場、航空器、核能電廠及特定之環境設施、車輛、醫療及基因科技等。以上領域嚴格責任之所由生，乃危險科技之運用帶來的機會與風險，並未在社會中被公平地分配。[11]

臚列上述事項，也許有人注意到這些領域大部分都有強制保險。擁有汽車、養有寵物（或經營一座核電廠）的人，都知道這點。這是有規劃的，因爲在損害賠償之事件中，常因動物飼主或汽車所有人財產有限而求償無門。強制保險的結果是，從經濟的觀點來說，危險責任轉換成爲加害人替受害人的保險義務，但強制保險同樣也保護加害人，也就是免於破產。

由此延伸出另一主題，非僅止於侵權行爲法，而涉及整個私法，它摧毀了許多的人事物，讓國家墮入深淵，造成朋友反目成仇，拖垮無數的家庭，促致謀殺、自殺，乃至於引發戰爭，接下來要談的是債務。

◆本章譯註

*1 原文：das Recht der unerlaubten Handlungen。

*2 原文：Nutztier，英文：working animal或farm animal。

第十二章 債與債務：強制執行法

一九八六年，伊克巴勒．馬西（Iqbal Masih）四歲，開始在拉哈爾（Lahore，位於巴基斯坦）附近的一家地毯工廠工作。[1]一天工作十二小時，一週六天。他被體罰、吃食很少，長期被固定在作業的紡織椅上，沒有接受教育，身體成長遲緩。

伊克巴勒是一名抵債奴*1。在此之前，他的家庭爲了置辦家中長子的婚禮，向工廠老闆借了六百盧比（相當於四十美元）。伊克巴勒必須抵債，包括不定數額的利息、作業工具及餐點的費用。第一年他以「學徒」身分無償工作，後來最先一天拿到一盧比，最後是二十盧比；不准跟其他小朋友說話；如果在織布時犯了錯，不是罰錢，就是被打。這當中，他徹底貧窮的家庭還繼續借錢，債務增加到二十倍之多。

伊克巴勒多次嘗試脫逃，但都以失敗告終，一再地被抓回到地毯工廠。一九九二年，巴基斯坦國會立法廢除了抵債奴制度，但對許多人來說，實際上沒什麼改變。不過，伊克巴勒在抵債勞工解放戰線（Bonded Labor Liberation Front）組織的支援下，成功地擺脫他原本的命運。得到解放之後，他起而抗爭抵債奴制度，並且幫助數以千名與他有相同遭遇的兒童重獲自由。

一九九五年，伊克巴勒遭到槍殺，犯行尚未釐清。此後，巴基斯坦的情況並沒有得到根本性的改善。根據《二〇一八年全球奴役指數》（Global Slavery Index）與自由穿行基金會報告，這個國家還有超過三百萬人過著勞動償債的生活。

悠古弦音

大約是伊克巴勒去世前的三千五百多年，在他的家鄉出現了所謂《吠陀》（*Veden*）的首卷，它是宗教文本的合集，所載內容過去數千年來只靠口耳相傳，傳頌者負有一字不差複誦的宗教義務，因此儘管西元前三世紀才開始文字化，這部文集仍是探索原創者語言及其文化的獨一無二泉源。

《吠陀》最古老的一卷是《梨俱吠陀》（*Rigveda*），內含超過一千首的讚歌，部分在今天還是印度教的儀式。讚歌中一再地提到金錢債務，例如賭徒的債務及其家人的不幸，但也有提及獻祭神靈的犧牲者。債務或債是否指涉一種罪，並不清楚[2]（如同在德國，我們把成語「有東西記在在符木上[*2]」引申寓有犯罪行爲的意涵，儘管符木——也就是上面有刻痕的木塊，一剖爲二，由債務人與債權人各持一半，各自保存——截至十八世紀之交只用來比對核算貨品交付、勞務給付及債務[*3]）。

債的觀念在晚近的印度哲學中衍生成爲一種觀念，人一出生即背有三種債：欠神靈的債，要靠犧牲來還；欠師輩的債，要靠研讀《吠陀》來還；人之所以必須自己生小孩，因爲那是欠祖先的債。[3]其中一種接近基督教的原罪，也就是亞當與夏娃在樂園裡種下的罪，後世每個人都要爲此罪惡而承擔。大衛・格雷伯（David Graeber）將此種關聯性在《債》[*4]一書中做了非常精彩的闡釋。[4]

從印度次大陸[*5]的角度來說，吠陀宗教是從外輸入，來自原始印歐部族[*6]，據說可能是在西元前三世紀後葉、四世紀初葉，從黑海及裏海北方地區（根據來自此二海間地區的一項新理論）[5]遷移到東方。同一民族的搖籃，大約在數百年前另有一批族人遷移到西方。這批早期民族遷徙運動將其語言及文化帶到歐洲，並且影響形塑了此地的民族，之後被稱爲斯拉夫人、日耳曼人及義大利人。

除了大部分的歐洲及印度—伊朗語族有其共同的來源有跡可證外，古代印歐的神話（羅馬、希臘、日耳曼族、印度族）亦多有相似之處，也就是有共同的根源，如同在其他語言學分析所示。例如所有民族的神祇都有類似的角色——都有一尊居中的天神——民族誕生的神話異曲同工，英雄及其他故事，包括故事裡出現的怪獸，亦復如是。奉獻給神祇的犧牲意義崇高，[6]最後這項要素又再度彰顯出債的意義：以犧牲來向神祇償付債務，或成爲神祇自己的債務，也就是由神祇把債務承擔下來。有人認爲，是早期原始印歐神話學最佳（因爲最古老）的明證，這些神話的基本特徵在所有印歐部族的神話中流傳下來。[7]

不管債的意義與債的處理是否眞的能夠追溯至共同先人的觀念——抵債奴制度在德國如同在印度次大陸一樣，確實存在相當長的一段時間。塔西佗，羅馬歷史學家，於《日耳曼尼亞志》（西元九十八年）早有記載，日耳曼的骰子玩家們（Würfelspieler）在輸掉所有財產之後，最後一擲如果還是失手，即自願充當抵債奴。對這些玩家來說，這是一種榮譽義務，塔西佗如此描述。至於抵債奴在經過一段時間之後擺脫其義務，則無跡證可尋。

相對來說，古巴比倫人比較寬鬆——如果吾人相信《漢摩拉比法典》的話。依據該法典第一百十七條，債務人雖然可以賣掉其家人或讓家人服勞務抵債，但三年之後就必須恢復其自由身。根據舊約聖經，所有的子民每七年應讓其所有債務被免除（外國人不在此限，Dtn 15.1-3*7）。[8]古代羅馬時代有無此類赦免，無可考證。[9]

抵債奴制度可追溯至中世紀時期之今日德國地區，但在其全面廢除之前即已相當程度漸次式微，原因是行業的逐步專業化，特別是在城市地區：不是任何人可以做任何事，只有極少數的債務人得單純服勞務以結清其債務。[10]

取代抵債奴制度的是抵債監[*8]，最初是在債權人的處所執行，後改於專設的牢獄如「抵債塔」[*9]裡坐監，長則逾十幾年之久，直到當事人的家人清償債務爲止。英國作家查爾斯・狄更斯（Charles Dickens），於一八二四年就曾跟他的父親一起被關在債務人牢房，日後在他的著作裡多次提及抵債監，以資緬懷。此種作法迄至十九世紀才被禁止；最後的抵債監運作是在一八六四年的柏林——一八七一年全面關閉。自此之後，關於金錢債務之執行，僅能對債務人之財產爲之，也就是說，只能以財產抵償債務，而不能以人身抵債。

債務的發生與消滅

債務的發生有兩種可能：依據法律或基於法律行爲。最重要的一種法律上債之關係，於前一章已提過，即基於侵權行爲所生之損害賠償；法律行爲所生之債之關係，最常見的是透過合意：於買賣契約，一方應移轉物之所有權、另一方應給付價金；於借貸契約，一方應給予他人金錢，他方負有加計利息之返還義務，諸如此類。

債務得因不同方式而消滅，最常見（且理想）的方式是債務之清償。買受人之債務經由價金給付而消滅，出賣人之債務經由移轉買受物之所有權而消滅。於通常的交易中，另一種履行債務的替代方式，抵銷。此一制度於中世紀時期即廣被運用，即：二人互負債務，而其給付種類相同（多半是金錢）者，互爲抵銷。比如說，有人欠出賣人一千歐元，但因其他原因得向出賣人請求八百歐元，兩相互抵，一方只需再給付出賣人二百歐元。此外，債務也可以經由免除而消滅，但此種情形依債之本質甚少發生。

常見的他種情形是，雙方締結和解契約，債權人同意減少債務履行的給付。可能的情形是，對於是否負有債務或債務金額高低有所爭執——例如車禍事故發生後——或者債務人無力償還全部債務時。在德國區法院的爭訟事件中（原則上，訴訟標的金額在五千歐元以下者），二〇一九年約有超過八分之一的事件非以判決終結，而是透過和解；於邦法院（涉及訴訟標的金額較高之事件），大約是四分之一。[11]在國外，例如美國，和解率明顯更高（具可信估計，約占三分之二）。[12]

債務如果未能清償或未獲和解，將會大幅累增。二〇一九年，德國約有四百萬人過度負債。[13]最常見的原因（一直總是、已有多年）是失業；伴侶或配偶的分居、離婚或死亡；生病、上癮或發生事故。[14]鉅額債務中，以租金、能源供應支出、保險費、電信通訊費及消費借貸等爲大宗。[15]

無力清償之債務，其清理唯有透過破產制度。理論上，此種重新出發的法制早已存在，但眞正有效運作則起自一九九九年，也就是消費者債務清理法制引進之後。這是一套爲所有人設計的特別破產程序[*10]，適用對象是非從事營業活動或從事小規模營業活動的自然人。當債務人無法與債權人就債務清理達成協議時，即由清算管理人進行債務清理，標的物包括債務人之所有動產、不動產、存款及企業股份等；但強制執行不得扣押之物除外（詳後）。

二〇一九年，德國約有六萬人開啓債務清理程序，[16]大部分都因此而免除債務，也就是免除剩餘債務，前提要件是，債務人在其財產經過清理之後，必須通過一段所謂正常生活期間的考驗。此一期間於二〇二〇年底修法後只要清理程序後三年（在此之前是六年），並且遵守所謂一定的義務，特別是債務人必須就業工作（或努力求職）、提交繼承或贈與所得之半數給信託人，並且定期誠實申報其收入與財產。債務人符合上述義務（或更多）者，清理法院得裁定免除其剩餘債務，也就是說，債權人不得再公開向債務人求償。

在理想世界裡，原本不該走到過度負債的地步。對當事人及其家庭來說，債務清理程序是一項嚴苛的考驗。但是經過三年之後獲得債務免除的可能性，比起數十年甚至終其一生承受令人窒息的債務負擔來說，確實是一項重大的進步。此種重生的可能性尤其清楚地彰顯出，國家如何在債權人與債務人之間扮演保護的角色。若非如此，後果難料！

從騎士到布穀鳥

私鬥，也就是私人之間爲了貫徹權利主張的鬥爭，在中世紀時期司空見慣。由於欠缺可靠的國家權力獨占機制，貴族及領主們必須自力追討積欠的債務或爭取繼承而來的權利，或者向損其名譽者追究罪愆。絕大多數的結果是——經常如此——平民受難：爲了滿足債權人的要求，騎士們在渠等委託之下擄掠蹂躪其仇敵轄下的老百姓。

私鬥遵循固定成規，特別是一二三五年定下的《緬茵茲帝國和平法》[*11]：須在三天前預告，以給予對方應變的機會；不得傷及非「武裝」人員；於特定的禮拜日禁止武裝私鬥；特定的事物，如教堂、磨坊或農具等，「置於和平之下（譯按：不得破壞）」。

儘管有這些規則，私鬥仍有諸多弊害：昂貴、通常是殘酷，偶而會質變成爲戰爭，經常會傷及無辜或誤擊，無法保證結果的正義性。因此，經常有所謂新和約的頒訂，禁止私鬥，並且導引債權人向法院提出訴訟，最重要且至終的法制是一四九五年的《帝國永久和平法》[*12]。儘管如此，幾十年之後，人們又開始私鬥，終而促使國家權力獨占的建立。只不過有相當長的一段時間，債權人在法院強制執行其請求時，仍然扮演核心的主導角色。

於此期間存有一套相當複雜的強制執行法制，爲民事訴訟法的一部分，明定國家執行私人請求權之程序。不同於前述債務清除程序，強制執行涉及的是一筆債權，相對人是拒不履行的債務人，未必過度負債。這下緊張了，不只是債務人，還有國家自己。唯執行的是合法債權，又不至於損及債務人的尊嚴，國家方得遂行這項任務。

強制執行最常見的啓動點是：法院的判決。這類判決的主文，簡化表述，例如：「被告應給付原告一千零四十八點二二歐元。」被告如不給付判決所示的金額，原告也就是債權人即得聲請強制執行——於法院簽製判決繕本後——，再委由法院執行員行之；強制執行措施的實施，唯有執行員方得爲之。

原則上，債務人的所有財產均可供債權人強制執行。不過，債權的數額若不高，典型的程序不是立即將不動產拍賣取償，執行員通常會先搜查債務人的住居所；債務人不同意者，須有法院出具之搜索令，必要時，執行員得使用強制力，並請求警察協助。比較簡單的方式是，執行員發現債務人有現金或珠寶首飾時，即時占有之；如有大件財產，像是掛畫或沙發等，則貼上封條，俗稱「布穀鳥」，因爲在普魯士時期，封條上印有帝國鷹的紋飾。接下來的程序是，執行員就占有或查封的物品進行取償，例如（並非總是）透過強制拍賣程序。

於強制執行程序中，如何保護債務人極其重要，有強制執行，即有債務人保護，其歷史比起國家的存在還要悠久。舊約聖經早就載有抵債奴的限制，已見前述，同處亦可見以下規則：債權人「不（得）查封手磨器與石臼；因爲扣押的是人命」（Dtn 24.6）[*13]。這項權利在過去的數百年來逐漸擴增，遠大於此。

一七九四年普魯士邦國之一般訴訟法雖然包含相當有限的保護規定，特別是爲了維持公務員及官吏功能的限制規定。但是自十九世紀中葉起，基於社會政策的考量，保護性規定適用對象擴及到一般居民。當其時，廢除的還有前述的抵債監。

依一八七七年生效施行之《民事訴訟法》，所有屬於個人或家計必需之物，例如衣物及廚具，不得查封，此等規定直至今日[*14]。在此之外，職業所必需之物，例如小提琴之於提琴家、法袍之於律師，諸如此類，還有共同生活之親屬所必需之給養工具，於足夠的範圍內，亦不得查封；不僅如此，法律還規定要留給債務人——顯然這是歷史餘緒——一頭乳牛，或者依其選擇，「不要乳牛，而是兩隻豬、兩隻山羊或兩隻綿羊，如果這些動物對於生活給養……有其必要者」（農業經營受到特別的保護）。受保護者，還有債務人對於其雇主之部分工資請求權，如果執行法院（不是執行員）裁定查封，以供債權人取償者——這是有可能的。換言之，部分的工資無論如何都要留給債務人。一九四九年，於慕尼黑有一隻名叫「Lumpi」的臘腸犬被拍賣，結果得靠《南德日報》上的連署才加以阻止[*15]。此後，法律新增了寵物不得查封的規定（僅特別名貴的寵物，不在此限）。

債務人保護規定及其法院之適用，持續地發揮有利於債務人的功能，以致於今日不再有人因受強制執行而被強取其所必需之物——當然，重要之物仍不能免，而且即使債權人未必是經濟上之強勢者（試想一下詐欺的受害人）。除了生活最低底線的確保與營業能力的維繫外，高度屬人性之生活領域亦受到保護，並且確保債務人的財產不會被盤剝殆盡。

債務人如果可能長期處在不受查封保護的生活水平時，尚有前述擺脫債務之可能性，也就是申請債務清理程序，以免除剩餘債務。

時至今日，人們不再因背債而淪爲抵債奴或被關進監牢，也不會被查封到無以立錐之地，或不必永遠處在沉重的債務底下；枯燥無味的債務清理法及異常單調的強制執行法，實現了《基本法》對國家的神聖付託，尊重並保護每個人——包括債務人——的尊嚴。透過上述方式將債權人與債務人之間的爭議予以現代化，是國家最重要的義務之一，也是我們需要國家的理由所在。

在其他領域，我們或許覺得國家的規範不是那麼理所當然，比如說家庭生活。只不過在此等領域，法律還是無所不在，而且少不了它。

至少現在您也許已經意識到，在無知之幕底下，您需要多思考一下，而不是被規劃；要定義一個好的法律，人民與國家之間的關係似乎相對簡單，在私人之間，則明顯困難得多，如剛剛強制執行法所展現的。

現在或可再次簡單一點，比如說，在親屬法。於此領域，正義主要是排除歧視，其他幾乎都順理成章，至少在理論上。

◆本章譯註

*1 原文：Schuldknecht，英文：Debt bondage。

*2 原文：etwas auf dem Kerbholz haben。

*3 中國古籍《周禮・地官司徒・質人》：「掌稽市之書契，同其度量，壹其淳制。」其中「書契」，依鄭玄注：「書契，取予市物之券也。其券之象，書兩札，刻其側。」也就是在竹簡（札）刻齒，雙方各執其一，以為核驗憑證，作法亦同。

*4 英文書名：*Debt: The First 5000 Years*，二〇一一年出版，中譯本：《債的歷史：從文明的初始到全球負債時代》（二〇一三年），羅育興、林曉欽譯，商周出版。

*5 原文：Subkontinent，英文：Subcontinents。

*6 原文：proto-indoeuropäische Stämme，英文：indoeuropean tribes。

*7 Dtn，為*Deuteronomium*的縮寫，即《申命記》，此段內容為第十五章第一節至第三節，參見：https://www.uibk.ac.at/theol/leseraum/bibel/dtn15.html

*8 原文：Schuldhaft，英文：debtor's prison。

*9 原文：Schuldtürm。

*10 相當於我國《消費者債務清理條例》相關規定。

*11 原文：Mainzer Landfrieden，係神聖羅馬帝國皇帝腓特烈二世（Friedrich II）於一二三五年八月十五日在位於緬因茲（Mainz）的帝國議會上所頒布，共計二十九條，適用至一八〇六年神聖羅馬帝國覆滅止，為德意志地區具憲法位階的成文法規範。Landfrieden（國土和平）一詞的拉丁文是：constitutio pacis（和平憲章），意指中世紀時期各領主放棄使用武力的一種協定，為領主放棄私鬥及建立國家權力獨占的重要法制發展機制。參見：Arno Buschmann, Der Mainzer Reichslandfriede von 1235. Anfänge einer geschriebenen Verfassung im Heiligen Römischen Reich. JuS 1991, 453 ff.; André Holenstein, Landfrieden. Historisches Lexikon der Schweiz. 20. Mai 2010, https://hls-dhs-dss.ch/de/articles/008951/2010-05-20/

*12 原文：Ewiger Landfrieden，係神聖羅馬帝國皇帝馬克西米連一世（Maximilian I）於一四九五年八月七日

在位於沃姆斯（Worms）的帝國議會上所頒布，共計十二條。其最重要的意義是揭櫫「國家權力獨占」（Gewaltmonopol des Staates）的意旨，例如第一條規定：「所有私鬥一律廢除（Alle bestehenden Fehden werden aufgehoben.）。」參見：Mattias G. Fischer, Reichsreform und “Ewiger Landfrieden”. Über die Entwicklung des Fehderechts im 15. Jahrhundert bis zum absoluten Fehdeverbot von 1495, 2007.

*13 原文：Man darf nicht die Handmühle oder den oberen Mühlstein als Pfand nehmen; denn dann nimmt man das Leben selbst als Pfand。

*14 我國亦有類似規定，例如《強制執行法》第五十三條第一項：「左列之物不得查封：一、債務人及其共同生活之親屬所必需之衣服、寢具及其他物品。二、債務人及其共同生活之親屬職業上或教育上所必需之器具、物品。三、債務人所受或繼承之勳章及其他表彰榮譽之物品。四、遺像、牌位、墓碑及其他祭祀、禮拜所用之物。五、未與土地分離之天然孳息不能於一個月內收穫者。六、尚未發表之發明或著作。七、附於建築物或其他工作物，而為防止災害或確保安全，依法令規定應設備之機械或器具、避難器具及其他物品。」

*15 參見：THOMAS DEHLER, Das ist nicht Vati, 18.08.1953, 13.00 Uhr ・ aus DER SPIEGEL 34/1953, https://www.spiegel.de/politik/das-ist-nicht-vati-a-93695a52-0002-0001-0000-000025657376

第十三章　家庭：親屬法

如果人類只有一種人與人的連結，早於法律而存在，且全然獨立於法律之外運作，過去如此，於今猶是，那就是家庭的連結。作爲核心家庭之當今意義下的家庭概念——由父母及子女組成——是近代的產物。在此之前，男人會說這是（我的）「妻和子」（Weib und Kind），一般則以「家」（Haus）來指稱家庭。拉丁字源familia，則包含僕役在內，也就是整體的家計。

一直以來，除了婚生子女外，非婚生子女也是屬於家庭的一分子。過去，婦女生產時的死亡率相當高，男性也經常於幼年時夭折，以致於生活在同一屋頂下的一家子裡，常常包含一半或甚至全部來自前婚姻關係的孤兒。在早期社會中，「不同妻子所生的兒子……對於同一父親享有相同的繼承權」。[1]不過，十三世紀以降，婚姻從任意性演變成爲一種義務——教會長期抗爭的結果——此後，未婚生子遂成爲社會污點，父親與其子女之間的生物連結反而趨於淡薄，儘管因時因地而有不同：非婚生子女與父母之間的法律上親屬關係，受到質疑者，多半是父親一方，但有時候也包括母親；非婚生子女，時則被賦予部分的繼承權，時則全然被否定；部分地區，非婚生子女可以從其父親獲得撫養費，於部分地區則一無所獲。[2]非婚生者，在城市不得從事手工業或擔任高階公務員，迄至近代爲止；[3]於多數地區不得擔任參審員，部分地區不得取得不動產所有權，或不得從鄉鎮的森林裡取得木材。[4]

以上種種或更多，於過去影響的不僅是個人，據估計，其數約有百分之五，不包括甫出生即被弒害者。多數非婚生兒童被送到孤兒院，部分後來被留在修道院，特別是非婚生之女。[5]非婚生者常被冠以綽號，在時間的流裡，多半帶有負面意涵：雜種、畜生、私生子、木球瓶（Kegel，後者仍見諸成語「小孩與保齡球」[*1]）。不過，非婚生者中也有素孚眾望者，例如，十五、十六世紀的重要學者鹿特丹的伊拉斯謨（Erasmus von Rotterdam）。

即使在十九世紀，乃至於進入二十世紀，非婚生子女仍然受到歧視。一九〇〇年《民法典》的起草者在針對第二版草案的一份附帶註釋中，毫不諱言地坦承：「關於非婚生子女之法律關係的規範，本草案的出發點是，……唯有透過婚姻的固定連結，並在此基礎之下建立的家庭關係，方足以確保」親屬法中義務與權利之「履行（與）行使」。[6]因此，依據第一千五百八十九條規定，除經生父認領者外，「非婚生」子女推定非屬其父之親屬；即使經認領，被認領者之繼承權相對於婚生子女，亦受有限制；未經認領者，則毫無繼承請求權。不過，非婚生子女對生父享有之扶養請求權，於其父死亡後，仍得對其父之繼承人請求之。

維也納法學教授安東．孟葛痛批這些規定：（譯按：他表示）婚姻外的子女雖只有百分之九被生了下來，但「如此重要的問題……（譯按：卻只）在十一個條文中規定」，反觀遺失物法，「儘管其在整體法制度中之重要性微乎其微，德國法草案中竟有不下十九個條文規範之，猛然一看，似乎是因為有錢人常常遺失貴重物品的緣故。」[7]只不過，婚生與非婚生子女根本就不應該有所區分，孟葛教授當時還無此想法。

一九一九年，《威瑪帝國憲法》要求非婚生子女與婚生子女的平等地位，但當事人的命運並未因此而有所改善。一九四九年，《基本法》第六條與其前身規定之字句近乎相同：「對於非婚生子女，應透過立法創設其身體暨精神發展及其社會地位與婚生子女相同之條件。」顯然，國會也不認為這是必須改變實際情況之一種憲法要求，以致於有相當長的時日，在繼承及扶養法律中充斥著大量的歧視——甚至在公共領域，亦不遑多讓：一九六一年，聯邦眾議員競選期間，艾德諾一再地稱呼其對手威利・布蘭特爲「布蘭特先生，別名弗拉姆（Frahm）」，當時被認爲是對布蘭特之非婚生出身的鄙俗揶揄（Frahm是布蘭特母親的姓，布蘭特於一九三三年從德國出逃時棄用了這個姓氏，化名爲「戰鬥呼號[*2]」）。[8]也因此，如同女男平權問題一樣，終究得靠聯邦憲法法院才有辦法讓聯邦眾議院抬腳起步——在《基本法》生效的二十年後。

緣於一名非婚生女孩向其生父的遺孀請求繼續給付扶養費，該遺孀不同意，主張女孩當時領取的孤兒年金，已足夠生活。案經訴訟，遺孀於區法院及邦法院均獲得勝訴判決，女孩向聯邦憲法法院提起憲法訴願，主張其身爲非婚生子女已因無繼承權而受到歧視，於今又無扶養請求權，對其受歧視之情況猶如雪上加霜。在此之前，聯邦憲法法院認爲《基本法》第六條只要求立法者爲合於非婚生子女利益之法律修改；於本案中，憲法法院則將此憲法要求予以貫徹，其謂：「單純僅因『出生的標記』而歧視特定之族群，長遠來說，與平等及人格自由發展之基本權保障意旨有所不符」。（譯按：法院宣告）在該立法會期結束之前（即幾個月之內），聯邦眾議院應有所行動：否則憲法法院即須自行履行《基本法》的許諾。在此修法期限之外，聯邦憲法法院判決女孩的憲法訴訟有理由。[9]

同年（譯按：一九六九年），聯邦眾議院終於踐履了憲法委託，通過了一系列改革法案，於一九七〇年生效。自此之後，法律規定，生父與（譯按：非婚生）子女之間亦是親屬關係，該子女可以較易於行使撫養請求權；雖未享有完全的繼承權，但取得繼承替代請求權[*3]，亦即非婚生子女雖非屬繼承公同共有關係之成員，但經濟上之地位與婚生子女同等。立法者同時將「非合法（子女）」（unehelich）的概念改爲

「非婚生（子女）」（nichtehelich）。一九九八年，再有一波的改革，立法者刪除了上述概念，今天所有的子女一律稱爲：子女，繼承權毫無差別；子女照顧及教養權的規定也同步現代化（數年後，又有更進一步的改革）。

如此之結果說不上是一項法成就，充其量只是重建長期被法律切斷的父母子女連結。「（親屬法）可以促進家庭的發展，也可能阻礙之；（親屬法）可能比諸家庭實際生活落伍，也可能走在家庭實際生活的前頭」，一份於一九九五年提交給聯邦政府的專家報告如此地剴切闡述。[10]這點在非婚生子女與婚生子女之間平等地位的角力上，表露無遺。

女性配偶

與非婚生子女的悲慘命運緊密相關的是，女性相對於男性所處的不利地位：（譯按：德國）婦女在一九一八年之前不得參與選舉，相當長的一段時間不能獨立簽訂特定的契約、墮胎會被處以刑罰（部分直到今天依然如此），在婚姻關係中的地位尤處劣勢。一九〇〇年《民法典》親屬編「完全是父權主義下的產物」，前引專家報告如是評價。

上述基調於一八九六年《民法典》第二版草案出爐時即已確定。女性法學者安妮塔・奧格斯普（Anita Augspung）爲此組織抗議行動，並在全國婦女協會多次演說中疾呼：這部草案阻塞了「妳們得以復甦的動脈、（斷絕了）妳們發揮創造力並過著純正中產階級生活的所有可能性」。[11]她說得對，因爲依照草案，丈夫決定住所；妻及子女從夫姓；夫對共同子女獨享教養權（包括撫育），以及享有法定代理權；夫可以管理及使用妻及子女的財產，反之，妻只有「主持全部家計的權利與義務」。

但是，奧格斯普發起抗爭《民法典》親屬編規定之「婦女兵團」以失敗告終，草案規定全數成爲法律。《民法典》通過後，激起許多女性行動者著手起草婚姻模範契約，藉以保護婦女締結婚約時免於受到欺矇。一九〇五年，奧格斯普甚至發起杯葛婚姻運動，因爲法律讓一個「尊重自己的婦女」無可能走入一個正當的婚姻中。

一切徒勞無功！在德意志帝國時代的最後幾年間、第一次世界大戰期間、威瑪共和國期間、納粹期間、二戰期間，以及戰後期間，婦女在家庭裡的地位幾無任何的改善。直到《平權法》——聯邦眾議院基於一九五三年聯邦憲法法院之警告而制定[12]——才自一九五八年起調整婦女在婚姻與家庭中的角色分配，但仍未全面廢除。例如依《民法典》第一三五六條規定，妻「得」就家計「自主地」處理（也就是不用聽從夫的指令），並且有權工作就業，「如該工作與其婚姻及家庭中之義務相符者」。如果夫認爲該工作與妻之婚姻及家庭義務不相符者，得向家事法院提起訴訟，理論上法院得撤銷該工作契約（實務上是否眞如此，不得而知）。至於子女的教養，夫繼續保有決定權。

相對於上，比較重要的進步是，在同一次修法時新增的婚姻中夫妻共同財產制[*4]，規定婚姻中財產之歸屬，適用至今。在此制度之下，婚姻中之夫妻財產是分別所有，也就是夫妻各自取得的財產各歸所有。但是在離婚時，婚後夫妻各自增加的財產加總後，夫妻各取一半。這樣的規定旨在保護「家庭主婦」，她在婚姻中並無自己的收入。

另一個里程碑是，一九七七年生效的《婚姻改革法》，建立了離婚法上之破裂原則（伊莉莎白・塞爾伯特之前即有此主張）：自此之後，只要婚姻破裂，即可離婚。有以下情形之一者，推定婚姻破裂，夫妻分居超過一年且雙方均有離婚意願，或者分居超過兩年（一方有離婚意願，即爲已足）。在此之前，離婚適用歸責原則：[13]夫妻之一方因可歸責其事由而違反婚姻之義務者，他方始得請求離婚。此項原則讓離婚大不易，而且如果可「歸責」者是妻之一方，她多半無贍養請求權。新的離婚法排除這項弊端，據此規定[*5]，僅夫妻之一方有需求時，方享有贍養請求權，此項原則適用至今。[14]

與此同時，東德在男女平權方面的努力，明顯較具目的取向，[15]特別是透過婦女就業整合計畫：在過去幾年（譯按：一九八〇年代），東德婦女之淨收入所得，約占所有家庭生計的百分之四十，西德則僅占百分之十八。[16]這點雖不至於促成家事的平均分配，卻可以讓東德婦女於婚姻中的經濟獨立性大於西德。在離婚法方面，東德於一九六六年即開始適用破裂原則。同一時期，親屬法廢止了婚生與非婚生子女的區別規定，於繼承法中之廢止，則是在一九七六年。

儘管法律規定進步了，但直到今天，兩性並不是方方面面皆是平等，最明顯可見的是，薪資收入上的差距：二〇二〇年，女性的工作所得平均比男性少百分之十八（德東地區，僅百分之六），其中有三分之一可直接歸因於歧視，[17]卻無法直接歸咎於今天的法律。另方面，截至目前爲止，只有相當有限的方法可以弭平兩性收入差距，[18]比如說，透過稅法中之夫妻分開計稅[*6]——相當有助於男女收入不平等問題的改善——特別是有利於單薪家庭，若著眼於男女收入上的差距，則受惠的主要是「夫有收入之單薪家庭」。

結婚或不婚

非婚生子女帶著社會烙印的根本原因是，婚姻被過度強調是伴侶關係的唯一合法形式。非婚生子女爲其父母婚外之產出，而長期備受來自社會的懲罰。尤有甚者，於十七及十八世紀，有情人未必成眷屬，只有在嚴苛的條件之下，方有可能結為連理，因地而異、千奇百怪。

結婚雙方當事人，有些必須證明其有一定的財產及教育程度；軍人及公務員須經過上級長官的批准；農奴要徵得主人的同意；有些地方的結婚，甚至均須由官方證婚賜福。而足以構成結婚之障礙者，諸如雙方年齡差距過大、結婚雙方曾是通姦的對象、前夫或前妻過世的時間過短，教父與教女之間的結婚無效或被禁止等等。還有，猶太人的婚姻適用配額制，以便控制生育數。[19]

在為數眾多的婚姻障礙中，有一種禁令甚至沿用到二十世紀：即所謂的性關係共同體[*7]，據此規定：二人之一方曾與他方之父母或子女曾有性關係者，不得結婚。這項因宗教因素之禁令，於十九及二十世紀的婚姻法中，歷經了一段變化多端的歷史。一九三八年被廢除，一九四六年又恢復，但當事人可以聲請例外許可[*8]。

一九六九年，有一位少女想要和她母親的前伴侶結婚，聲請例外許可被拒。第二審的邦法院拒絕其聲請的理由之一是，該夫之人格與該妻之人格無法為和諧且長久婚姻提供保證。受理上訴之邦高等法院雖然不採二審法院的見解，但基於善良風俗之理由認為系爭禁止合法。於是該女向聯邦憲法法院提起憲法訴願——憲法法院宣告性共同體之婚姻限制規定失其效力，理由是：該禁止不符合一般對婚姻本質之向來理解，並非毫無間斷地持續適用；且在德國之外，聞所未聞。更甚者，在實體上法院也找不出支持該項禁止的「合理理由」。[20]

立法者與法院在降低結婚與離婚的門檻之同時，婚姻卻失去了吸引力。一九五〇年，一千位的居民當中有十一對結婚，一九七〇年還有七點四對，二〇〇六年及二〇〇七年則各只有四點五對（目前的新低），之後則介於五對之間。[21]相對於此，非婚姻之生活伴侶關係的比例則逐步攀升。於一九九〇年間在德西尚有百分之九十的小孩是由已婚母親所生（德東：百分之六十五），於二〇一九年只有百分之七十一，德東甚至掉到百分之四十四。[22]

儘管如此，婚姻依舊熱絡如常。二〇一九年，有超過四十一萬六千對新人結婚，其中包含數千對之非異性婚姻。除了宗教的、市民的及浪漫的生活伴侶觀之外，還有一籮筐法律上的理由。婚姻基本上不外就是一種契約，不過考量其重要性，必須親自在戶政事務所簽訂，僅能在特定的條件下才能解約。如同任何的契約，婚姻有一大串的法律效果。不過，比起非婚姻伴侶以契約或遺囑所能約定者，婚姻的義務要多得多：夫妻互負的義務有，互助義務（例如於生病時，或發生意外之後）、告知義務（例如關於財產之移轉）或扶養義務（包括結束婚姻關係之後）等；在此之外，夫妻還享有稅法上及社會保險上之特別優惠，例如前述之夫妻分開計稅、贈與及贈與之免稅額，健康保險加保之免繳保費，以及遺屬年金之請求權等。

除上之外，配偶（包括訂有婚約者）之一方知悉他方預謀犯罪而未舉發，或於他方犯罪後幫助其逃亡者，不受刑事處罰；配偶一方於法庭上之證詞，如可能致他方負刑事或違反社會秩序罰之責任者，得拒絕證言。婚姻於繼承法上之法律效果有：配偶與血親享有同等之應繼分，且繼承順位優先於部分的血親（隨後細說）。

婚姻有如此多的好處，從法律上來說，照理今天每個人都應該可以結婚才對。今天可能干預結婚自由者，「唯有」家庭（家族），例如有些皇室家族仍以繼承契約限制結婚自由。以下（譯按：第十四章）一宗有關霍亨索倫王朝（Hohenzollern）家族的錯綜複雜故事，足爲範例。

◆本章譯註

[*1] 原文：Kind und Kegel，Kegel為立體木錐之意，指以木球擊倒排在球道終端木製球瓶的運動，為德國傳統的遊戲，類似今日的保齡球運動，於此意指非婚生子女，引申為婚生與非婚生子女的權利義務相同。

[*2] 原文：Kampfnamen，英文：military call signs或callsigns，法文Nom de guerre，指基於軍事或政治工作需要所使用的假名。

[*3] 原文：Erbersatzanspruch。此一權利為非婚生子女對於其生父之事有繼承請求權，原規定於《民法典》第一千九百三十四a條，現已刪除。

[*4] 原文：Zugewinngemeinschaft，規定於《民法典》第一千三百六十三條。夫妻共同財產制不僅涉及夫妻間財產的歸屬，並且影響稅捐的課徵，參見：《遺產及贈與稅法》（Erbschaftsteuer- und Schenkungsteuergesetz, ErbStG）第五條。另參：Paul Richard Gottschalk, in: Troll/Gebel/Jülicher/Gottschalk, ErbStG, Werkstand: 68. EL März 2024, § 5 Rn. 58-65.

[*5] 《民法典》第一千五百七十條規定：「離婚夫妻之一方得向他方請求贍養費，如該方因照顧或教養其共同之子女無可期待其就業者。」後修正為：「離婚夫妻之一方得向他方請求因照顧或教養其共同子女出生後至少三年之贍養費。於符合衡平之範圍內，該贍養費請求權之期間得延長之。於此應審酌子女利益及子女照養之現時可能性。」

[*6] 原文：Ehegattensplitting。

[*7] 原文：Geschlechtsgemeinschaft。

[*8] 《婚姻法》第四條第二項：「婚姻當事人之一方與他方之父母、祖父母或子女曾有性關係者，不得結婚。」參見：BVerfG, Verfassungswidrigkeit des Eheverbots der Geschlechtsgemeinschaft, NJW 1974, 545 = BVerfGE 36, 146.

第十四章　繼承與被繼承：繼承法

「恣意妄為且歷史失憶」，一位左派女政治人物如此點評這樣的訴求，[1]一名媒體人直指「這是對共和國的羞辱」，[2]對一名歷史學者來說，簡直「無以言表」。[3]一名戲劇顧問從這齣戲碼中甚至窺見了一個「黑幫家族」，他寫道：「數千年以來，用戰爭、裙帶經濟還有各種災禍，讓整個中歐歷史為之蒙難」，如今竟敢訴請「返還其犯罪所得之財富」。[4]這裡說的是，霍亨索倫家族的法律上請求，不久前（譯按：二〇一九年），由家族首領格奧爾格・腓特烈・封・普魯士（Georg Friedrich von Preußen）提出，法律依據是《關於蘇維埃軍事政府於德國所為徵收之補償法》*1。本案涉及的是德國多家博物館中收藏的數千件藝術品，於一九四五年間被放在或懸掛於霍亨索倫家族的好幾處不動產中（譯按：位於前東德地區），據估計，現價高達千萬、甚或上億元之數。

純法律上來說，霍亨索倫家族與邦（譯按：布蘭登堡邦及柏林邦）之間的爭執，主要關鍵是法律中的一項規定：被徵收者曾大力助長*2……「納粹體制」者，不予補償。在軍事政府徵收時，霍亨索倫家族的財產歸屬在皇儲威廉・封・普魯士（Wilhelm von Preußen）名下，德國最後一位皇帝威廉二世的兒子。毫無爭議的是，該皇儲曾以競選呼號、報紙投書、公開信及照片集支持納粹主義者。關於這些支持行為的意義，訴訟雙方當事人各自提出兩份專家鑑定書，其對所謂「助長」的意涵作出了不同的判斷。[5]

此處不是就此問題作出判斷的地方。其間，訴訟雙方進行和解的協商，尚待波茨坦行政法院審理裁判[3]。本章有興趣的問題是歷史，格奧爾格．腓特烈．封．普魯士到底是如何得到此一單獨支配霍亨索倫家族財產的位置，因爲這其實沒有那麼簡單。

這段歷史起於一九三八年，威廉二世流亡荷蘭的二十年後。當時他想要規劃他的遺產，並且確保先前在普魯士王室所謂家族財產的存續。除了他的長子外，也就是剛剛提到的皇儲威廉．封．普魯士，他有意再納入一位孫子。皇儲威廉．封．普魯士的長子不在考慮之列，因爲他未經家族的同意娶了一名女子，根據霍亨索倫的家規，該名女子不具有與家族成員同等之身分。於是，人選落到路易士（Louis）頭上，皇儲的次子。

威廉二世放棄其對家族財產的權利，全歸其兒子威廉．封．普魯士所有，威廉又與路易士簽訂一項繼承契約。根據契約，路易士死後，唯有「男系後代」的長子可以繼承，當事人想要藉此方式確保家族財產始終集中在長子身上，但繼承契約規定：凡「非依循舊家族規約所定原則……的婚姻所出，或於違反家族規約之婚姻中生活者」，無繼承權。此一條款之後爆發了劇烈爭議。

一九四一年，威廉二世死於流亡中；其子，也就是皇儲，於十年後逝世，多年之後，路易士也在一九九四年過世，他的長子腓特烈（Friedrich）以唯一繼承人身分申請繼承。不過，腓特烈的一位姪子反對，他就是本章一開始提到的格奧爾格（Georg）。他主張腓特烈不具繼承權，因爲他沒有娶家族成員爲妻，根據繼承契約，應排除在繼承順序之外。的確，腓特烈的妻子不是出身貴族，根據一份由歷史學者出具的專家意見書，她不具與家族成員同等之身分。

於是雙方對簿公堂，法律爭點環繞在以下問題：長子的婚姻自由因繼承契約之同等身分條款[4]而受到事實上之限制，該條款是否違反誠實信用原則（《民法典》第二百四十二條），從而得予忽略不論。聯邦法院持否定見解，腓特烈遂向聯邦憲法法院提起訴訟，獲得了勝訴判決：（譯按：法院理由）聯邦法院未充分審查，該同等身分條款如何嚴重地影響腓特烈的結婚自由，以及該條款於廢除君主立憲制之《基本法》生效後，是否仍具有正當性；該條款原本想要明確規範君主制下皇位順序之國家法上功能，現已經無從履行。聯邦憲法法院將判決廢棄，發回專業法院再作審查。【6】

然而，這個判決對腓特烈來說，卻無幫助。因爲，該條款違反誠實信用原則雖然被法院所確認，但結果只是路易士可以在不受其他限制之下，根據繼承契約成爲其父親即皇儲的全權繼承人，也就是單獨繼承了所有的家族財產。由於路易士早在一九八一年以親筆手寫之遺囑將格奧爾格立爲其唯一繼承人，因此格奧爾格單獨繼承了家族財產，腓特烈最後在繼承爭議上敗下陣來。【7】

自此之後，格奧爾格・腓特烈・封・普魯士成了霍亨索倫家族首領——後來因爲對國家提出了開頭提及的補償請求，加上伴隨而來的不斷衝突，讓自己成爲不受歡迎的人。【8】

遺囑

除了以繼承契約限制後代結婚對象如此罕見之作法外，上述事例顯示出兩項課題：繼承法必須解決什麼樣的衝突？以及，繼承法容許何種複雜程度的形成可能性？

繼承契約畢竟罕見，被繼承人死亡後，其財產要如何轉移到繼承人身上，較爲常見的方式有兩種：遺囑與法律。在今日德國的地區，過去長期以來只有法定的繼承順位，如同古代的巴比倫、以色列及希臘。換句話說，誰可以繼承是板上釘釘、固定不變的。與此不同，在古埃及及古羅馬，還有遺囑，也就是可以片面且可撤回之方式處分死後的財產（特別是，當時羅馬發展出一套複雜的遺囑規則）[9]。

日耳曼人的法定繼承順位到底有多詳細，已不可考，總之，財產是歸家族所有，如同稍晚的法國。[10]直到中世紀時期，私有財產權的觀念興起，包括德意志在內的地區，情況才有所改變。最初通行的是所謂的生前贈與（Vergabung），特別是藉此方式，丈夫生前即可將其土地移轉給其妻子，[11]例如在婚後不久，當作是「婚後晨禮」*5。[12]因爲法定之繼承權對妻及女兒異常不利，儘管她們未被完全地剝奪繼承權。[13]

自十三世紀起，遺囑逐漸習以爲常，這點特別要歸功於教會的壓力，因爲教會想要藉此擺脫嚴格的家族繼承法，以便可以透過繼承而獲得利益，最先從其神職人員獲取，之後再擴及到其他人身上。[14]基於相同理由，教會亦反對法律對遺囑的限制，例如禁止在臨終時立遺囑。[15]在此之前，人們只能讓教會在爲其靈魂救贖時得到「自由分」（Freiteil）（其財產的固定部分）；[16]現在可以是全部，但是當然不只是教會，其他人也可以獲得。

在契約自由之外，遺囑自由在今天同樣也是私法的基礎之一：所有人均得自行決定其死亡時所有財產的命運。死亡後，法律不會比較接近（譯按：有利於）生者。從前，遺囑須在七個人之前宣示，始生效力。今天，親筆書寫並簽名就夠了。當然也可以在一名公證人面前爲之。於特殊的急迫情形——例如在突發之死亡危險——亦可在市長及兩位證人之前爲之，於公海上，甚至可以在三名證人面前爲之，且不問是否有急迫情事，男女不拘（過去證人僅能由男性擔任）。

遺囑中最重要的規範是繼承順位，也就是誰可以繼承多少份的遺產。不僅是生者可以被納入考量，還包括繼承開始時已死亡、但在此之前已經被指定者。法人亦可被指定爲繼承人，例如社團，乃至於國家。除了繼承順位外，遺囑還可以規定繼承人必須將金錢支付給第三人或將特定物移轉給第三人，例如一隻狗或一幅畫。遺囑亦得附加負擔，例如課予繼承人不得出售特定物或維護被繼承人墳墓之義務。以上種種——亦即整個遺囑——被繼承人隨時可以撤回，或以另一遺囑取代之。

此外，不被遺囑考慮之人於繼承發生後，於特定條件下得請求撤銷該遺囑，亦即讓特定之處分行爲——例如指定某人爲唯一繼承人——失其效力。可能之情形如，有事實足以證明被繼承人弄錯了——例如被繼承人指定一位早已去世但無小孩的女兒爲唯一繼承人，因爲她經常把這個女兒的名字與她的二女兒混在一起——或者被繼承人被強迫立遺囑，又或者受益人不配繼承者，例如故意殺害被繼承人或殺害未遂。

依法律之繼承

不過，於實務上比遺囑規定更爲重要的是，在既無遺囑又無繼承契約的時候，法律如何規定（也就是，據估計，大約百分之六十五到百分之八十的死亡案例）。[17]然後，被繼承人之財產又行將如何？

於此最重要基本決定，一樣是繼承次序的問題。第一個支柱是親屬繼承法，主要制度特徵是所謂的順位與代表原則。第一順位是直系血親卑親屬，也就是被繼承人的子女，其應繼分相同。其中如有人死亡者，由該死亡者之直系血親卑親屬（代表人）承繼之，並分配該死亡者原本取得之應繼分。例如被繼承人有兩個小孩（譯按：A、B），其中一個（A）有兩個女兒（譯按：C、D），但早於被繼承人死亡，則被繼承人剩下的一個小孩（B）繼承一半，另一半由兩個孫女（C、D）平分。

第一順位的繼承人如果都不存在了，則由第二順位的親屬繼承，即被繼承人之父母，以及——如果皆已死亡——父母的直系血親卑親屬，也就是被繼承人的兄弟姐妹。於此又適用所謂代表原則，也就是例如單身且無子女的被繼承人死亡時，如果還有一個姪子，則他單獨繼承，其他的遠親則無。跟據上揭原則——有若干限制——依循順位次序，也就是在整個親屬中，一直找到繼承人爲止。理論上，五親等的姪女可能成爲唯一繼承人，但被繼承人可能完全不知道其存在。當遺產法院*6找不到繼承人時，即使是最遠的親等（或比如說所有的繼承人因爲被繼承人負債過多而全部拋棄繼承，於一定期限內可能），則由國家繼承。這可能造成國庫的負擔，如果遺產所生費用之負擔，例如廢棄鋸木工廠的維護或馬廄的照料。

有點複雜的事情是，如果被繼承人結婚，遺有配偶（或生前的生活伴侶）。配偶的繼承法構成法定繼承次序的第二支柱。在被繼承人的子女之外，配偶取得四分之一的應繼分，也就是配偶與被繼承人之父母、兄弟姐妹與祖父母，取得另一半。配偶如生活在法定夫妻財產制之下——如未經契約爲不同於法律規定之約定者——該配偶可以獲得比四分之一還要多的遺產。前述之人皆不存在時（或被繼承人之小孩、父母及兄弟姐妹的代表均不在），則配偶單獨繼承。例如婚姻中無小孩，第二順位僅被繼承人之一名兄或弟存在，則配偶繼承半數家四分之一，該兄或弟則繼承其餘的四分之一；如果婚姻生有兩小孩，則配偶繼承四分之一加上其他的四分之一，小孩則平分另一半。[18]

所有這些複雜的規定，被繼承人皆可透過遺囑讓其失去效力，如將其最好的女友設定成唯一繼承人，則其他法定的繼承人一無所獲。然而，法律爲此對遺囑自由設了一道重要的限制：特留分權（Pflichtteilsrecht），以保護被繼承人之父母、子女及配偶，免於被遺囑剝奪繼承權而空手歸去。特留分是法定應繼分的一半。例如被繼承人無任何親屬在世，將其情人設定爲唯一繼承人——這種作法過去被認爲違背善良風俗而無效——其配偶，若無該遺囑者，原本應繼承被繼承人之所有財產，於此情況下，仍有遺產半數之特留分。假設該被繼承人尚有兩個子女在世，在被繼承人的配偶之外，原本各有四分之一的應繼分，則其特留分各爲八分之一，配偶的特留分則是四分之一。不過，特留分並不是繼承權，而是以唯一繼承人爲對象的一種支付請求權。

聯邦憲法法院認爲子女的特留分（權）受基本權保障，不得（譯按：以遺囑）變更。特留分屬於傳統繼承法的核心，而且超越德國境內，爲家庭共同體的體現，存在於死者與其子女之間，無可解消[19]。關於此項論點，今人可以置疑，儘管其完全準確地展現德國繼承法的歷史根源。對此無可動搖之特留分請求權，吾人或可將之理解爲一種近親間扶養義務之延伸，也許較爲妥切。

聯邦憲法法院認定合憲者，還包括在一定嚴格要件下，特留分得予剝奪。例如特留分權人因故意犯罪而被判處一年以上之有期徒刑，且爲宣告緩刑。或者還有，特留分權人對於被繼承人或其親人施以重大之不法行爲者，由此可以順勢進入下一章的主題。

◆本章譯註

*1 原文：Gesetz zur Entschädigung von Enteignungen durch die sowjetische Militäradministration in Deutschland。

*2 原文：erheblichen Vorschub geleistet hat。

*3 奧爾格・腓特烈・封・普魯士於二〇二三年三月間，撤回訴訟，捨棄法律上之請求權。參見：https://www.tagesschau.de/inland/gesellschaft/hohenzollern-enteignung-klage-101.html

*4 原文：Ebenbürtigkeitsklausel。

*5 原文：Morgengabe，又稱：Brautgeld（新娘金）或Brautgabe（新娘禮），指結婚時男方給予女方的聘禮，類似台灣婚俗的聘金，於二十一世紀仍存在於奧地利的《一般民法典》第一千二百三十二條，指「夫承諾於婚後第一早晨給予其妻之贈與」。參見：Wolfgang Wurmnest: Die Mähr von der "mahr". Zur Qualifikation von Ansprüchen aus Brautgabevereinbarungen. In: Rabels Zeitschrift für ausländisches und internationales Privatrecht. Band 71, Heft 3, 2007, S. 527 (535).此一規定已於二〇〇九年十二月三十一日刪除。

*6 原文：Nachlassgericht，指依《家事及非訟事件法》（Gesetz über das Verfahren in Familiensachen und in den Angelegenheiten der freiwilligen Gerichtsbarkeit, FamFG）第三百四十三條規定：被繼承人死亡時習慣居住之處所的法院。為其遺產的管轄法院。

關於私法——如同所有的法領域——還有許許多多可以述說的，無法窮盡，但至少私法在實踐正義上的諸多重要嘗試，您已認識一二：不再受制於私法誕生時代所處的情境，而是可以自主地對私法各種關係有所形塑，包括身後事，經由契約及遺囑。同時，您還認識了無以數計、同樣重要的——從歷史的觀點——契約自由與遺囑自由的新限制，以防止其造成新的不自由。您是否也會同樣如此這般地形成私法？包括違反契約或物之損害的法律效果？

當私法上權利受到重大侵害時，您會如何處理呢？例如面對謀殺及殺人、竊盜及詐欺時？在回答問題時，謹記您是在無知之幕底下：您不知道，當帷幕掀開時，在我們的世界裡，您會是誰。當有人指控您犯罪的時候，您會希望用什麼樣的規則來決定錯或對？

◇本編注釋

第九章

【1】Digesten, Buch 21 Titel 1.1.1 f. Ulpianus 1 ad ed. aedil. curul., Übersetzung nach: Jan Dirk Harke, Römisches Recht, München 2008, § 8 Rn. 31.

【2】Walter Scheidel, Quantifying the Sources of Slaves in the Early Roman Empire, The Journal of Roman Studies 1997, 156 (158).

【3】Michael Zeuske, Globale Sklavereien: Geschichte und Gegenwart, APuZ 50-51/2015, S. 7.

【4】關於奴隸數量估計之概述，參見：Norbert Brockmeyer, Antike Sklaverei, Darmstadt 1979, S. 114f.

【5】Michael Zeuske, Globale Sklavereien: Geschichte und Gegenwart, APuZ 50-51/2015, S. 9.

【6】詳細的理由見下述論文，其中對於奴隸的全球史有相當翔實的導讀：Michael Zeuske, Handbuch Geschichte der Sklaverei, Band 1: Eine Globalgeschichte von den Anfängen bis zur Gegenwart, 2. Aufl., Oldenburg 2020, S. 1 ff.

【7】Uwe Wesel, Geschichte des Rechts. Von den Frühformen bis zur Gegenwart, 4. Aufl., München 2014, Rn. 180, 197.

【8】詳見：Juliane Schiel, Sklaven, in: Michael Borgolte (Hrsg.), Migrationen im Mittelalter: ein Handbuch, Berlin 2014, S. 251 (255 f.).

【9】Landrecht, 3. Buch, 42. Kapitel, 83, nach der Übersetzung von Hilkert Weddige, Mittelhochdeutsch, eine Einführung, 8. Aufl., München 2007, S. 22.

【10】引自：Christoph Helferich, Geschichte der Philosophie. Von den Anfängen bis zur Gegenwart und Östliches Denken, 6. Aufl, München 2005, S. 20.

【11】Renate Blickle, Leibeigenschaft in Altbayern. Historisches Lexikon Bayerns, online unter https://www.historisches-lexikon-bayerns.de/Lexikon/Leibeigenschaft_in_Altbayern

[12] 位於威斯巴登（Wiesbaden）之拿騷儲蓄銀行（Nassauische Sparkasse）的前身，可為一例，其為一八四〇年設立之拿騷貸款銀行（Landes-Credit-Casse Nassau）。

[13] 例如僅在一八一五年至一八三五年之間，光是在一個法院的轄區（聖城[Heiligenstadt]）就有一千零三十一筆的農田被拍賣。參見：Dirk Blasius, Eigentum und Strafe. Probleme der preußischen Kriminalitäts-und Strafrechtsentwicklung im Vormärz, Historische Zeitschrift 1975, 79 (107).

[14] ILO und Walk Free Foundation, Global Estimates of Modern Slavery, Genf 2017, online unter https://reliefweb.int/report/world/media-release-ilo-and-walk-free-foundation-collaborate-global-estimate-modern-slavery?gad_source=1&gclid=CjwKCAjw4_K0BhBsEiwAfVVZ_9FB2KsRvR6NosiimSaPd4n62ZuIVu2J65EcbCM2RXc-68hC17vN8BoCzS0QAvD_BwE

[15] Michael Zeuske, Globale Sklavereien: Geschichte und Gegenwart, APuZ 50-51/2015, S. 14.

[16] Michael Zeuske, Handbuch Geschichte der Sklaverei, Band 2: Eine Globalgeschichte von den Anfängen bis zur Gegenwart, 2. Aufl., Oldenburg 2020, S. 995.

[17] Uwe Wesel, Geschichte des Rechts. Von den Frühformen bis zur Gegenwart, 4. Aufl., München 2014, Rn. 25, 58, 182.

[18] 同前註。

[19] Herbert Grundmann, Die Grundzüge der mittelalterlichen Geschichtsanschauungen, Archiv für Kulturgeschichte 24, 1934, 326 (332); 關於四大帝國理論於當時的作用，參見：Gertrude Lübbe-Wolf, Die Bedeutung der Lehre von den vier Weltreichen für das Staatsrecht des römisch-deutschen Reichs, Der Staat, 1984, 369 ff.

[20] 關於帕皮尼亞努斯於中世紀的繼受，詳見：Dieter Nörr, Papinian und Gryphius, zum Nachleben Papinians, Zeitschrift der Savigny-Stiftung für Rechtsgeschichte/ Romanisti-sche Abteilung, 83 (1966), 308 ff.

[21] Rudolf Gmür/Andreas Roth, Grundriss der deutschen Rechtsgeschichte, 15. Aufl., München 2018, Rn. 297 f.

[22] Bundesgerichtshof, Urteil vom 22.4.1997 - Az. XI R 191/96.（譯按：本案涉及一種名為「World Trading System, WTS」的電腦遊戲）。

[23] Bundesgerichtshof, Urteil vom 9. 2. 1961 - A2. VII ZR 183/59.

第十章

[1] 關於《黃金規則》的歷史、形式、傳播及繼受，可參看：Hans Reiner, Die Goldene Regel und das Naturrecht, Studia Leibnitiana, 1977, 231 ff.

[2] 關於啓蒙時期之《黃金規則》，參見：Joachim Hruschka, Die Goldene Regel in der Aufklärung - die Geschichte einer Idee, Jahrbuch für Recht und Ethik, 2004, 157 ff.

[3] 兩位《基本法》註釋書重量級學者述及：《黃金規則》包含了「關於人類相互之間直接理解與重大理性的行為規範」，由此可以導引出：對於他人及其物之暴力禁止、「契約應遵守」之語句，寬容等，參見：Theodor Maunz/Günter Dürig, in: dies., Grundgesetz-Kommentar, bis zur 73. Ergänzungslieferung (2014), Art. 3 Abs. 1, Rn. 160 f.

[4] 極佳的總覽，參見：Robert M. Seyfarth und Dorothy L. Cheney, The Evolutionary Origins of Friendship, Annual Review of Psychology, Volume 63, S. 153 ff., online abrufbar unter https://www.researchgate.net/publication/51477884_The_Evolutionary_Origins_of_Friendship

[5] 關於此點及下述，參見：Frans de Waal, Der Gute Affe. Der Ursprung von Recht und Unrecht bei Menschen und anderen Tieren, München 1997, S. 171 ff.

[6] 關於蝙蝠之研究，近期文獻：Gerald G. Carter u.a., Development of New Food-Sharing Relationships, in: Vampire Bats, Current Biology, Volume 30, 2020, S. 1275 ff.

[7] 基本文獻：Marcel Mauss, Essai sur le don. Forme et raison de l'échange dans les sociétés archaïques, l'Année Socio-logique, 1 (1923/24), S. 30 ff., online unter https://gallica.bnf.fr/ark:/12148/bpt6k93922b/f36.item

[8] Henry Sumner Maine, Ancient law, its connection with the early history of society and its relation to modern ideas, London 1861, S. 169, 本書依以下之譯本：Ferdinand Tönnies, in: Gemeinschaft und Gesellschaft, Berlin 1887, S. 213 f.

[9] Andreas Kaiser, Industrielle Revolution und Privatautonomie. Zur Rolle der Vertragsfreiheit bei der Durchsetzung der bürgerlichen Gesellschafts- und Rechtsordnung in Deutschland, Kritische Justiz 1976, 60 (73).

[10] 參照一八四五年《普魯士營業法》（Preußische Gewerbeordnung）第一百八十四條。

[11] Wilhelm Roscher, Ansichten der Volkswirtschaft aus dem geschichtlichen Standpunkte, Erster Band, 3. Aufl., Leipzig und Heidelberg 1878, S. 373.

[12] Ulrich Stutz, Zur Erinnerung an Otto von Gierke, Zeitschrift der Savigny-Stiftung für Rechtsgeschichte, Germanistische Abteilung, 1922, S. VII (XXX).

[13] Otto Gierke, Die soziale Aufgabe des Privatrechts, Berlin 1889, S. 28f., 31, online unter https://archive.org/details/BRes040128/mode/2up

[14] Anton Menger, Das Bürgerliche Recht und die besitzlosen Volks-klassen, 4. Aufl., Tübingen 1908, S. 170.

[15] Friedrich Carl von Savigny, System des heutigen Römischen Rechts, Band I, Berlin 1840, S. 339.

[16] David Graeber, Schulden. Die ersten 5000 Jahre, Stuttgart 2012, Kap. 3.

[17] 詳見：Stefan Schima, Das kanonische Zinsrecht und die Juden, in: Zinsverbot und Judenschaden, Institut für jüdische Geschichte Österreichs (Hrsg.), Wien 2010, S. 20 ff., online unter http://www.injoest.ac.at/files/jme_2010.pdf

[18] 詳見：Martha Keil, Geldleihe und mittelalterliche jüdische Gemeinde, in: Zinsverbot und Judenschaden, Institut für jüdische Geschichte Österreichs (Hrsg.), Wien 2010, S. 28 ff., online unter http://www.injoest.ac.at/files/jme_2010.pdf

[19] McVickar, Vorwort zum Eintrag »Usury« in der Encyclopedia Britannica，收錄於：J. Smith Homans (Hrsg.), The Bankers' Magazine and Statistical Register, Band 9, New York 1855, S. 248 (250).

[20] 關於德國的例子，參見：Gustaf Klemens Schmelzeisen, Polizeiordnungen und Privatrecht, Münster/ Köln 1955, S. 481 ff.

[21] 例如：BGH, Urteil vom 19.12.2017 - Az. XI ZR 152/17.

【22】 Wilfried Feldenkirchen, Kinderarbeit im 19. Jahrhundert. Ihre wirtschaftlichen und sozialen Auswirkungen, Zeitschrift für Unternehmensgeschichte, 1981, S. 1 (38 f.).

【23】 Helene Simon, Landwirtschaftliche Kinderarbeit: Ergebnisse einer Umfrage des Deutschen Kinderschutz-Verbandes über Kinderlandarbeit im Jahre 1922 unter Zugrundelegung der staatlichen Erhebung über die Lohnbeschäftigung von Schulkindern in der Landwirtschaft vom 15. November 1904, Berlin 1925，引自：Wilfried Feldenkirchen, Kinderarbeit im 19. Jahrhun dert. Ihre wirtschaftlichen und sozialen Auswirkungen, Zeitschrift für Unternehmensgeschichte, 1981, S. 1 (35).

【24】 Peter Kress, Die Aequivalente von Closter Veilsdorf und weiterer thüringischer Porzellanfabriken und Manufakturen: 100 Jahre Fabrikgeld von 1759-1855, in: Jahrbuch der Gesellschaft für Thüringer Münz- und Medaillenkunde, 2003, S. 188 (195 f.).

【25】 Britta Rehder, Normenwandel und Justizreform - Das Beispiel der Arbeitsgerichtsbarkeit, WSI-Mitteilungen 2007, 448 (449f.).

【26】 Rebecca Ray/Milla Sanes/John Schmitt, No-Vacation Nation Revisited, 2013, online unter https://cepr.net/documents/no-vacation-update-2014-04.pdf

【27】 Uwe Wesel, Juristische Weltkunde, Eine Einführung in das Recht, 8. Aufl., Frankfurt 2000, S. 63.

【28】 關於租賃法之契約自由的限制，詳見：Stefan Arnold, Vertrag und Verteilung, Tübingen 2014, S. 299 ff.

【29】 Landgericht Frankfurt, Urteil vom 23.2. 1990 - Az. 2/17 S 345/89; das Bundesverfassungsgericht nahm eine Verfassungsbeschwerde des Vermieterehepaars nicht zur Entscheidung an, Beschluss vom 23.8.1990 - Az. 1 BvR 440/90.

【30】 Bundesverfassungsgericht, Beschluss vom 26.5.1993 - Az. 1 BvR 208/93.

【31】 Destatis, Eigentümerquote nach Bundesländern, Stand: 26.5.2020, online unter https://www.destatis.de/DE/Themen/Gesellschaft-Umwelt/Wohnen/Tabellen/tabelle-eigentumsquote.html

【32】 引自：Werner Schubert, Das Abzahlungsgesetz von 1894 als Beispiel für das Verhältnis von Sozialpolitik und Privatrecht in der Regierungszeit des Reichskanzlers von Caprivi, Zeitschrift der Savigny-Stiftung für Rechtsgeschichte/ Germanistische Abteilung, 1985, 130 (134f.).

[33] Werner Schubert, Das Abzahlungsgesetz von 1894 als Beispiel für das Verhältnis von Sozialpolitik und Privatrecht in der Regierungszeit des Reichskanzlers von Caprivi, Zeitschrift der Savigny-Stiftung für Rechtsgeschichte / Germanistische Abteilung, 1985, 130 (141 f.).

[34] Hans-Peter Benöhr, Konsumentenschutz vor 80 Jahren. Zur Entstehung des Abzahlungsgesetzes vom 16. Mai 1894, Zeitschrift für das gesamte Handels- und Wirtschaftsrecht 1974, 492.

[35] Werner Schubert, Das Abzahlungsgesetz von 1894 als Beispiel. für das Verhältnis von Sozialpolitik und Privatrecht in der Regierungszeit des Reichskanzlers von Caprivi, Zeitschrift der Savigny-Stiftung für Rechtsgeschichte/ Germanistische Abteilung, 1985, 130 (162).

[36] Florian Möslein, in: beck-online-Großkommentar, Stand: 1.5. 2019, BGB § 145 Rn. 48 f.

[37] Ludwig Raiser, Vertragsfreiheit heute, Juristenzeitung 1958, 1 (7).

[38] BGH, Urteil vom 4.6.1970 - Az. VII ZR 187/68.

[39] Bundesverfassungsgericht, Beschluss vom 19.10.1993 - Az. 1 BVR 567/89.

第十一章

[1] 關於近期之案例，參見：例如OLG Oldenburg, Urteil vom 18.3.2020 - Az. 5 U 196/18; 二〇二一年六月二十八日，林堡（Limburg）邦法院甚至判決一家醫院應賠償一百萬歐元的慰撫金。本判決尚未確定（Az. 1 0 45/15）（譯按：本件經被告提起上訴，法蘭克福邦高等法院於二〇二三年四月二十五日判決廢棄林堡邦法院判決，並駁回原告之訴。原告提起法律審上訴，未獲允許。判決全文：https://www.rv.hessenrecht.hessen.de/jportal/recherche3doc/OLG_Frankfurt_8_U_127-21_LARE230004423.pdf?json=%7B%22format%22%3A%22pdf%22%2C%22docId%22%3A%22LARE230004423%22%2C%22portalId%22%3A%22bshe%22%7D&_=%2FOLG_Frankfurt_8_U_127-21_LARE230004423.pdf）。

〔2〕Bundesgerichtshof, Urteil vom 4.6.1992 - Az. IX ZR 149/91.

〔3〕不同研究之綜合整理，參見：Anthony J. Sebok, Punitive Damages: From Myth to Theory, 92 Iow Law Review (2007), 957 (964, 970 f.).

〔4〕詳見：Ina Ebert, Pönale Elemente im deutschen Privatrecht. Von der Renaissance der Privatstrafe im deutschen Recht, Tübingen 2004.

〔5〕Bundesgerichtshof, Urteil vom 15.11.1994 - Az. VI ZR 56/94.

〔6〕Bundesgerichtshof, Urteil vom 24.4.1952 - Az. III ZR 100/51.

〔7〕Landgericht Arnsberg, Urteil vom 13.9.2019 - Az. 2 0 347/18.

〔8〕OLG Hamm, Beschluss vom 14.7.2004 - Az. 3 U 16/04.

〔9〕參見《民法典》的先驅者之一：Rudolf Jhering, Das Schuldmoment im römischen Privatrecht, Eine Festschrift, Gießen 1867, S. 40.

〔10〕關於危險責任功能之一般論述，參見：Gerhard Wagner, Die Aufgaben des Haftungsrechts – eine Untersuchung am Beispiel der Umwelthaftungsrechts-Reform, Juristenzeitung 1991, 175 (176 f.).

〔11〕關於經由危險責任之分配正義觀點，參見：Gerhard Wagner, Münchener Kommentar zum BGB, 8. Aufl., München 2020, Vorbemerkung vor § 823 Rn. 19.

第十二章

〔1〕以下關於伊克巴勒的生平相關資訊，來自：Susan Kuklin, »Kommt mit und seid frei!«. Iqbal Masih und der Kampf gegen die Kindersklaverei, München 2002.

〔2〕想要瀏覽讚歌不同譯本的讀者，極力推薦科隆大學此一關於《梨俱吠陀》很棒的入口網站：https://vedaweb.uni-koeln.de/rigveda

〔3〕特別關於金錢債務的脈絡，參見：Shailini Dixit, Ancient Indian Attitude Towards Money Lending, in: Brahmanical Literature, Proceedings of the Indian History Confress 2012, S. 95 ff.

[4] David Graeber, Schulden: Die ersten 5000 Jahre, Stuttgart 2012, Kapitel 3.

[5] 參見：David Reich, Who We Are and How We Got Here: Ancient DNA and the New Science of the Human Past, New York 2018, S. 120.

[6] J. P. Mallory/D.Q. Adams, The Oxford Introduction to Proto-Indo-European and the Proto-Indo-European World, Oxford/New York 2006, S. 408 ff., 423 ff.

[7] 關於這些假設的實務運用，參見：Roger Woodard, Indo-European Sacred Space: Vedic and Roman Cult, Chicago 2006, S. 241 ff.；批評見解：J. P. Mallory/D. Q. Adams, The Oxford Introduction to Proto-Indo-European and the Proto-Indo-European World, Oxford/ New York 2006, S. 424.

[8] 這兩條規則的適用對象是閃族人（semitische Völker）（亦即非印歐人），這點可能顯示出，處理債務甚至具有超越早期人種的特性。

[9] 關於古羅馬的抵債奴制度，參見：Norbert Brockmeyer, Antike Sklaverei, Darmstadt 1979, S. 150 ff.

[10] 詳見：Steffen Breßler, Schuldknechtschaft und Schuld-turm. Zur Personalexekution im sächsischen Recht des 13. -16. Jahrhunderts, Berlin 2003, S. 402.

[11] Destatis, Rechtspflege Zivilgerichte, Fachserie 10 Reihe 2.1, 2019, online unter chrome-extension://efaidnbmnnnibpcajpcglclefindmkaj/https://d-nb.info/1231277335/34

[12] Theodore Eisenberg/Charlotte Lanvers, What is the Settlement Rate and Why Should We Care?, Journal of Empirical Legal Studies 2009, 111 ff.

[13] 聯邦政府第六次貧富報告書，A07 Überschuldung, online unter https://www.armuts-und-reichtumsbericht.de/DE/Indikatoren/Armut/Ueberschuldung/ueberschuldung.html

[14] Destatis, Hauptauslöser der Überschuldung in % für die Jahre 2009 bis 2019, online unter https://www.destatis.de/DE/Themen/Gesellschaft-Umwelt/Einkommen-Konsum-Lebensbedingungen/Vermoegen-Schulden/Tabellen/ueberschuldung.html

[15] Mihai Vuia, Münchener Kommentar zur Insolvenzordnung, 4. Aufl., München 2020, § 304 Rn. 34f.

〔16〕 Destatis, Verbraucherinsolvenzen nach Jahren, online unter https://www.destatis.de/DE/Themen/Gesellschaft-Umwelt/Einkommen-Konsum-Lebensbedingungen/Vermoegen-Schulden/Tabellen/verbraucherinsolvenzen-jahren.html

第十三章

〔1〕 Heinrich Brunner, Die uneheliche Vaterschaft in den älteren germanischen Rechten, Zeitschrift der Savigny-Stiftung für Rechts-geschichte: Germanistische Abteilung, 1896, 1 (4).

〔2〕 Claudius von Schwerin, Grundzüge des deutschen Privatrechts, 2. Aufl., Berlin/ Leipzig 1928, S. 288.

〔3〕 Johannes Warncke, Handwerk und Zünfte in Lübeck, Lübeck 1912, S. 28 ff.; Knut Schulz, Die Norm der Ehelichkeit im Zunft- und Bürgerrecht spätmittelalterlicher Städte, in: Ludwig Schmugge /Béatrice Wiggenhauser (Hrsg.), Illegitimität im Spät-mittelalter, München 1944, S. 67 (70 ff.).

〔4〕 Dietmar Willoweit, Von der natürlichen Kindschaft zur Illegitimität. Die nichtehelichen Kinder in den mittelalterlichen Rechtsordnungen, in: Ludwig Schmugge/Béatrice Wiggenhauser (Hrsg.), Illegitimität im Spätmittelalter, München 1944, S. 55 (63) m. w. N.

〔5〕 Neithard Bulst, Illegitime Kinder – viele oder wenige? Quantitative Aspekte der Illegitimität im spätmittelalterlichen Europa, in: Ludwig Schmugge/Béatrice Wiggenhauser (Hrsg.), Illegitimität im Spätmittelalter, München 1944, S. 21 (26, 28 ff., 34).

〔6〕 Motive zu dem Entwurfe eines Bürgerlichen Gesetzbuchs, Band IV Familienrecht, Berlin 1896, S. 851.

〔7〕 Anton Menger, Das Bürgerliche Recht und die besitzlosen Volks-klassen, 4. Aufl., Tübingen 1908, S. 59.

〔8〕 相關報導，參見：Spiegel, »Alias Frahm«, 23.8. 1961, S. 18, online unter https://magazin.spiegel.de/EpubDelivery/spiegel/pdf/43365664

〔9〕 Bundesverfassungsgericht, Beschluss vom 29.1.1969 - Az. 1 BvR 26/66.

〔10〕 Rosemarie von Schweitzer u. a., Familien und Familienpolitik im geeinten Deutschland - Zukunft des

Humanvermögens, Fünfter Familienbericht, 1995, BT-Drs. 12/7560, S. 89.

[11] 引自：Ute Gerhard, Anita Augspurg (1857-1906). Juris-tin, Feministin, Pazifistin, in: Kritische Justiz (Hrsg.), Streitbare Juristen, Baden-Baden 1988, 92 (96).

[12] Bundesverfassungsgericht, Urteil vom 18.12. 1953 - Az. 1 BvL 106/53.

[13] 不過，於納粹時期，自一九三八年起（源於奧地利「併入（德國）」而生之離婚法統一——部分革新——的壓力），破裂原則（即使設有重要限制，即夫妻雙方有歧見時，不得離婚）與歸責原則並存適用。

[14] 關於二次戰後離婚法（暨親屬法）之發展概述，可參見：Lore Maria Peschel-Gutzeit, Fortwährende Reformen - Die Entwicklung des Familienrechts seit 1947, Neue Juristische Wochenschrift 2017, 2731 ff.

[15] 詳見：Christiane Ochs, Frauendiskriminierung in Ost und West – oder: die relativen Erfolge der Frauenförderung. Eine Bestandsaufnahme in beiden ehemaligen deutschen Staaten, in: Karin Hausen/Gertraude Krell (Hrsg.), Frauenerwerbsarbeit: Forschungen zu Geschichte und Gegenwart, München/ Mering 1993, S. 47 (50 f.).

[16] DIW-Wochenbericht 30/91, S. 423，引自：Christiane Ochs, Frauendiskriminierung in Ost und West - oder: die relativen Erfolge der Frauenförderung, Eine Bestandsaufnahme in beiden ehemaligen deutschen Staaten, in: Karin Hausen/Gertraude Krell (Hrsg.), Frauenerwerbsarbeit: Forschungen zu Geschichte und Gegenwart, München/Mering 1993, S. 47 (49).

[17] Destatis, Pressemitteilung Nr. 106 vom 9. März 2021 zum Gender-Pay-Gap, online unter https://www.destatis.de/DE/Presse/Pressemitteilungen/2021/03/PD21_106_621.html

[18] 我在自由權協會處理的訴訟程序，足以清楚呈現此點。相關資訊：online unter https://freiheitsrechte.org/equalpay/

[19] Gustaf Klemens Schmelzeisen, Polizeiordnungen und Privatrecht, Münster/Köln 1955, S. 46 ff.

[20] Bundesverfassungsgericht, Beschluss vom 14.11.1973 - Az. 1 BVR 719/69.

[21] Destatis, Eheschließungen je 1000 Einwohner, online unter https://www.destatis.de/DE/Themen/Gesellschaft-

Umwelt/Bevoelkerung/Eheschliessungen-Ehescheidungen-Lebenspartnerschaften/_inhalt.html

〔22〕Destatis, Bevölkerungsentwicklung in Ost- und Westdeutschland zwischen 1990 und 2019, online unter https://www.destatis.de/DE/Themen/Querschnitt/Demografischer-Wandel/Aspekte/demografie-bevoelkerungsentwicklung-ost-west.html

第十四章

〔1〕»Linke mobilisiert gegen Entschädigung von ›Nazi-Schergen‹«, Frankfurter Rundschau vom 12.8. 2019, online unter https://www.fr.de/politik/hohenzollern-linke-mobilisiert-gegen-entschaedigung-nazi-schergen-12908752.html

〔2〕Stefan Kuzmany, »Seine Königliche Hoheit hat noch nicht genug«, Spiegel Online vom 14. 10.2019, online unter https://www.spiegel.de/politik/deutschland/hohenzollern-entschaedigung-seine-koenigliche-hoheit-hat-noch-nicht-genug-a-1290289.html

〔3〕»Forderungen der Hohenzollern«, Märkische Allgemeine Zeitung vom 17.7.2019, online unter https://www.maz-online.de/Brandenburg/So-urteilt-ein-Historiker-ueber-die-Forderungen-des-Hauses-Hohenzollern-nach-einem-Wohnrecht-in-Schloessern-wie-Cecilienhof

〔4〕Bernd Stegemann, »Deutschlands erster Clan«, Cicero vom 30.7.2019, online unter https://www.cicero.de/kultur/hohenzollern-forderung-cecilienhof-zweiter-weltkrieg

〔5〕Jan Böhmermann hat diese Gutachten auf der Seite, online unter http://hohenzollern.lol/

〔6〕Bundesverfassungsgericht, Beschluss vom 22.3.2004 - Az. 1 BvR 2248/01.

〔7〕Landgericht Hechingen, Beschluss vom 14.12.2004 - Az. 3 T 15/96.

〔8〕詳見Wikipedia-Eintrag mit Verweisen auf aktuelle Pressebericht, online unter https://de.wikipedia.org/wiki/Wikipedia:Weiternutzung

〔9〕基本概述：Uwe Wesel, Geschichte des Rechts. Von den Frühformen bis zur Gegenwart, 4. Aufl., München

2014, Rn. 142.

【10】Rudolf Hübner, Grundzüge des deutschen Privatrechts, 4. Aufl., Leipzig 1922, S. 699 ff.

【11】同前註，S. 720 ff.

【12】詳見：Friedrich von Thudichum, Geschichte des deutschen Privatrechts, Stuttgart 1894, S. 344, 371 f.

【13】Rudolf Hübner, Grundzüge des deutschen Privatrechts, 4. Aufl., Leipzig 1922, S. 705 ff.

【14】同前註，S. 727f.

【15】Friedrich von Thudichum, Geschichte des deutschen Privatrechts, Stuttgart 1894, S. 369 ff., 376 f.

【16】關於自由分的緣起與發展，參見：Rudolf Hübner, Grundzüge des deutschen Privatrechts, 4. Aufl., Leipzig 1922, S. 718 ff.

【17】整體概述與相關引證，參見：Dieter Leipold, Münche ner Kommentar zum BGB, 8. Aufl., München 2020, Einl. ErbR Rn. 68.

【18】Über diese Beispiele berichtete die FAZ am 27.1. 2018, online unter https://www.faz.net/aktuell/wirtschaft/mehr-wirtschaft/der-staat-erbt-den-schrott-15408455.html

【19】Bundesverfassungsgericht, Beschluss vom 19.4.2005 - Az. 1 BvR 1644/00.

第四編　犯罪應對之道：刑法

爲何與如何被處罰，充分展現一個社會的樣貌。在刑法中，反映出權力關係與價值，還有國家如何運用其獨占的權力。古代的刑法是野蠻的，現代的刑法有規矩可循。不過，後者即使是井然有序，仍有可能是不正義的。而且，刑法可以在翻手之間突變成爲壓迫工具，如果統治者在法律的外衣之下，將此工具用在遂行其個人的利益之上。

刑法的正向發展，對於人類的生活來說，意義重大。

相較過去透過刑求強迫取得之魔鬼交易的自白，以及隨之在後綁在火柱上的處死，今天針對眞正損害他人的行爲，遵行無罪推定原則之正當法院程序，再施以罰金或有期徒刑之處罰，二者相比，其間相去之距離，誠難以道里計。

正義刑法之發展，絕非易事。刑罰若要爲人所接受，在兩個觀點上必須正義：對於被害人與對於犯罪行爲人。對於被害人所造成的侵害，不能放過而未加制裁；另方面，對於不法行爲的應對，其本身不能不法，也就是不能毫無理由且過度。今天，我們的法律明確規定犯罪的構成要件、對於判斷是否構成犯罪設定嚴格的要求，以及限制處罰的種類與刑度，都是爲了提供此種保護。

爲了證明改革的成效，這次不從遠古時代講起，而是先談談不久的過去，也就是一九四四年八月七日。

第十五章　應報：刑罰的歷史與理由

「對於這些人的審判程序必須閃電般的快速進行，絲毫不需要給他們說話的機會。在宣判後的兩個小時內必須處決！這些人要馬上吊死，無足憐惜。最重要的是，不能給他們太長的時間發言。但這些弗萊斯勒（Freisler）*1都會搞定的。」[1]

這是阿道夫．希特勒的話，說的是克勞斯．申克．馮．史陶芬堡伯爵（Claus Schenk Graf von Stauffenberg）主導的刺殺行動者，他們在一九四四年六月二十日對獨裁者發動了一次失敗的暗殺行動。這不是第一次的刺殺行動。早在一九三九年十一月，戰爭剛爆發的時候，木匠格奧爾格．艾爾塞（Georg Elser）即對希特勒發動刺殺，功敗垂成。他想要阻止戰爭，他在審訊時說，並爲此付出生命的代價。史陶芬堡走上反抗行動之路，較爲漫長。最初他是希特勒及納粹種族政策的支持者，也曾是戰爭的鼓吹者；直到德國在軍事上屢屢失利，敗象漸露，於是舉事反抗。

在刺殺行動的當晚，史陶芬堡和其他三名共謀者隨即被草率槍決。其他的參與者，一如希特勒所願，沒有被移送到軍事法院，而是在人民法院*2受審。這個專爲叛國罪及內亂罪設置的特別法院，是希特勒於一九三四年在柏林所設立，用來和帝國法院分庭抗禮，因爲後者對他來說不夠政治正確。自一九四二年起，人民法院的院長是羅蘭德．弗萊斯勒（Roland Freisler），他於一九二五年即加入納粹黨，很快就成爲納粹的明星律師，自一九三四年起擔任帝國司法部秘書長，接著成爲強烈的種族主義者。一九四三年，人民法院在他擔任審判長之下，對「白玫瑰」反抗行動成員漢斯・索爾與蘇菲・索爾及其他成員判處死刑。在他擔任院長的三年期間，令准了數以千件的死刑處決。

弗萊斯勒於一九四四年七月七日及八日對希特勒刺殺行動者的第一次審判程序，一開始即荒腔走板。八名被告未按身分著裝，只是隨意穿著，必須站立聽審，且幾乎無語。弗萊斯勒不斷地咆哮，一味地訓斥他們是「雜碎」、「兇手」、「叛國者」、「豎子」*3、「半斤八兩」*4、「無恥之徒」*5、「笨蛋」*6，罵他們「可鄙」、「不要臉」、「厚臉皮」。（庭上）他對當時被卸下皮帶的軍事總元帥埃爾溫・馮・維茨萊本（Erwin von Witzleben），質問說：「一直以來，您到底用什麼東西撐著您的褲子，您這個髒老頭？」當烏爾里希—威廉・施韋林・馮・施汪菲爾德伯爵（Ulrich-Wilhelm Graf Schwerin von Schwanenfeld）要爲參與此次刺殺行動暨其他謀殺行動說明理由時，弗萊斯勒嘶喊以對：「謀殺？您簡直就是破爛的雜碎！」

這個審判程序是祕密進行，被允許在場旁聽的，只有被挑選的相關當事人及軍事人員，後者還包括後來的德意志聯邦共和國聯邦總理赫爾穆特・施密特。弗萊斯勒以蓋世太保透過刑求強制取得的口供作爲審判的基礎。其中一名接受被告告解的神父也被審訊，後來也被弗萊斯勒判處死刑，因爲他沒有告發刺殺計畫。被告的辯護人並沒有比被告較多的發言機會。在審理期間，辯護人無法和他們的當事人接觸，弗萊斯勒甚至還會羞辱他們，當辯護人與他對立的時候。儘管辯護人說他的當事人是「恥辱」、「犯罪者」、「有罪」、「死人」，儘管這些辯護人是他自己挑選的，儘管他們都是納粹黨員，儘管他們是在爲自己的當事人辯護，甚至明白地拒卻請求減輕其刑。[2]第二次審訊日最後，八名被告都被判死刑。庭後不到一個小時，全部被處以絞刑，用綁在肉鉤上的細繩「如屠宰牲畜般地懸掛著」，一如希特勒所願。[3]

無數的後果隨之在後。「親衛隊全國領袖」海因里希·希姆萊（Heinrich Himmler）把主事者（譯按：刺殺行動者）的妻子、兄弟姐妹及父母送進監獄或集中營，他們的小孩——最小的才出生十天——被送到孤兒院。[4]希姆萊按照古日耳曼的血讎傳統建立了家族連坐罰法*7，「清洗」到「整個家族的最後一員」。[5]

宣傳部長約瑟夫·戈培爾（Josef Goebbels）將整個審判過程祕密錄影，包括最先八位被告的行刑，希特勒還在當天晚上觀看影片。[6]以此題材拍攝的影片《人民法院前的叛國者》*8，則未曾公開上映過，[7]主要原因是弗萊斯勒的咆哮讓戈培爾深感不快；而且除了弗萊斯勒充斥其中外，幾乎沒什麼看頭，該影片後來被列為帝國國家密件。[8]

貶抑被告，未審先判、剝奪被告的程序權、泯滅人性的刑罰——凡此均無關乎正當刑罰程序，只是為了滿足納粹主義者營造法治國假象的需求。當中最為荒謬的是，被判罪者並沒有做什麼犯罪的事。儘管他們的動機各有不同，[9]但他們是英雄。他們試著殺掉歷史上最大的集體謀殺犯，這樣的壯舉原本不應該在法院受審，他們不該被判罪、被謀殺。希特勒才是罪犯，他們不是。

經由一種迂迴之道，西德的司法於一九五二年得出同樣的論定，緣由是針對社會主義帝國黨首腦奧托·恩斯特·雷莫（Otto Ernst Remmer）的一宗訴訟案件。這位前軍方官員在一九四四年六月二十日當晚親自逮捕了史陶芬堡。一九五一年，他將史陶芬堡及其同謀者稱為叛國者，布藍茲維（Braunschweig）邦法院於一年後以誹謗及侮辱先人罪名判處雷莫有期徒刑（他逃亡而未受刑）。

在審判程序中，檢察官由佛列茲·鮑爾領銜出庭，他在一九七〇年代亦參與在法蘭克福推動的奧斯威辛審判程序。拜他之賜，邦法院得以詳究刺殺行動的正當性，並得出論斷：參與者不是叛國者，而是「純然出於對祖國的熱愛與果敢自我犧牲的無私責任感，爲了剷除希特勒」全力以赴。邦法院同時——如鮑爾於結辯時所陳述——將「第三帝國」認定是一個「不法國家」（非法治國家）（Unrechtsstaat）。這個判決於公眾被廣泛討論，形塑一九四四年七月二十日[*9]此後在民眾心中的圖像。[10]過去在人民法院之下種種徹底不法的刑事惡果，總算有了一絲的修復。

但不只是刑事程序，納粹主義者還扭曲了絕大部分的刑法規定，特別是透過各類的種族法，尤其一九三五年制定的《保護德國血統及榮譽法》[*10]把猶太人與「雅利安人」之性交稱爲「種族恥辱」（Rassenschande），並處以刑罰。例如檢察官對一名紐倫堡的猶太人萊奧·卡岑貝格（Leo Katzenberger）提出指控，因爲他與一名非猶太裔的德國人「交往」。檢察官並且援引一九三九年戰爭爆發後不久頒布的《懲治民族敗類令》[*11]，違反者可判處死刑。連結了這兩項可恥至極的納粹法規之後，通往殘酷判決之路爲之大開。構成「種族恥辱」必須具備性交要件，這原本是無法證明的，但對承審本案的紐倫堡法院來說，一點都不成問題。一九四二年三月，卡岑貝格被法院判處死刑，約三個月後，被送上斷頭臺。

這是「第三帝國」時期因爲「種族恥辱」被判處死刑的唯一案件，連羅蘭德·弗萊斯勒都把連結《血統保護法》與《懲治民族敗類令》之舉稱作「膽大妄爲」。擔任審判長的法官奧斯瓦爾德·羅特豪格（Oswald Rothaug），之後在一九四七年紐倫堡的所謂法律人審判程序中，是少數被盟軍判罪的納粹法律人之一。他被判無期徒刑，後來減爲二十年，九年後被特赦。另兩名陪席法官經過多年的角力才在一九六八年受審，其中一位在《明鏡》週報上宣稱「猶太人被判處死刑，是沒有問題的」。[11]此二人最先只被判處二年到三年的有期徒刑，後因判決有瑕疵而必須重審，但在作成更審判決之前，訴訟程序停止，因爲兩位被告經診斷不具訴訟能力。[12]

更令人髮指的是，在德國占領區遂行的納粹司法。根據一九四一年十一月四日制定公布的《東部併入區有關波蘭人與猶太人之刑事司法令》*12，納粹政權建立了專用於波蘭居民的特別刑法：任何對德國人「因其德國民族屬性」*13而施加暴力行爲者，處以死刑。還有「以仇恨性或煽惑性之行爲，表達敵視德國之觀念」者，也可以判死。判決立即執行，只有檢察官可以對判決提起救濟。猶太人自一九四三年夏天起，完全不受法院審判，猶太人的「犯罪行爲」，依據另一道命令，由警察逕行制裁之。

即使在如此異端的司法制度下，納粹政權至少形式上還是以「制定」法爲依據，也就是國家頒訂的法令。儘管這些命令及法律多半是明顯地極端不正義，二次戰後仍不乏有法律人認爲，納粹政權下的法官只不過是在適用現行的法令。持這此種立場者，一般被稱爲法實證主義。然而，納粹法官多半不是忠實的法實證主義者，毋寧是堅定的納粹主義者，在萊奧．卡岑貝格一案中已經表露無遺。

納粹主義掌權之前，法實證主義的最熱切支持者之一，是時任社民黨司法部部長暨法學教授古斯塔夫．賴德布魯赫（Gustav Radbruch）。（戰後）他於一九四六年提出了一套著名的公式：「當正義與法安定性發生衝突時，解決之道是，實證之法，也就是經由規章與權力確立的法，應具優先性，即使其內容不正義且不合目的性，除非實證法律與正義之衝突已達無可忍受之程度，以致於法律作爲『不正之法』（unrichtiges Recht）應向正義退讓。」[13]這套公式之後便以他爲名（譯按：賴德布魯赫公式）。換言之，拉德布魯赫確認，遵守不正義之法律本身仍存有其價值——亦即法安定性——，但無可忍受之不正義法律，則不具有法效力。[14]今天，德國聯邦憲法法院得宣告無可忍受之不正義法律無效；於納粹德國，這個問題只有個人可以自己決定，但也必須自己決定。

附帶一提，羅蘭德．弗萊斯勒從未爲他的司法謀殺負起責任（也幾乎沒有任何一位納粹法官或檢察官）。[15]一九四五年二月三日，他在一次的轟炸中死於人民法院的建築物裡。不過，直到今天，他的傑作還繼續影響著人們，也就是《刑法典》中最惡名昭彰的構成要件。

從謀殺到現代性

「謀殺」（Mord）是一個非常古老的用語，原始的意義就只是「死亡」，之後衍生爲「有意圖的、密謀殺人」；今天在法學上之定義一則放寬、另則從嚴：意圖，過去是有目標的致死意欲或「謀慮」（Überlegung），此爲一九四一年之前的舊規定，現已無此必要，特定人之死亡合於行爲人之本意者，即爲已足——但須再符合現行《刑法典》第二百十一條所定謀殺之構成要件要素中的至少一項，也就是：謀殺者（Mörder），係指「出於謀殺之興致（Mordlust）、爲滿足性慾、出於貪婪或其他卑劣之動機，以陰險或殘酷或危害公眾之手段，或爲實現或隱藏其他之犯罪行爲，而殺人者。」

羅蘭德．弗萊斯勒參與此一條文的研議，並在其生效後做了詳細的註釋。該條是立基於納粹主義者所謂的行爲人類型學說（Tätertypenlehre），也就是應加以處罰的不是行爲——謀殺——而是謀殺者本身。用弗萊斯勒的話來說，犯罪的要素是「內建在（行爲人的）胚胎裡」。[16]把重點放在行爲人身上，納粹的法律人想要藉此避免「人民的同路人」（Volksgenossen）被判處死刑或無期徒刑。納粹法律人認爲這些人的行爲並不嚴重，信念比行爲來得重要的多。[17]

納粹主義終結之後，刑事處罰從行爲人處罰回歸到行爲處罰，第二百十一條在《刑法典》體系中顯得格格不入。過去曾有多次改革的嘗試，但迄今仍未修改——除了法律效果，現在最重是無期徒刑，而不是死刑（關於「無期」徒刑，詳見第十八章）。

在早期社會中，謀殺是少數由整個社群追究贖罪的犯行，不是相關部族可以自己私了的。謀殺主要的特徵是殺人的密謀性（Heimlichkeit），這點足以說明此種犯行的特殊性，因爲密謀殺人不宜以通常的贖罪方式處理（譯按：以金錢償命），而且此種作法會對社群的和平構成極大的干擾。相對來說，其他大部分的犯行，長久以來，是以原始的私刑法（Privatstrafrecht）方式贖罪：由受害的一方自己決定，針對其權利（或其族人的權利）所受之損害要求賠償，或者——於無法獲得賠償時——進行報仇。一般來說，以實物給付作爲賠償金就夠了。根據塔西佗《日耳曼尼亞志》所載，即使是在殺人（非謀殺）的情形，亦得以一定數量的大小牲畜向被害人的部族進行抵償，也就是作爲上述的償命金（Wergeld）。此種私人賠償的可能性亦見諸古巴比倫的法律文件上，於德意志地區以較爲寬鬆的方式繼續適用到近代前期。

迨自中世紀起，公刑法漸次擅場，在前述「公共和平」（Landfrieden）的訴求下逐步發展，也就是由高權者（Obrigkeit）來應付質變的世仇與陡增的犯罪。不只是債務的強制執行由國家爲之，對於破壞和平犯行的處罰，亦同。以使人痛苦——加諸身體或生命之痛苦——的刑罰，取代古老的贖罪金制度，國家對於犯罪的訴追，逐漸取代由被害人提起的私人控告（譯按：自訴）。這波發展的推進，教會及大城市亦扮演重要角色，在其轄區領域內，中世紀時期已經發展出對人民的高度權威性與執行力。影響所及，刑法的歷史可謂與國家權力的生成具有相當緊密的關聯性。【18】

德意志地區第一個大部頭的刑法典是一五三二年的《卡洛琳娜刑法典》，簡稱《卡洛琳娜法典》（又名：《神聖羅馬帝國皇帝卡爾五世之刑事法院法》[*14]），將前述發展又向前推進一步。這部法典主要是由約翰·封·施瓦岑貝格（Johann von Schwarzenberg）所撰擬，詳細規範刑事訴訟程序與（相對較不詳盡）刑事實體法——簡言之，哪些行爲，應如何處罰。此二要素之規定仍依循中世紀時期相當古老的觀念：刑求——儘管嚴格限制【19】——在「眞實」發現上扮演核心的角色。受處罰的行爲還包括巫術——但僅止於巫術造成損害時（眞實的損害，只是宣稱因果的巫術，不在其列）。但其後之所謂「魔鬼集團」[*15]，縱使沒有對他人造成損害，也會被判處死刑。此外，處罰的方式亦是讓人無法想像的無比殘酷。

《卡洛琳娜法典》尚無罪刑法定原則（nulla poena sine lege，無法律、無刑罰）的觀念。不過，該法典規定未明定之犯罪的處罰，須有一份法律鑑定書，並且禁止此類案件判處死刑。【20】《卡洛琳娜法典》同樣適用當時私法的原則：僅於地方刑法不存在時，始有適用，當時有許多地方法律仿襲《卡洛琳娜法典》。就致力於降低刑罰的恣意性來說，《卡洛琳娜法典》亦是日後德國立法的典範之一。

在啓蒙時期發展的刑法，如巴伐利亞（一七五一年）、奧地利（一七六八年及一七八七年）及普魯士（一七九四年）等地的刑法，在若干方面較諸《卡洛琳娜法典》寬鬆，部分廢除刑求及死刑，或只限於特殊例外情形；部分不再處罰女巫或褻瀆上帝，或減輕其刑。但另一方面仍延續中世紀的嚴苛與殘酷，保留死刑的邦國，仍採用穿刺、分屍或火刑等行刑方式（例如巴伐利亞）；廢除死刑的邦國（例如奧地利），則代之以危及生命的刑罰，例如拉縴（Treideln），也就是用人力來拉船，於一七八四年至一七九〇年之間，一千一百七十三名被判處此刑者當中，就有七百二十一名因此而死亡。【21】

此外，新增的處罰——嫌疑暨說謊罪，以作爲「認罪」的工具，用以平衡刑求的廢除。例如一八〇五年《普魯士刑法》[*16]規定，對於「頑固且狡猾之罪犯」，得施以鞭打或棍棒，或只提供水和麵包，或單獨囚禁之，使之「不會因其無恥的謊言及造假，或狡賴或全然沉默，而免去應得之處罰」。不過，依據一八三七年普魯士國王所謂的詔書（Rescript），前述只提供水和麵包的待遇不適用於高階領主，「因爲在此類受拘禁者身上。其受侵害的感覺，與此種手段的目的相較……顯失均衡」。何以有如此理由，不言可喻。

到了十九世紀的刑法，總算更進一步遠離了中世紀的刑法。發端於安塞爾姆・費爾巴哈（Anselm von Feuerbach），彼時最重要的刑法學者。他詳細分析一八一三年《巴伐利亞刑法典》[*17]，得出論斷：這部法律在細節及邏輯上均超越其所有前身，除開若干值得注意的殘酷刑罰。早在一八〇二年，費爾巴哈即將孟德斯鳩在《法的精神》（一七四八年）一書中所醞釀的原則：人類僅能在有法律的基礎下予以處罰，置於堅實的法理論基礎之上，並形塑出無法律、無刑罰的公式。於今，這項法則明定於新法（譯按：一八一三年《巴伐利亞刑法典》）的第一條[*18]。

此外，費爾巴哈對道德刑罰（moralische Strafen）提出質疑，從而在此之後，褻瀆上帝及同性戀不受刑事處罰（不過，後者於巴伐利亞直到《帝國刑法典》生效後始不予處罰）。另一方面，巴伐利亞的法律仍有死刑的規定，還有嚴酷的強制工作以及長期拘禁於感化院的剝奪自由，相對於已經廣被禁止的體罰，這樣的處罰其實沒有好到哪裡去。普魯士司法部部長阿爾布雷希特・封・阿尼姆（Albrecht von Arnim）於一七九九年甚至把該區的（感化）機構稱爲「葬身之地，而不是安頓活人的所在」。[22]

接下來十幾年的多部刑法典，從薩克森到巴登等地，主要取法——除嚴苛的刑罰外——《巴伐利亞邦刑法典》。全帝國統一之立法，則是一八七一年《帝國刑法典》[*19]的制定，這部法典——經過無數次的修正——以《刑法典》[*20]之名適用至今。不同於《民法典》，刑法典並沒有開啓新的時代，而只是把現有的刑法予以統一化——連同一八七七年制定的《帝國刑事訴訟法》——並未作根本性的修改。從人道主義的觀點來看，甚至退步：部分德意志邦國遵循一八四九年功敗垂成的《保羅教堂憲法》的意旨，廢除了死刑，包括薩克森、奧登堡（Oldenburg）〔除了戰爭法及海事法的譁變（Meuterei）〕、安哈特及布萊梅，但無法進一步促成《帝國刑法典》也同步廢除死刑。儘管帝國眾議院贊成廢除死刑，但帝國參議院——由各邦國代表——反對，結果死刑經由《帝國刑法典》又回到這些進步的邦國。[23]

與《民法典》的最初版本一樣，《帝國刑法典》也有一些奇怪的規定，例如詳細規定使用致命武器的決鬥：決鬥之邀約與接受應予處罰，決鬥本身，亦同。遵循規則而將對方殺死者，處三年以下之「堡壘徒刑」（Festungshaft）。這是一種無須強制勞動之相對寬鬆的自由刑，不被認為名譽受到貶抑。只有在逾越「決鬥的約定或傳統規則」時，行為人才被依據殺人罪之一般規定論處，也就是五年以上之監獄徒刑。決鬥如果沒有助手在場者，加重其刑，但作為助手的證人及醫生，則不罰。這些關於決鬥的規定，一直到一九六九年才刪除。

在《帝國刑法典》之外，有兩個發展值得特別指出。第一是涉及德國的殖民地。於二十世紀之交，德意志帝國「占領」許多地區，從非洲經南海到東亞。但是殖民官並沒有想到要把本國進步的刑法用在殖民地的統治上。「不同的文化、不同的刑法」是當時的確信，[24]或者甚至認為：「原住民都是孩童——必須以禁令及刑罰教育之」。[25]構成殖民地的（刑）法，不是法律，而基於皇令及恣意，從而實施連坐罰，乃至於嫌疑罰。嫌疑人（！）於法庭上說謊者，處以刑罰（一種完全新的犯罪行為）。[26]

殖民地刑法比較保護德國人免於受到在地人侵害，反之不然，後者較常被處罰且重罰。鞭打及毆打是處罰手段的選項，儘管《帝國刑法典》已經全面廢除體罰。被拘禁的犯罪行為人以鐵鍊綑綁。[27]私下毆打在地人相當普遍，且不受處罰，殺人則較少：依照「德國—西南非洲」（位於今天的納米比亞）的一份官方簡報，有七個白人被在地人殺害，結果是十五個死刑判決，相對於此，殺害在地人的五起處罰案件，則判處有期徒刑，最多不超過三年〔此種「白人生命貴重效應」（White-lives-matter-Effekt）直到今天還可以在美國的死刑判決獲得佐證〕。[28]在地人要求廢除鐵鍊拘禁及體罰的書面陳情，石沉大海。特別糟糕的是，在中國的膠州，德國警察可以在未經法院程序之下施以體罰，經過判決者，可以施打一百下以下。[29]在其他地方，判決不是由正規獨立的法院作成，而是交給上令下從的公務員，集調查官、檢察官及法官於一身。[30]

殖民統治及其對在地人民的刑法特殊待遇，直到第一次世界大戰德意志帝國戰敗才終結。此與《帝國刑法典》之外的第二種發展並不連貫，也就是政治刑法，此種發展一直持續到德國分裂時期（譯按：一九四九年至一九九〇年的兩德時期）。政治刑法的第一個高峰期是一八一九年的卡爾斯巴德決議（Karlsbader Beschlüsse），引進事前檢查制度，禁止自由派的學生組織（Burschenschaften），准許監視大學。但是遂行政治迫害，則還有顧忌，放不開手。

比如說，一八四〇年代普魯士國王腓特列・威廉四世想要處決民主激進分子暨醫師約翰・雅科比（Johann Jacoby），結果未能遂願。緣於雅科比發表了一篇造成轟動的論戰文，鼓舞人民眞正參與國家事務。[31]國王很不對味，他讓人以叛國罪起訴雅科比，面臨死刑的威脅。但是由於叛國罪顯然不成立，雅科比被以「引致政府不悅」（Missvergnügen）及冒犯君王罪（大不敬罪）判刑。不過，雅科比免去了二年半堡壘徒刑的牢獄之災，因爲出乎眾人意料之外，他對判決的上訴竟然勝訴：獲判無罪。[32]

然而，在接下來的十幾年，一再有新的禁令出爐，有些是暫時的，有些是持續的，通通只有一個目的，遏止對既有秩序的反抗。政治刑法的蓬勃發展，恰恰是與其最著名的受害者同一時期：羅莎・盧森堡

（Rosa Luxemburg）。

不斷的遞變

羅莎．盧森堡，無疑是一位非比尋常的女性。「二十世紀最令人玩味的人物」之一，安妮莉絲．拉斯查（Annelies Laschitza）[*21]甚至在其傳記裡如此定位。「身形不高、髮色深黑、外表不顯眼，通過會說話的眼睛、天然自成的魅力、蘊藉親人的氣質，還有她本然的政論精神與引人入勝的演說，在在讓人爲之著迷。她滿腹觀點，未受正規教育，多才多藝，還有——野心勃勃。」[33]所有這些特質理應讓她成爲眾所矚目的焦點。

一八七一年，出生於俄國沙皇帝國占領的波蘭地區，先是在該地活動，後出亡蘇黎世，於一八九六年加入德國社民黨。幼時，遭遇反猶太人的攻擊，即使在社民黨也因其猶太出身而蒙受敵視。但這些並沒有阻礙她逐步成爲左派有力的發言人，並且成爲政府的聚光點。

德意志帝國時期的一八七八年至一八九〇年間，《社會民主黨企圖危害公眾防制法》[*22]（《反社會主義黨人法》）將參加社會主義黨、社會民主主義黨及共產黨的集會及相關組織的成員置於刑罰之下，但由於社會主義黨人的強力抗爭，該法難以執行。到了盧森堡活躍的時期，取而代之的是處以冒犯君王罪（Majestätsbeleidigung），並蔚爲一種大規模的現象，打擊的對象主要是左派人士，雖不以此爲限。社民黨特地將黨報《前進》（*Vorwärts*）上所載各黨派相關當事人的投書，特別是一八九五年至一九〇八年間，輯成一本《事件簿》（*Chronik*）。[34]

一九〇四年，盧森堡也因觸犯冒犯君王罪而首次入獄。（譯按：原因是）她對德皇威廉二世宣稱：我比任何社會民主黨人更瞭解勞工問題云云，提出駁斥：「說德國工人過著良好且穩定生活的這位男士，對於實際情況毫無概念。」[35]一九〇六年，緊接因「鼓動不同階級人民進行暴力活動」而獲判徒刑，因爲盧森堡在社民黨的一次黨大會上號召集體罷工。一九一三年，巴爾幹地區的一個戰爭差點就釀成世界大戰，於是乎她發起萬人拒服兵役、拒絕服從命令運動——爲此，她被以「煽動不服從法律與違抗當局命令」罪名判處十四個月的有期徒刑。

對於和平主義的言論表達，當局施以嚴苛刑罰，目的顯而易見，就是要讓這些言論遠離公眾。儘管盧森堡盡了最大的努力，社民黨還是在一九一四年夏天加入了廣眾支持宣戰的戰爭歡騰氛圍*23，這點讓她很受傷。出獄不久，她被以「防範對帝國安全造成危險」的名義關押在所謂的軍事保安監禁，直到一九一八年十一月革命之後，她才重獲自由，立即又投入行動。

弗里德里希・艾伯特接掌社民黨的時候*24，盧森堡原本也打算掌理黨務，但她想跟卡爾・李卜克內西（Karl Liebknecht）繼續領導革命。雖然她自己不傾向使用暴力，卻捲入一九一九年一月一日創立的德國共產黨所發動的一場暴力行動中，所謂斯巴達克起義。數以百計的起義者死於政府的鎮壓，盧森堡與李卜克內西脫逃，於一九一九年一月十五日被右派的自由軍團（Freikorp）查獲、逮捕、審訊及刑求。自由軍團的指揮官瓦爾德馬・帕布斯特上尉（Waldemar Pabst）在取得社民黨陸海軍人民代表古斯塔夫・諾斯克（Gustav Noske）的認可下，當晚下令處決二人。這些兇手中之後只有一位受到兩年有期徒刑的制裁，其餘不是被掩過飾非，就是逃匿無蹤。

許多過去被處罰的行爲，今日不再受罰；但其他過去不受刑事處罰的行爲，於此期間，卻被入罪；有一些刑罰較輕，另則重罰。

洎自啓蒙以來，除了政治刑法外，主要顯現在對性行爲的「規範」上。通姦（婚外性行爲）——以致於離婚——於一九六九年之前，受刑事處罰；一九七三年之前，性媒介亦受處罰，也就是提供未婚的成年人與他人性交的機會。同性男子之間的性行爲，一九九四年之前受刑事處罰，比其他性行爲的處罰還重（於東德，拜其最高法院之賜，僅至一九八七年）。[36]另方面，婚姻間的強制性侵害行爲於一九九七年（！）之前不罰。今天，跟蹤騷擾及性騷擾亦在刑事處罰之列。有人認爲這是一種徵象，表示我們變得比較敏感了。錯：我們不是變得比較敏感，而是我們的感覺（感受）今天受到比較好的保護。而且恰恰是那些被人類長期（過長）壓抑的感覺。

有一種情況促使刑法的重大變遷，即刑法對於驚愕（Schocks）——來自民眾，儘管有國會的緩衝效應（Pufferwirkung）——的過度反應（譯按：社會一有風吹草動，即祭出重罰）。這可能是加重刑事處罰的嚴重虐童事件，但也可能是源於恐怖攻擊。一九七〇年代的赤軍團（RAF）恐攻和二十一世紀的伊斯蘭主義恐攻，導致參加恐怖組織，甚或爲學習恐怖攻擊能力而前往國外，於此期間都成了受刑事處罰的行爲。換言之，刑法上可罰行爲的範疇越來越往前挪移。令人憂心的一種發展，特別是拜資料分析之賜，警察及情報單位越來越深入侵及我們的思想世界，刑法終而可能（又再次）會處罰我們的信念，而不是行爲。

這件事情之所以問題重重，不只是因爲思想自由受到侵犯，更因爲在如此籠統廣泛規定的犯罪構成要件中，有一個遠比以往還難回答的核心問題擺在眼前。

何以故？

每個人都會同意，社群必須對特定權利侵害作出反應。打人、性侵害、詐欺、強奪、殺人——都不能夠毫無回應而善罷甘休。因此，以下說法亦廣受贊同：對於每一個權利侵害的回應，不能都只限於侵權行爲之損害賠償請求權，必要時，要給予精神損害賠償金，否則法律不合乎人類共同生活的意義。然而，極難回答（證立）的問題是，除了損害賠償及慰撫金之外，我們到底爲什麼還要施以刑事處罰？

這個問題最古老的答案是：爲了應報。早在前現代的私刑法時期，重要的不僅是經濟上損害塡補，例如殺死某一家族中屬重要勞動力之成員，賠償因此產生的經濟上之損害，還包括應報，也就是贖罪，或者——負面的說——復仇，這種需求在人猿的身上亦可看到。還記著前面提過，弗蘭斯．德瓦爾（Frans de Waal）針對位於安恆（Arnheim）動物園所做的報導，黑猩猩會懲罰違反規則的同類。德瓦爾的一位女學生在觀察獼猴的時候發現，牠們對於違規行爲不僅是直接加以處罰，隔天還會怒氣沖天地修理違規者；牠們甚至會做間接性的制裁，也就是把怒氣發在對手的親屬身上。[37]德瓦爾援引羅伯特．泰弗士（Robert Trivers）的見解，[38]得出以下推論：「施惠與回饋的系統將無法維繫運作，如果此一機制受到破壞的程度已經到達無可控制的地步。……想要保護自己免於被欺騙的唯一方法就是讓欺騙者付出昂貴的代價[*25]。」[39]

應報所根基的原則，與我們在第十章認定正義契約的準據相同，即：相對性（互惠性）。在語源上「Vergeltung」（應報）與「Entgelt」（對價）的共同字根足以彰顯這點：「gelten」原始的意涵是「償還、補償」，但同時也有「支付、付出」的意思。在契約法領域，相對性的作用是正面的：當事人給予若干利益，用來得到相對的利益。於刑法，相對性則是負面的：犯罪人應承受相同的報償，以彌補其犯行。表現此種觀念最簡樸的形式，見諸所謂的《塔里昂刑法》[*26]，舊約聖經上的誡命「以命還命、以眼還眼、以牙還牙」（2. Moses 21, 23-25），將此觀念做了最爲精準的表達。同樣地，此一原則亦確立於古老的《漢摩拉比法典》（即使定有他種刑罰），例如第一百九十六條規定：「一人毀壞自由民之眼者，該自由民得毀壞該人之眼。」除了殘酷之外，塔里昂刑法的另一缺點是，由於其殘酷性導致暴力的循環，也就是形成冤冤相報的持續性復仇，遷延多年，甚至好幾個世代。[40]

啓蒙時代的最重要哲學家，莫過於康德，即是應報理論的支持者。於《道德形上學》一書中，他認爲不判謀殺者死刑的觀念極其可笑。縱使一個社會將要解散，「最後一個人也必須先處決獄中的謀殺犯，以便讓每個人都對其行爲付出應有代價，而不把血債轉嫁到沒有執行此一刑罰的民族身上」。[41]

康德這樣說並不是沒有人性，而是在應報中看到對犯行的正義平衡及其中蘊含的刑罰理由。刑罰若追求在此之外的目的，則將使犯罪人成爲他人的客體。此外，應報思想應予維繫的理由在於，其節制了刑罰的限度：死刑只能用於殺人罪，而不能用於其他犯罪。而且如此古老的應報觀，顯示出這種需求是眞實的。社會爲了滿足這方面的需求，滿足被害人所需要的應報需求，並且阻止了私刑。[42]直到今天，聯邦憲法法院仍然肯認，「（刑罰）——儘管不是唯一、但仍然亦（auch）是——旨在對法律上所禁止之行爲施以合理的應報。」[43]然而，重點恰恰在於「亦」（auch）是。

在康德之前的大約兩千多年前，柏拉圖（Platon）依循古羅馬哲學家塞內卡（Seneca）的見解就已經說過：「一個理性的人受處刑罰，不是爲過去受罰，而是因受罰而將來不再受罰。」[44]此種觀念亦已彰明在《卡洛琳娜刑法典》中：依據第一百零四條（嚴苛且經常公開執行之）刑罰應「auß lieb der gerechtigkeyt vun vmb gemeynes nutz willen」為之，也就是不只是出於對正義的愛好——亦即為了應報犯行——，而是還要為公共利益之故，亦即防止未來的犯罪。

安塞爾姆．費爾巴哈認為，刑法的公共利益在於威嚇作用。（重）罰之科處，唯有當其具備不得破壞法律之「心理強制」效應，始屬正當，從而刑罰亦僅於其威嚇力不會失其效用時，方得以實際執行。[45]費爾巴哈的後繼者，又再為威嚇觀念增添內涵：刑罰同時強化了人民對於法秩序的一般性信賴，以及對禁止誡命效力的個別性確信。此二思想的特點通稱為一般預防（Generalprävention）理論。

與之相對，特別預防（Spezialprävention）理論則是認為刑罰的理由在於，遏阻犯罪行為人再犯其他的犯罪行為。此種觀念的系統性發展，首推法蘭茲．封．李斯特（Franz von Liszt），於十九世紀後葉。根據他的理論，有教化能力的犯罪行為人應予再社會化，無教化能力的犯罪行為人應威嚇其不得再為其他的犯罪行為，而此二者於剝奪自由期間，應遏阻其再為其他犯罪行為。再社會化雖然無法直接經由刑罰而達成；因為罰金對此毫無幫助，自由刑甚至反而去社會化。不過，再社會化的訴求有助於自由刑的制度形塑——例如於服刑期間提供再教育的機會——同時建立假釋制度。

以上所述之刑罰理由的各種說法——應報、一般預防、特別預防——就其本身來看，嚴格地說，都尚有不足。應報作為訴求，過窄，因為從一個被重罰而帶有更多情緒的（前）受刑人身上，社會可以得到什麼好處？況且，報復也不是一如其名般的甜蜜，有證據顯示，在犯罪者被處罰之後，人們的感覺比（犯罪者）不被處罰還要糟（儘管相反情形——同樣可證——同樣可信）。[46]況且，純粹形式的應報太過殘暴，畢竟沒有人真正地想要一眼還一眼。

以（重）罰進行威嚇，效果有限。許多犯罪的發生，特別是臨時起意者，行為人完全未考量過後果。此外，學說上一致同意，科處或執行的刑度不具威嚇作用，也就是說，一個犯罪行爲不管是被判處兩年、五年或十年的徒刑，都不具有威嚇作用，縱使被發現的可能性對潛在行爲人決定是否行動有所影響，[47]也就是不被處罰的期待（不問刑度）。高刑度的重罰甚至可能會產生反效果，執行的結果再犯率不降反升，例如因爲該受刑人於獄中趨於極端，或在服刑期間失去其社會連結；而且，重度刑罰通常亦都不被認爲合理。

對於犯罪行爲人來說，經過處罰而欲遏阻其未來的犯罪行爲，作爲刑罰的理由，同樣不夠。因爲對於一次性的犯罪行爲人或已融入戰後社會的納粹集體謀殺者來說，根本就不必處罰。此外，事實顯示，刑罰的種類與刑度對於再犯可能性，並不具影響力。[48]從而，以特別預防的目標來說，最終只是證立犯罪應予處罰，而不是謀殺的刑罰爲什麼要不同於竊盜。

由於以上理由均有不足，因此今天多半將刑罰立基於上述三種理由：刑罰應滿足一般人及被害人的應報需求；刑罰應遏阻一般人及犯罪行爲人爲未來的犯罪行爲。刑罰目的結合的結果是，在作成每一個別刑罰時，應彼此權衡兼融以上三種理由：刑罰不得重於犯罪行爲，即使其具有威嚇效力；刑罰不得讓犯罪行爲人再社會化變得不可能。另一方面，刑罰不得過輕，以致於鼓勵私刑，並且讓一般人喪失對禁令效力乃至於整個法秩序的信賴。

以上僅涉及刑罰的目的與界限，同等重要且於適用刑法時更爲重要的是，與此相伴之憲法上的保障，其限定何種行爲得予處罰，規範處罰的程序及處罰本身。此等保障包括：「無法律、無刑罰」原則、責任原則、重複處罰禁止原則、法官保留原則、無罪推定原則及特定種類刑罰之禁止。在這些憲法保障中，蘊含了我們過去以刑罰製造的種種負面經驗。下一章要談的就是這些事、那些人。

也許您在之前就已經想過，要對哪些行爲、依照何種程序、判處何種刑罰，作如何的規範，可能是在無知之幕底下必須解決的最棘手問題。沒有什麼問題要比這裡更需要格外謹慎小心。因爲我們對何種行爲應予處罰的觀念、我們對於責任認定的可能性，以及我們對於刑罰的訴求本身，不斷在變動之中。

◆本章譯註

*1 指羅蘭德・弗萊斯勒（Roland Freisler），人民法院（Volksgerichtshof）的院長，被貶抑為穿著紅袍的野獸。詳見：李建良譯，Uwe Wesel著，法學導論的博雅講堂，二〇二三年十一月，頁二四四。

*2 原文：Volksgerichtshof。

*3 原文：Würstchen。

*4 原文：halbe Portionen。

*5 原文：ehrlose Ehrgeizlinge。

*6 原文：Esel。

*7 原文：Sippenhaft，指對犯罪者的處罰擴及到其家族成員。

*8 原文：*Verräter vor dem Volksgericht*。

*9 該日，史陶芬堡伯爵於德國位在拉斯滕堡的戰地指揮部「狼穴」（Wolfsschanze）基地引爆炸彈，刺殺希特勒未果，史稱「一九四四年七月二十日暗殺案」（Attentat vom 20. Juli 1944）。

*10 原文：Gesetz zum Schutze des deutschen Blutes und der deutschen Ehre。

*11 原文：Verordnung gegen Volksschädlinge。

*12 原文：Verordnung über die Strafrechtspflege gegen Polen und Juden in den eingegliederten Ostgebieten。

*13 原文：wegen seiner Zugehörigkeit zum deutschen Volkstum。

*14 原文：des Keysers Karls des fünfften und des heyligen Römischen Reichs peinlich Gerichts ordnung。

*15 原文：Teufelsbund，女巫教派的別稱，約自一六五三年起，女巫被集體性地看作是一種與基督宗教分立、信奉魔鬼的犯罪教派。參見：Der Dom, 31.05.2023, “Detmolder Hexenprozesse – Diffamierung und Verfolgung, https://www.derdom.de/archivierte-beitraege/detmolder-hexenprozesse-diffamierung-und-verfolgung/; Martin Kriele, Religiöse Diskriminierung in Deutschland, ZRP 2001, 495 (498 f.).

*16 原文：preußische Criminal-Ordnung。

*17 原文：Bayerisches Strafgesetzbuch。

*18 內容：「有責任而為不法之作為或不作為，法律規定施以一定之惡害者，以該惡害為刑罰處罰之（Wer eine unerlaubte Handlung oder Unterlassung verschuldet, für welche ein Gesetz ein gewisses Übel gedroht hat, ist dieses Übel als seiner Strafe unterworfen）。」參見：Herbert Grziwotz, 200 Jahre Bayerisches Strafgesetzbuch, https://www.lto.de/recht/hintergruende/h/feuerbach-strafgesetzbuch-bayern-abschaffung-folter；相關文獻，參見：Arnd Koch u.a. (Hrsg.), Feuerbachs Bayerisches Strafgesetzbuch, 2014, passim.

*19 原文：Reichsstrafgesetzbuch，簡稱RStGB。

*20 原文：Strafgesetzbuch，簡稱StGB。

*21 一九三四－二〇一八，德國歷史學家，於東德時期參與羅莎．盧森堡全集的編纂。

*22 原文：Gesetz gegen die gemeingefährlichen Bestrebung der Sozialdemokratie，一八七八年十月十九日，德意志帝國議會通過。

*23 原文：Kriegsbegeisterung，又稱「一九一四年精神」（Geist von 1914），指奧匈帝國於一九一四年七月二十八日向塞爾維亞宣戰並出兵，第一次世界大戰爆發，德意志帝國議會於一九一四年八月四日議決支持宣戰，社民黨亦參與投下贊成票，接下來的短暫軍事勝利讓舉國進入一種參戰的歡愉氛圍。參見：Wolfgang Kruse, Die Kriegsbegeisterung im Deutschen Reich, in: Marcel van der Linden, Gottfried Mergner (Hrsg.), Kriegsbegeisterung und mentale Kriegsvorbereitung. 1991, S. 73 ff.

*24 一九一三年任德國社民黨主席。

*25 為利於理解，抄錄該段英文全文如下：Frans de Waal, Good Natured: The Origins of Right and Wrong in Humans and Other Animals 159 (1996): "It is to Trivers' credit as a theoretician that – before we knew much about alliances and mutual aid – he recognized that a sytem of favors and return favors would not last if the tendencies that undermine it went unchecked. Threr is a strong temptation to take advantage of the system without making a corresponding investment. Defines as "cheating" – that is, giving less than one takes – this attitude threatens the entire system, including the interests of honest contributors. The only way they can protect themselves is by making cheating costly. Thy do so through punitive action, also known as *moralistitic* *aggression*. It is an apt label, as the reation concerns how others "ought" to behave."

*26 原文：Talionsstrafrecht，拉丁原文：ius talionis，talio意指一報還一報，參見：https://www.lsd.law/define/jus-talionis

第十六章　犯罪行爲：刑事實體法

一八七九年夏天，柏林市把位於菩提樹下[*1]與腓特烈街十字路口的皇室廊道上的瓦斯照明燈，換成電力弧光燈。三年後，波茨坦廣場及萊比錫街部分路段也使用同樣的照明燈。但是這些照明燈一開始「咕咕作響」，誠如西門子公司一名電工在他的回憶錄《電力技術的早期》（*Jugendzeit der Elektrotechnik*）所載。照明燈的換修引起不安，因爲修理工程「必須從電線下方的電箱背面進行，難免會在手部移動時，不小心碰觸到電壓部分，此刻電工會有被電擊的感覺，以作爲警示。直流電的電壓是五百伏特，即路燈所使用的電壓，相較於當時電工已經習慣的交流發電機，前者要來得敏感多了。碰觸到交流電，人們會有心臟不舒服的感覺，就好像腸子被攪拌機攪拌一般，相對來說，在碰觸直流電壓的情形，就好像被用棒子打在手臂肌肉的感覺。此時，人會彎曲，又立即伸直」。不過，在維爾納．西門子（Werner Siemens）[*2]委請專家鑑定之前，電工就已經開始進行路燈的修理。[1]

在此之前，西門子公司爲了三十六盞路燈設立了一座小型的瓦斯電機，供發電之用。一八八五年起，由另一公司較大型的發電廠對柏林部分市區進行供電。不過，普魯士第一個以自有財產形式之發電廠的大城市，是一八八七年的埃爾伯費爾德（Elberfeld），也就是今天的烏帕塔（Wuppertal）城市部分，技師弗里德里希．彼得斯（Friedrich Peters）參與了建廠工程。[2]顯然，技術進步的優點頗合彼得斯之意。因爲不久之後，他就在承租的房間窗上鑽一個洞，把電線穿過窗洞，然後和街上的電線連接，用此分導出來的電流，供其房間照明之用。他沒想到，一百年之後，這件事情會在大學法學院經常被討論——現在則在本書講述。

這件事情的況味之所以延續至今，原因是彼得斯遭逮，先是被以竊盜判罪，但經上訴後，帝國法院於一八九九年五月判他無罪，判決理由成了法律史。爲了理解爲什麼，首先必須知道竊盜罪的構成要件。當時規定在《帝國刑法典》第二百四十二條（與現行規定只有微小差異）：「意圖不法之所有取走他人之動產者，以竊盜處以有期徒刑」。接著必須認識之前已提過的無法律、無刑法原則（或法定原則），《帝國刑法典》第二條規定如下：「行爲之處罰，以該刑罰於行爲前法律規定者爲限」。

電，是否爲該法律規定所稱「他人之動產」？對彼得斯來說，電流是他人的，因爲該電流不屬於彼得斯所有，他也沒有請求分電的權利。電會「動」，乃事物之本質，但電是「物」嗎？物是有體物，也就是物體、液體或氣體，這點大家見解一致。不同於埃爾伯費爾德邦法院的見解，帝國法院認爲電不是有體物；電氣不是物質，而是一種所謂的「天然之能源（其他如聲響、熱能、光線、化學變化、彈力、力學能，亦屬之）」。特別是，儘管電的用語是「Strom」（譯按：Strom另有河流之意），但電不是液體，縱使人們可以儲存電。總之，竊盜罪的構成要件不該當於電。

但是，彼得斯眞的沒有做什麼値得處罰的事情嗎？難道不能把「物」的概念稍微從寬一點解釋嗎？或者何以不能——法學上的說法——以「物之取走（竊取）」與「電氣之取用（竊用）」的可比較性，經由適用第二百四十二條來塡補法律中明顯的漏洞？帝國法院援引無法律無刑法拒絕此二種解釋方法。類推適用於私法有可能，於刑法則只能有利於被告。電氣之竊用固然具有可罰性，但只要法律未將之明定爲犯罪行爲，就不能處罰。[3]

如此明確且清楚，在此之前，尚無任何刑事法院引用過「無法律、無刑罰！」也因此這個案例直到今天仍然在課堂上被講授（於此不要忘記的是，在同一時間，這項原則尚未適用於德國殖民地）。與此同時，立法者也聽到了呼籲：自一九〇〇年四月起，依據同一條文，「利用管線從電力設施或設備竊用他人之電氣者」，應予處罰。

類推禁止只是刑罰法定原則的一個面向。第二個規範內涵是，只有立法者可以決定哪些行爲受到刑事處罰。換句話說，法律應自己定義刑罰，此項定義權不得交給行政部門爲之。因此，立法者必須——這是第三個規範內涵——將可罰性的要件具體的規定，以便使可罰行爲的內涵可以被清楚的探求。比如說，法律規定竊取他人「某些東西」（etwas）者，論以竊盜處罰之。固然，電氣亦屬「某些東西」，但是此一概念（譯按：「某些東西」）過於不確定；「某些東西」是否亦包含日光，而得從他人竊取之？或者地鐵上的座位？停車位？

對於無法律、無刑罰公式的創作者安塞爾姆．費爾巴哈來說，刑罰的預見可能性正是此一公式的任務。實則，刑罰法定原則的基本思想早爲孟德斯鳩所發展，而原則最早的發端甚至見諸羅馬法。[4]然而，直到費爾巴哈才攫住核心重點並將之證立化，用以達到其所認爲的刑罰目的：威嚇。因爲要威嚇某一潛在的犯罪行爲人，唯有當刑罰在行爲前明確規定時，始有可能。[5]反之，對於費爾巴哈來說，是否公平（Fairness），無關宏旨。

然而，公平性的要求卻是無法律、無刑罰的第四個規範意涵，如同寫在額頭上的明顯，也就是溯及既往禁止原則（譯按：刑事法律不溯及既往原則）：行爲時，法律不處罰之行爲，嗣後法律修正對此亦無影響。所謂的柏林圍牆衛兵（Mauerschützen），他們原本可以因此而獲益，卻在德國統一之後被提起公訴

（譯按：以殺人罪嫌）。這些柏林圍牆衛兵對逃向西德的人民開槍，並擊斃之，但這些行為依照行為時的東德法律是被允許的。只不過，聯邦憲法法院援引賴德布魯赫公式以「牴觸更高位階之法規範」為由，宣告東德當時允許的規定不具重要性。[6]

溯及既往禁止原則亦適用於事後加重刑罰之情形。《刑法典》甚至反向規定：於行為與判決之間法律修正者，適用較輕之規定（「（譯按：對被告）最有利之原則」*3）。

刑罰法定原則及其所有規範內涵，對於刑法而言，何其具有進步意義，納粹主義者對此項原則之蔑視，恰可印證。早在一九三五年，納粹主義者即修正前述的《帝國刑法典》第二條，改為：「行為之處罰，為行為時法律規定應予處罰者，或依刑法之基本精神及依健全之人民感覺應予處罰者。行為之處罰，無特定刑法可直接適用者，該行為依其基本精神最合於該行為之法律予以處罰」。據此規定，類推適用被轉換成為類推要求，《威瑪憲法》——確立刑罰法定原則——於此範圍內形同具文。

溯及既往禁止原則亦蒙受相同命運，且早在一九三三年三月二十九日制定公布之有關科處及執行死刑的法律時，即已開始；也就是本書第三章已經提過的一九三三年二月二十八日制定公布的《帝國議會縱火緊急命令》，其中包括縱火得判死刑的規定，亦適用於一九三三年一月三十一日至二月二十八日之犯罪行為。這道緊急命令讓馬里努斯・范・德盧貝（Marinus van der Lubbe）——（據稱是）二月二十七日帝國縱火的肇事者——得因加重處罰規定發布前之行為而被判死刑，實際結果亦復如此。

上述牴觸溯及既往禁止原則之情形，並非個案。[7]一九三五年，對被告最有利原則被廢除；無數的法律與命令溯及地將之前不罰的行為入罪化，或溯及加重其刑；溯及既往的時間範疇介於十天到無限長之間。一九四五年二月二十四日，二次大戰結束的前兩個月，尚有一道命令將所謂國民突擊隊

（Volkssturm）成員的軍事刑法規定溯及適用到一九四四年十月十八日。

今天，刑罰法定原則明定於《刑法典》第一條，以及《基本法》第一百零三條，也就是該原則（再次）具有憲法位階，刑法（法律）也不得牴觸。現在的問題是，國家制度可能沒想到（譯按：如何）貫徹此一原則（關於重大的例外，見本書第十八章）。換言之，得予處罰者，僅限於法律明定以刑罰制裁者。但具體來說，究何所指？法律要如何以刑罰「制裁」之？還有，某一行爲如何成爲犯罪行爲？

構成要件、違法、有責

這世界變得複雜多了，凡走過必留下痕跡，刑法亦不例外。爲了處罰殺人行爲，法律需要十八個字[*4]。《刑法典》第二百六十一條將洗錢入罪化，用了超過八百個字。早在十九世紀末，即已出現一系列特別的構成要件規定；規定在《帝國刑法典》之外，過去稱爲特別刑法[*5]，現在亦然。諸如著作權或營業競爭法、出版法、國際貿易法等之刑罰規定，不一而足。

但並非所有不受人們歡迎的事情，都得以刑罰制裁之。刑法是ultima ratio，也就是最後手段。因此，例如過失毀損他人之物，不受刑事處罰，僅構成私法上之損害賠償請求權。其他有些行爲方式，不被定位爲犯罪行爲，而是違反秩序之行爲。「違反秩序」只是處以罰鍰，而不是刑罰。例如違反繫安全帶或戴安全帽的義務。對於此種行爲科處刑罰，可能不合比例，因爲這些義務的目的主要是保護當事人自己，保護第三人則屬次要，例如繫安全帶或戴安全帽的駕駛人或乘客，於發生車禍事故時，可以救助第三人。[8]

犯罪行爲，一般區分爲重罪（Verbrechen）與輕罪（Vergehen）二種。依據《刑法典》，重罪，指以一年以上之刑罰制裁之行爲——例如強盜、縱火或擄人勒贖——，其他則是輕罪。所有的刑法均規定構成要件與法律效果。例如《刑法典》第二百二十三條的標題是「身體傷害」，其規定：「凡傷害他人之身體或損及他人之健康者，處五年以下有期徒刑或罰金」。此構成要件由四個要素組成：行爲人（「凡……者」（wer））、被害人（「他人」），符合兩種行爲態樣之一（傷害身體，例如以拳毆打他人，或損及健康，例如下毒）。第二百二十三條未明文規定的第四個要素是：故意（過失傷害亦受處罰，但是依其他條文）。

構成要件該當（且被證實）者，法院判處五年以下之有期徒刑或罰金作爲法律效果。但唯有當行爲人之行爲違法且有責，始得處罰。於此亦如同損害賠償法之侵權行爲三段構造：構成要件、違法性及責任。行爲不具違法性，例如因正當防衛而傷害他人，經「被害人」同意者，亦同，例如在正規的拳擊賽中傷害他人；甚至包括推定之同意，例如一名急救人員得主張其必須傷害一名失去意志者，以便將其從燃燒中的事故汽車拉出來。

此外，行爲人若對其違法行爲無須負責任者，亦不處罰。過去有所不同：於中世紀以前，只要他人的權利受到侵害，即應贖罪，該侵權行爲是否可歸責於行爲人，在所不問。今天，責任原則於《基本法》中明確規定；聯邦憲法法院更直接從人性尊嚴推導而出：[9]唯該行爲可以眞正地歸咎於行爲人時，行爲人始應爲此行爲而受罰。

依法律規定，自始不具責任能力者，爲十四歲以下之兒童，或於行爲時因「精神受干擾」而無法認識行爲的不法性或依此認識而行爲。例如完全爛醉之人得爲此主張，[10]或患有精神幻想症者，亦同。不只是行爲人的特殊性，行爲的特殊性亦可能導致責任之免除。

船難

關於所謂的阻卻責任事由，應特別強調《刑法典》第三十五條，其規定：「於生命、身體、自由、名譽、財產或其他法益之現時、無其他防止可能之危難下，爲避免自己、親屬或與自己親近人之危難而爲犯罪行爲者，該行爲不具罪責」。一般稱爲「阻卻責任之緊急避難」（entschuldigender Notstand）。與一般熟知的正當防衛不同之處，在於正當防衛是針對不法侵害者；反之，阻卻責任之緊急避難，其對象包括不具危險性的第三人。

教科書上的案例是希臘哲學家卡涅阿德斯（Karneades von Kyrene）於西元前二世紀的描寫的情境：一名船難者爲解救自己，將另一名船難者從一塊只能承載一人的船板上推落水，致該人死亡。[11]他可以這樣做嗎？不可以。殺人是被禁止的，而且他不是在正當防衛：他不是防衛來自該被害人的攻擊，而是防衛自己的命運。但是他可以因此而被以殺人罪處罰嗎？還是不可以，因爲他是爲了救自己的生命而殺人。一個相當理論性的案例？不全然。

一八八四年六月五日，一艘懸掛英國國旗的遊艇在南大西洋上翻覆。[12]四名船員帶了兩個甜菜罐頭上了一艘小救生船。他們沒有飲用水，距離最近的海岸有超過一千公里之遠。第三天，他們吃掉第一個罐頭裡的五塊甜菜。第五天，他們捕獲了一隻海龜，配用第二罐甜菜大概支撐了一個禮拜。然後他們第一次討論是否抽籤決定誰要被殺死，以供其他人食用。第十五天，四人中最年輕的一人生病，十七歲的船童。五天後，船長在另一名船員協助下，刺殺了這名少男，第三名船員不願參與。靠著這名男童的遺體，三名船員得以存活到第二十五天被一艘德國船救起，並載送回家。

同年十一月，兩位行兇者因謀殺罪嫌站在英國的法庭，公訴人指定第三名船員爲證人。全世界紛紛報導這宗案件，公共輿論站在被告這一邊。而且被告還可以引用一則判例：在十七世紀前葉，有六名船員被法官赦免，他們在加勒比海的一次船難中殺死了一名七歲男童。但是與刻正審理的案件相較，差別之處在於，前例中死者自己提出以抽籤作爲決定的方式，並且同意被殺死。

也就是說，這則判例對於本案並無幫助。類似於德國《刑法典》第三十五條的規定在英國雖然曾經被多次的討論，但並未生效，法官因此判決被告死刑。（理由是）他們沒有維持自己生命的義務，反而他們應該有爲他人犧牲自己生命的義務。偉大的模範耶穌基督，曾如此做過。儘管如此，這兩位船員獲得特赦，五個月後被釋放出獄。

《刑法典》第三十五條足以示範構成要件、違法性與責任三階層侵權行爲構造的優點。因爲拜此階層結構之賜，一個行爲可以同時禁止又不予處罰。英國法院於一八八四年時原本亦可透過此種區分，得出無罪判決之結論，即：確認殺害男童的行爲是法律所禁止的，但出於特殊之情況而不予處罰。

從另一觀點言，區分違法性與責任，亦有其意義：被阻卻責任之殺人行爲仍具有違法性，因此得對該行爲行使正當防衛。換言之：船難者之一員可以對另一名船難者行使正當防衛，即使後者主張第三十五條的緊急避難。同理，亦可適用在無責任行爲人的攻擊行爲，例如對於一名小孩或精神病患的行爲進行防衛。聽起來儘管有點殘忍，人們對於這些人可以防衛，必要時甚至可使用致死之手段。因爲人們無須容忍違法的攻擊，不管來自何人。

阻卻責任之緊急避難甚至可以用在所謂營救（人質）的刑求（Rettungsfolter）。警察被嚴格禁止對一名綁架人質者透過刑求或威脅將予刑求，促其透露被害人的所在地點。儘管如此，倘若警察還是動用刑求，警察還是不能阻卻責任，因爲警察與人質之間欠缺特殊的緊密關係，因此無法援引第三十五條。倘若刑求是出自人質的親屬，該刑求行爲仍具違法性，但是在不得已的情況下所爲，可以阻卻責任，如果除了刑求別無其他可能解救人質的途徑。[13]當然，警察不得將被逮捕的綁匪交給人質的親屬來刑求，只是因爲警察不得刑求。果若如此，該公務員自己將受刑事處罰，而且不（僅）是因爲不爲救助（人質）。

理由在於，警察對於被逮捕者負有特別的保護義務，源自所謂保證人地位，另如父母對子女，或配偶之間，亦同。保證人對其保護對象負有責任。可歸責於保證人之行爲，除了積極之作爲外，還包括消極的不作爲。警察若消極不作爲，任令被逮捕者遭受憤怒的被害人家屬毆打者，該警察將因其不作爲而被論以傷害罪之處罰。

父親不拯救其將溺水的小孩，儘管他可以，同樣應受處罰。因爲他是其小孩生命的保證人，他不僅僅是犯了不爲救助罪，而且因其不作爲而構成殺人罪。這有重大的後果：不爲救助罪，處以一年以下有期徒刑或罰金；不作爲之殺人罪，則是兩年至十五年的有期徒刑。

但是如果這位父親不知道這是他的小孩，又該如何？如果他雖然知道一般的救助義務，但不知道保證人義務的刑法後果，他可以主張無知（Unwissenheit）嗎？

錯誤

刑法犯罪結構之三階層，均有錯誤的問題。於構成要件層次，涉及故意：如果獵人認爲草叢的沙沙作響聲是來自一隻野豬，結果射中的是一名同僚，且因而致死，他不是故意爲之，他完全不知道他朝一名人類射擊：不構成殺人罪，但可能構成過失致人於死罪。

錯誤亦可能發生在阻卻違法或責任事由上，例如：某人於酒醉狀態下仍強行駕駛，爲的是將其瀕死的女友送到醫院，不以酒醉駕駛論罪，即使其女友事實上只是進入沉睡狀態。因爲該行爲人錯認阻卻責任之緊急避難要件，因此——如果他對於錯誤判斷不是應注意而不注意——不罰。

第三種錯誤的情形是，行爲人正確的認識事實，但認爲其行爲是法律所允許的。這種禁止錯誤（Verbotsirrtum），例如：有人違反某一腳踏車所有權人的意思而使用該車，並於使用後歸還，因爲他認爲此種「借用」是被允許的（不過可按《刑法典》第二百四十八b條處罰[*6]）。縱使他在詳予考慮後，仍不能認知其行爲屬不法者，不罰；但如果該錯誤可以避免的話——抱歉，如果您讀過這段的話——得予處罰，但可減輕其刑。無知而免罰，只有在嚴格的要件之下，始有可能。

現在看看這位父親又將如何，他沒有救其溺水的小孩，事後主張，他不知道有此一特別的作爲義務？於此，他被咎責的是不作爲，而不是積極作爲，因此他不能主張禁止錯誤，而是誡命錯誤（Gebotsirrtum），但是判斷準據並無不同。如果他知道他是父親的身分，這構成保證人地位，以及對於發生意外事故有一般性的救助義務。在此之外，善用其良知，他本該知道作爲父親允應有超乎常人的救人義務，因此他不能訴諸誡命錯誤。凡此個案若不詳究細節，無以回答這個問題，而在刑事審判程序中，盡皆環繞在此一問題。

錯誤是一種常用的卸責拖詞。毫不意外，因爲如前所述，純正的錯誤對於是否處罰差別很大，但「什麼事也沒發生」及「我只是負責把風」等說詞的作用，則相當有限。

行為及行為人之外

犯罪行爲的特徵取決於結果：殺人、誹謗、僞造文書。但是被處罰的，不見得只是行爲，也非總是行爲人。例如在未遂的情形，並無損害的發生；但是還是被處罰。於日耳曼族及中世紀時期，相當罕見，行爲的結果方具決定性。但在此之後，責任進入刑罰的核心，從而未遂的重要性亦隨之提升。前後一貫的道理是，因爲對於行爲人的道德非難，未遂與既遂並無不同。但是由於並無損害的發生，故應報的需求也相對較低。因此，按今天的刑法，重罪的未遂皆予處罰，輕罪的未遂則僅於法律有明文規定者，始處罰之。相對於既遂，以上二種情形均減輕其刑。謀殺未遂者，得處以三至十五年之有期徒刑，而不是無期徒刑。

完全不罰的是，犯罪未遂且於既遂前自願放棄或阻止其既遂，法學上稱爲「中止」（Rücktritt）。例如某人啓動一枚定時炸彈，並離開攻擊地點，之後良心不安，急速趕回現場，並將炸彈拆除，不以謀殺未遂罪論處。經由中止而免除處罰，是行爲人改邪歸正的一條「黃金橋梁」（goldene Brücke）。[14]此一譬喻源於古老的一條戰爭慣例，即放過敗逃的敵人，必要時甚至建造供其撤退的橋梁，以免激起絕望戰役。因此，中止規定之目的，主要在保護潛在的被害人。但是如果行爲人相信其已經被盯上，因此中斷行動，則並非中止。蓋此種中止非出於「自願」，免予處罰的報酬只給自己放棄犯罪行爲者。

不同於上，犯罪行爲已不可能未遂，而是已然完成時，則僅於少數情形可以表現「行動的悔悟」（tätige Reue），以此期待獲得刑之減輕，甚至免除其刑。例如對於縱火者來說，可以有的機會是，在釀成嚴重災害之前，自願地滅火；或者在法庭前虛僞陳述，隨即更正。但是毆打他人之後，照顧受傷的被害人，則悔之晚矣（但對於刑度的量刑或有所影響）。

法律對於未遂的處罰，是在行爲結果之外。在行爲人之外，則是以刑罰制裁行爲之參與者，可能是教唆犯或幫助犯，前者同行爲人之處罰，後者的處罰則輕於行爲人。例如委託他人進行綁架行爲，其處罰與綁架之行爲人相同；在綁匪與警察之間傳訊的使者，則處以較輕的刑罰。

到底是可罰的未遂還是既遂，正犯或從犯——在非難與刑罰之間存在著一座重要的堡壘：刑事訴訟程序，其品質的良窳，決定了犯罪者是否被判有罪，以及無辜者是否被判無罪。可惜的是，往往不是這麼一回事。

◆本章譯註

[*1] 原文：Unter den Linden，街道名，Linden為椴樹之意，此處採通俗譯法。

[*2] 維爾納・西門子（一八一六—一八九二），德國發明家兼企業家，西門子公司創始人之一。

[*3] 原文：Grundsatz der Meitsbegünstigung。

[*4] 指德國《刑法典》第二百十二條第一項：「Wer einen Menschen tötet, ohne Mörder zu sein, wird als Totschläger mit Freiheitsstrafe nicht unter fünf Jahren bestraft.」共十八個德文字，意思是：「殺人，但非謀殺者，以殺人者處五年以下有期徒刑。」相當於我國《刑法》第二百七十一條第一項的構成要件（殺人者），但因我國刑法並未就「謀殺罪」另設規定，故刑度較高（「處死刑、無期徒刑或十年以上有期徒刑」）。換言之，我國《刑法》第二百七十一條第一項包含「謀殺罪」及「一般殺人罪」。

[*5] 原文：Nebenstrafrecht，文義是附屬刑法，國內一般稱特別刑法，故沿用之。

[*6] 《刑法典》第二百四十八b條是無權使用車輛罪，即：違反所有權人之意思而使用汽車或腳踏車者，除有其他較重處罰規定外，處三年以下有期徒刑或罰金。

第十七章　審判程序：刑事訴訟法

設想一下，在您的生命中，從一個片刻到下一個片刻，一切不再一如往常。警察出現在門口，向您出示一張拘捕令，並將您逮捕。在警車裡，您一頭霧水地閱讀一份載有關於您的權利的單子：您可以說些事情，但不一定要說；您可以諮詢一位刑事辯護人；您可以通知您信任的人有關您被逮捕的事，諸如此類。到了派出所之後，警察取走了您的指紋，並且給您拍了照。從名單上，您選了一名辯護人，即刻就到，但並沒有阻止羈押庭法官在隔天確認了您的偵查羈押，因爲您有謀殺的重大罪嫌，而且您有逃避刑事審判程序的可能。您的辯護人爲您提出保釋的聲請，被法官駁回。您被移送到司法看守所。不是跟被判刑者關在一起，但被羈押人的區域，對您來說，跟關在監獄裡一點都沒有兩樣。因爲監獄也就是這樣。這到底是如何發生的？您畢竟是無辜的啊！人們會相信您嗎？

這些問題，在德國已經有許多人提出。例如哈利．華茲（Harry Wörz），來自普福爾茨海姆（Pforzheim）。一九九七年四月二十九日清晨，他的妻子差點被勒死。事發的時候，二人分居。當晚，華茲的岳父睡在與他女兒同住的一棟附屬住宅裡，據其供稱，他嚇走了行兇者。他發現其女兒躺在地板上不省人事，隨即進行急救。在他呼叫救護時，他就懷疑這是他的女婿幹的。不到三小時，華茲被以涉嫌殺害其妻爲由遭到逮捕。至於其他的嫌疑犯，也就是華茲的岳父與被害人的男友，偵查機關很快地就釋放了。後面這兩位，連同被害人自己，至案發時，都是普福爾茨海姆當地的任職警察。

刑事訴訟程序，適用的是無罪推定原則：唯有當罪責被證明時，被告才被判罪。在沒有證明之前，被告被當作是無罪。這個原則具有憲法位階，並且在無數的國際基本權利清單中受到保障。這是一項任何人都應該知道的裁判法則，與刑事訴訟程序緊密關聯，這項原則為防止錯誤判決提供了最重要的確保。然而，這是十九世紀之後的事了。

罪疑唯利被告[*1]

「單憑懷疑，任何人不得被判罪……。因為與其一名無辜者被判罪，不如一名有罪者之行為不被處罰」。早在西元一世紀或二世紀間，羅馬法學家烏爾比安（Ulpian）在一份呈給皇帝圖拉眞（Trajan）的文書中即有如上陳述。[1]但是長久以來，無人遵循：施以刑求，直到有罪之疑義經由被告「自白」排除為止。之後雖然不再刑求，但是仍然以懷疑論罪。直到十九世紀末，罪疑原則才在德國確立下來。

據此原則，對某一個人因某一個犯罪行為而判其成罪，法院必須審酌所有的證據，並得到確信：該人有很高的可能性犯了該犯罪行為。絕對的確定，則無必要。例如存有一份錄影紀錄，影像中可以明顯清楚地辨識出被告出現在一宗銀行搶案裡，而且在案發現場發現該名被告的指紋及兩根頭髮；此外有一名剛好在場的行員認出他的聲音，還有警察在搜索他的住宅時，發現一隻被用來朝銀行天花板射擊穿洞的手槍，以上種種，法院大致可以確信，被告就是那名搶匪。

不過，事情很少如此的清楚。例如在哈利．華茲案，根本就沒有確鑿的證據：被害人案發後在加護病房，無法說任何話。華茲與被害人共同的兒子應該看到行兇，但年紀太小，無法作為證人被偵訊。除此之外，沒有人看到華茲（行兇），也沒有發現任何可靠的形跡，更沒有不利於華茲的動機可資調查。可能的是，他可以不用暴力就能進入被害人的住宅，因爲他們相識；可能的是，他有殺害即將要離婚的妻子的動機；一名鄰居在案發前，從華茲妻子住處聽到的地方口音，顯示華茲可能是行兇者；還有，案發地點與華茲住處之間的距離，讓華茲可以在調查隊員最先到達之前即回到住處，這點也讓華茲成爲可能的犯罪行爲人。但至少也同樣可能，犯案的另有其人。在此種情況下，允應適用in dubio pro reo：存有懷疑時，應爲有利於被告的認定。

這項罪疑原則可以適用的情形，比如說，在一宗謀殺案裡，有兩名嫌疑犯，根據證據調查應該是其中之一，但如果二人中何人是眞正的行爲人存有疑點時，法院還是必須判此二人無罪。又如，有人開車撞了另一人，但無法確認是否出於故意，只能認定其爲過失致人於死——即使有事實證明行爲人憎恨被害人。

在此之外，罪疑原則今天甚至適用在刑事程序的合法性問題上，時效問題爲其中之一。除了謀殺及《國際刑法典》[*2]之犯罪行爲外。所有的犯罪都有追訴權時效。例如擄人勒贖致人於死罪，處無期徒刑，其追訴權時效是三十年；其他如殺人罪或強盜罪，處十五年以上有期徒刑，其追訴權時效是二十年，不一而足。關於犯罪行爲時的認定，發生疑義時，其中之一已罹追訴權時效，依罪疑唯利被告原則，應採已罹追訴權時效之時點，從而該犯罪行爲之追訴權消滅。

從嫌疑到法庭

消滅時效是一種程序障礙：時效屆滿時，犯罪之追訴即不得爲之。法院如果已對被告就同一犯罪行爲判決有罪者，亦同。例如判決侵入住宅竊盜罪之後才發現，行爲人在竊盜過程中毀損被害人的名貴鐘，對於毀損罪的部分不得再開啓追訴程序。因爲整個侵入住宅的行爲，在法律上是單一行爲，已經被處罰過了。

遇有程序障礙，檢察官即要停止偵查程序。不過，程序障礙情形不多，較爲常見的是，因爲被告缺乏足夠的犯罪嫌疑而停止偵查程序：於二〇一九年約五百萬件停止偵查的案件中，占百分之二十八點五。具足夠的犯罪嫌疑，指犯罪嫌疑人被判有罪的高度可能性。同樣有相當多的偵查程序——縱使有足夠的犯罪嫌疑——無條件地停止，最多的是罪責輕微（例如偷一支巧克力棒），其次是嫌疑人被控之犯行，相較於另一被控犯行，無足輕重（例如毀損謀殺被害人之衣物）。附條件之停止程序，通常是向公益目的之機構支付一定之金額，明顯較少。[2]

檢察官未停止偵查程序或因其他類似原因而終結偵查程序者，得聲請刑罰令（Strafbefehl）[*3]，由區法院裁定之，（偵查中之）被告對刑罰令未提出異議者，即不經言詞審理而作成處罰。或者，檢察官以書面提起公訴，以開啓主審程序。於二〇一九年，有約五十五萬件的刑罰令聲請、約四十二萬件的公訴提起。起訴狀記載所有關於檢察官——在警察的支援下——所得調查之事物，以及從檢察官的觀點證明被告罪責之理由，其中特別是經由住宅搜索、通訊監察（Überwachung der Telekommunikation，簡稱TKÜ）等措施獲得的認知資訊，或線民提供之資料。

起訴狀須於中間程序經法院裁定許可，且須從法院的觀點有足夠的犯罪嫌疑，始得提起公訴。在法院裁定許可之前，被告也會收到起訴狀，得自行或委託辯護人提出辯護。

中間程序旨在阻止檢察官單憑自己權力即可將人帶到法庭上。這是必要的，因爲德國的檢察官不具獨立性，而是聽從其上級的指令，乃至於所屬邦的司法部部長。對於檢察官的政治上控制，也是十九世紀建立檢察官制度的原因之一：在當時原本通行的糾問制度之下，法官全權處理事實的調查。法官獨立原則貫徹之後，君主爲了尋求對刑罰程序新的影響（干涉）可能性，於是創設了檢察官制度。不過，也因爲檢察官制度的建立，同時降低了在糾問程序中法官集調查者、起訴者與判決者於一身之全權地位所生的衝突。

足夠犯罪嫌疑的評價經由第二雙眼睛，之所以合宜妥適，乃因起訴的許可對於被告來說具有更重要的意義。因爲被告不要等到被羈押時或媒體報導該偵查程序時，才認眞嚴肅看待主審程序的開啓。到了主審程序，被告將被公開地爲一個犯罪行爲而受審判。「四眼原則」[*4]發揮功能：二〇一九年在邦法院提起一萬一千二百七十八個公訴案件中，有三百九十一個案件被拒絕開啓主審程序。[3]聽起來不多，但人們必須想想，檢察官只會把其認定具有高度判罪可能性的案件提起公訴，也就是檢察官認爲證據具有確信力。不過，問題在於，中間程序與主審程序是同一批法官。因此，每一個法官於許可公訴的「預判」（偏見）[*5]必須受到動搖，方得以獲得無罪判決的結果。[4]

哈利．華茲也許相當期待主審程序，於此程序中，終於，他的無辜應該是相當明顯的。法院最後也只能判他無罪。但是法院到底是誰？

誰下判決

一九五七年一部著名的電影叫《十二名陪審員》（*Die zwölf Geschworenen*），英文原文是：*12 Angry Men*（中文譯名：十二怒漢），更貼切地切中故事的核心。所有的場景幾乎都在唯一的房間裡。陪審員在裡頭爭執一宗刑事案件，被告是否殺了他的父親。如果判他有罪，將被判處死行刑。

這是一部歌頌陪審團制度法院的電影。因爲十二位男士竭盡所能地爲他們的判決相互角力。他們檢視證人的證詞及其可信度，質問證物的品質，投入自己的生命歷程，相互咆哮與折衝。最開頭只有一位陪審員對於被告的罪責有所懷疑，八號陪審員，由亨利方達（Henry Fonda）主演，彼時最好的演員之一。陪審員一個接著一個地加入他的懷疑，最終陪審團宣告被告「無罪」。

讓外行人來判斷罪責問題，眞的是睿智嗎？也就是交給對於相關刑事訴訟程序、證人證詞乃至於複雜的證據方法毫無經驗的人？未受過法律訓練的人？一九七六年，根據一項調查，在美國佛羅里達州所有被訪問的陪審員中有半數表示，他們的任務是在程序中證明被告無罪，而不是有罪。[5]

今天在美國仍有檢察官公開承認，他們在挑選被告是黑人的刑事訴訟陪審員時，會想辦法盡量讓陪審團不要有白人。事實上，研究證明，白人陪審員認爲黑人被告犯罪多於白人被告。[6]不過，職業法官是否比較少有偏見，則令人懷疑。這暫且不論，陪審員也沒有辦法保證其不會作成錯誤的判決。也許正因爲對於個人的判斷力有所懷疑，因此在美國所有專業領域的法律人都認爲有陪審團的法院程序比沒有的較爲公平。[7]

不過，（在美國）以陪審團進行訴訟程序的數目持續減少當中：二〇一九年在聯邦層次的所有刑事訴訟程序中只占百分之二。[8]主要原因與美國絕大多數程序——聯邦層次有百分之九十——在訴訟前即已透過「協商」解決有關。[9]

在德國，也曾經有過陪審法院。最初僅在法國占領區的西部德意志邦國，其後爲順應一八四八／四九年的三月革命而逐漸擴大到其他各邦國。一八七九年，終而在「參審法院」（Schwurgerichte）的名稱下施行於全德意志帝國。制度的推動者希望參審法院作爲屬於高權者司法的對照法院，因此參審法官應特別審理裁判有關出版及政治性之刑事案件。然而，於實際上，恰恰這些法律領域不在參審法院的管轄範圍，而是由各該十二名陪審員——於一九二二年之前只有男性——審理一般重大刑事案件，如謀殺及殺人案。

德國人的陪審法院理念是來自法國大革命，後者則又訴諸孟德斯鳩對英國陪審制度的崇敬。然而，由平民來作判決於德國素有傳統，特別是古日耳曼時期的庭（Thingen）。彼時，針對特別重大的犯罪行爲，必須由所有配帶武器的男士共同決定。之後，依「情況」而定，前已述及。

更早之前，特別是在雅典，曾有一套由人民參與刑罰審判的複雜程序。在審判之日，六千名經抽籤選定具法官資格的雅典人舉行集會，先各依需求挑選出其中一部分，再分配到各個不同的法庭。通常情形，五百零一個法官審判一個刑事案件，遇有特殊案件，甚至是一千零一或一千五百零一個法官審判一宗案件。[10]如果控告者無法讓至少五分之一的法官相信他的提告，就必須償付一筆高額的訴訟費用，甚至喪失未來提告的權利。[11]此一規則，據信，旨在預防權利的濫用。

於德國，保守的帝國政府於一九二四年基於高額費用的考量，廢除了陪審法院制度——不是依據法律，而是命令（《埃明格令》[*6]，以當時的司法部部長命名）。當時可能的原因是，爲了防制惡意通貨膨脹等問題於一九二三年十一月公布了一部《授權法》，授權政府採取所有「基於人民及帝國緊急情境考量之必要且急迫」之措施。陪審法院制度被轉型成爲大參審法院（Schöffengerichten），此後由六名仍稱爲所謂「陪審員」加上三名職業法官坐在審判庭上。截至今日，審判庭仍沿用參審法院此一名稱，但是參與審判的已經不是六名參審員，而是兩名。目前在所有邦法院中均設有參審法庭，審理重大的刑事犯罪案件，亦即有人被故意殺害，或因其他重大犯罪——例如虐童或綁架——之結果而致死者。

參審法院同樣在德國溯自早期中世紀以降即已存在，迄至今日仍適用於刑事案件。長期以來，「參審員」（Schöffen）本身就是法官，有些「參審法庭」（Schöffenstuhl）廣爲人知，如同今天的一些大型的法院。直到近代時期才逐漸被專業法律人，也就是職業法官所取代。今天參審員是榮譽職之公民，與職業法官共同審判案件。不同於陪審團，參審員只是審判庭的一部分，而不是與之分離。參審員與職業法官有同等的判決評議權，於法庭上得提出任何問題，如有犯錯，後果與職業法官一樣。

參審法官職位相當重要，因此其挑選的規定相應嚴格：只有德國人可以擔任參審員；曾被判處六個月以上有期徒刑者，不具資格。每一個鄉鎮在考量相關標準下——例如參審員就職時「宜」介於二十五歲到七十歲之間——提出一份可能的代表性建議名單。有些邦開放申請，其他則無。再由一獨立於鄉鎮行政機關之委員會從名單中挑選出必要數額之參審員，任期五年。經選出之參審員將審理何種具體案件，抽籤決定。

審理刑事訴訟程序之法院組成，主要繫於預期判處之刑罰而定。關於輕罪之公訴，其預定判處之有期徒刑若不會超過兩年者，由區法院之一名獨任法官審判之。所有重罪之起訴或輕罪之起訴預期判決二至四年之有期徒刑者，由參審法院審判之，亦即由一名職業法官擔任審判長，再加上兩名參審法官。重大犯罪由邦法院審理者，由一名、兩名或三名職業法官加上兩名參審法官組成審判庭。於邦高等法院及聯邦法院層級，則無參審法官參與審判。

參審法院相較於陪審法院的優點是，前者不是由參審法官獨力審判，缺點則是，參審法官影響判決的可能性，隨職業法官與參審法官的人格特質，搖擺不定，相對於此，陪審員則全然獨立作成判決。固然，還有其他諸多差異比較之論點可供權衡，不過更爲重要的是，指出其共通點，即：於兩種制度中，由外行人參與刑事審判權的重要部分，以致於此等程序的進行，必須讓法律門外漢也能夠跟得上。著眼於被告，這點原本是理所當然的事，而現在加上了非法律背景的參審法官在場，更額外增加了必須如此的保證。單就這點來說，就是外行人參與審判的最大價值所在，尤其是在科處重刑的審判程序中。

主審程序

哈利．華茲坐了八個月的羈押監。然後，終於，開始他的主審程序，在曼海姆（Mannheim）邦法院之參審庭。首先，檢察官論告，陳述公訴意旨：謀殺未遂。起訴理由，想必華茲早已爛熟於心。每一句話都讓他感到絕望。全部錯誤，從頭到尾，他跟這件事一點關係都沒有！

被告多半把檢察官當作敵人，把辯護人當作唯一的盟友。在美國，此種感覺與刑事訴訟的結構相對應：公訴與辯護相互對立，各自提出成罪證人與釋罪證人，法院退居在後，只扮演仲裁法官的角色，一般稱爲「對抗式刑事訴訟程序」（adversatorisches Strafverfahren）。與德國的「糾問式」刑事程序（inquisitorisches Strafverfahren）至少在形式上有所不同：依據《刑事訴訟法》[*7]之主要審判（主審）程序（Hauptverhandlung）不是當事人進行程序。程序開始，檢察官並不是純粹的控告機關，而是必須調查所有事情，並且對於不利及有利被告之情形，均應注意[*8]。檢察官於主審程序終結時，亦得請求爲無罪之判決。

不過，最大的差別在法官的角色：法官必須全程掌控訴訟過程，尤其審判長指揮程序之進行，例如第一個訊問證人及鑑定人。接著才是陪席法官及參審法官，然後是檢察官及辯護人。法院主導審判程序，直到其認爲程序完備爲止，不問檢察官或辯護人是否尚要聲請提示證據（但其於審判中隨時可以聲請）。表面上，德國與美國的刑事訴訟程序在基本結構上有所差異：但在美國，檢察官亦有義務告知辯護方有利於被告之事項；而在德國，檢察官亦發展出某種的訴追企圖心，有時候將焦點集中於客觀的眞實發現。

哈利．華茲在主審程序中，應該也察覺到此種企圖心。於檢察官宣讀起訴要旨後，審判長問華茲是否要針對本案有所陳述。作爲被告，他可以在整個刑事訴訟程序中，包括在主審程序，全程保持沉默，特別是任何人皆不必自證己罪，現代刑事訴訟的一項鐵律，肯認人類的自保本能（只要不虛僞指控他人）。不過，被告可以主動陳述，也可以向證人及鑑定人提出問題。華茲想要有所陳述，他否認案發時他不在案發現場，更不要說他不是行爲人。

在檢察官論告之前，審判長即先向證人進行教示，如何進出法庭。於證據提示時，審判長個別傳喚證人入庭。證人有陳述之義務，虛僞陳述者，以「非立誓之虛僞陳述[*9]」論處；證人如須就其證言發誓者——情形較少——則構成僞證罪（重罪！）。證人陳述義務有兩種重要的例外情形：一是拒絕證言權[*10]，例如證人爲被告的近親。任何人不得被強迫參與其近親之判罪程序。另一是拒絕陳述權[*11]，如果證人因回答特定問題而可能有不利於己之情形。

主審程序的主要特徵是言詞審理與直接審理原則，也就是所有應載於判決書中的事物，均須經過言詞陳述並審理之；而且必須訊問目擊證人或鑑定人，而非只是朗讀警察筆錄或專家鑑定意見書。由於此二基本原則，主審程序進行多日，特別是在重大案件且證據不明之情形。法院證據調查程序之冗長程度，莫過於刑事法院。

被害人或其遺屬亦得透過所謂的附加訴訟，參與主審程序[*12]。這個可能性一方面是一種相對新的制度，另方面則部分回到刑事訴訟程序的根源：在犯罪處罰程序成為國家任務之後，數百年來，被害人僅扮演對已犯罪行為之證人角色。不過，自一八七九年《帝國刑事訴訟法》生效後，被害人已經可以在特定之案件參與審判程序。此一可能性的擴大，主要是透過一九八七年生效之《被害人保護法》。[12]在此之後，附加訴訟可以明顯地介入訴訟程序，進而藉此滿足被害人或其遺屬的正義需求。此外，大部分由律師代理之附加訴訟，亦可檢驗檢察官在系爭案件的表現。換言之，附加訴訟之原告亦得如檢察官訊問證人及聲請證據提示，同時閱覽卷宗及提出聲明。

在哈利·華茲案，並沒有附加訴訟。整個主審程序可說是相當的短：在審理進行到第四天，法院即終結證據調查，並請檢察官及辯護人進行結辯。檢察官求刑無期徒刑；辯護人則請求為無罪判決。法律定有明文，應給予被告「最後陳述」之機會。因此，華茲還可以在判決評議之前再一次重申他無罪。法院退庭，幾個小時之後，回到法庭，全體起立，審判長宣判。

判決與上訴

「被告哈利·華茲犯殺人未遂罪，處十一年有期徒刑。」在這一刻，哈利·華茲的世界必然又再次的上下顛倒。從統計數字來看，這個結果並不出人意料，因為無罪判決極為少見：二〇一九年，邦法院第一審一萬二千七百五十八個刑事判決中，只有九百五十七件無罪判決（相當於百分之七點五）。[13]但這不是表示司法體系的殘酷或公訴與判決的無意識行為（Automatismus），而是相當大程度事前精選的結果：亦即——如前所述——所有偵查程序中只有相當少的案件進入主審程序。

關於上述的想法，哈利．華茲當然一無所悉。他能做的，唯有向聯邦法院提起法律審上訴（Revision）。恰好對於邦法院的第一審判決，也就是參審庭對於重大犯罪案件所作成的判決，不得提起事實審上訴（Berufung）。換言之，不同於由區法院所作成的第一審判決，對於本案來說，無法在第二審程序中再次進行證據調查及認定。這點早在一百多年前，著名的刑事辯護人馬克斯．阿爾斯貝格（Max Alsberg）就已經批評過。[14]法律審上訴是一種對系爭判決之純粹法律審查。言詞審理是少數之例外，原則上以書面形式審理判決之。法律審上訴的勝訴率並不特別的高，確切的數據聯邦法院未對外公布，據估計，勝訴率大約在百分之十左右（檢察官提起者，比例明顯較高）。[15]儘管如此，仍值得一試，因爲在一宗牽涉範圍廣泛的謀殺審判程序中，邦法院的判決可能存在許多可供被告上訴時指摘的瑕疵。

主審程序審理的是犯罪行爲與刑罰之間的關係，猶如迷宮中入口與出口之間的通道。由於刑事判決之法律效果對於被告影響至深，因此刑事訴訟程序規則的遵守，較諸其他訴訟程序來得嚴格而一絲不苟，甚至非常小的瑕疵都可能導致判決被廢棄與重新審理。固然，聯邦法院審查下級審判決時，重點不在其所認定的事實是否正確。但聯邦法院可以審查，比如說，法院從證人陳述推導認定是否具前後一貫性。還有關閉通往旁聽間的房門也具重要性，因爲這構成了公開審理原則的違反，此種瑕疵亦可構成上訴有理由，如果是可歸責於法院之事由。

實務上，有關刑事程序瑕疵之重要事例是，違反證據評價禁止*13原則。如果存有此種禁止，該證據——自白、證人證詞、犯罪工具等——即不得被法院納入考量。特別是違反偵查措施應遵守之規定：警察搜索一處住宅，但未有法官事前開立之搜索狀，則可能導致其搜索所得之證據（例如毒品）禁止（譯按：法院）評價，但不必然。於證據取得過程中之程序瑕疵，大部分的結果只是，法院在程序瑕疵的嚴重性與犯罪行爲的重大性之間進行權衡。後者若高於前者，儘管違反程序規定，法院仍得採爲證據。不過，在若干情形，則不得權衡，評價禁止絕對適用：例如犯罪嫌疑人在訊問前未被告知其享有沉默權，且無從知悉此項權利，則犯罪嫌疑人於警訊時之自白，法院不得納入證據評價範圍。犯罪嫌疑人經刑求或威脅將予刑求所獲得之自白，無論如何均不得採爲證據。

適用證據評價禁止原則最著名的案例是馬格努斯・蓋芬（Magnus Gäfgen）。二〇〇二年秋天，他綁架了十一歲的銀行家之子雅各布・封・梅茲勒（Jakob von Metzler），並加以殺害，然後才向雅各布的父母勒索一百萬歐元的贖金，屍體被他隱藏起來。當警察在交付贖金後隨即將他逮捕時，他推說雅各布還活著，沒有告訴警方雅各布的死訊，也沒有透露屍體的藏身處。當時的法蘭克福警察副局長沃爾夫岡・達施納（Wolfgang Daschner）下令，恫嚇蓋芬將對其施加「他從未經歷過的」痛苦，以迫使他說出眞相。蓋芬屈服，並揭露屍體藏身處。對於刑求的恫嚇，達施納及執行恫嚇的公務員之後被判處（輕微）罰金。[16]法院認爲達施納的行爲不具正當性，因爲刑求禁止與人性尊嚴保障具絕對效力。法院說，如果允許刑求及其恫嚇的話，法治國家將自我放棄。但法院肯認達施納面臨別無選擇的處境，當他相信雅各布還活著的時候。[17]關於刑求脅迫部分，黑森邦被判決須給付蓋芬三千歐元的賠償。[18]

蓋芬被脅迫之下的自白可以在他自己謀殺案的審判程序中被評價嗎？不行，承審的法蘭克福邦法院說。在主審程序之前所做的所有陳述，均不得被評價，法院對蓋芬詳盡的說明。儘管如此，他還是重新做了一份完整的自白。以此爲基礎，他之後被判處無期徒刑，因爲他在主審程序中重新自白。蓋芬不服，向聯邦法院提起上訴未果後，續向聯邦憲法法院及歐洲人權法院提起訴訟，主張由於受到刑求的脅迫，他的審判程序不得以判決有罪終結，惟均遭駁回。

在美國，蓋芬主張獲得接受的機會應該很大。該國發展的證據評價禁止原則具有長程的效力，一般稱為「毒樹果實理論」。[19]根據這項理論，於特定情況下，不僅直接違法取得之證據——於本案中，自白——，甚至可以回溯至該違法證據之其他刑事訴訟程序證據，均可能因此而不能使用，因為這些是同一棵毒樹長出來的果實。於蓋芬案，法院應該可以運用這項原則推導出，屍體、蓋芬在藏屍地點的足跡均不得作為證據評價之用；因為這些是根據被脅迫取得的自白所發現。從而蓋芬原本亦不需要在主審程序中承認罪行，也許已經被判無罪了（當然還是有許多的徵象顯示他的犯行）。只不過此種長程效力的證據評價禁止原則，在德國刑事訴訟實務不為人知，[20]因此對蓋芬也沒有幫助。

的確，蓋芬被正確判決，他的犯行也毫無置疑，於此涉及的只是違反刑求（脅迫）禁止的後果。不過，這相當形式主義的證據評價禁止原則卻具有無可估量的價值。因為它會促使偵查機關遵守程序，其目的在保護被告免於受到恣意對待。

然而，再好的程序規則也無法可靠地防免司法的錯誤。造成人類偏見的驅力，特別是用在犯罪行為人框架上，何其巨大——特別是在重大犯罪行為，輿論上要求應報的呼聲特別響亮、不絕於耳。證人的證詞，包括警察的陳述在內，並非總是靠譜，有時候甚至說謊。[21]即便是比較確切的證據，如指紋、DNA分析或錄影紀錄等，也可能造假。儘管如此，若有人說，我們從來沒有過像今天如此公正的刑事程序，也非言過其實。

程序公正，勝於過去，但一如以往，可能錯判。華茲的有罪判決，聯邦法院不想看出瑕疵，他上訴失敗，被判罪定讞。一切似乎都完了，直到被害人的父母以被害人名義對華茲提起了精神損害賠償請求訴訟。

再審

民事法院審理本案明顯比刑事法院仔細多了。在華茲新聘請的律師胡伯特．戈爾卡（Hubert Gorka）協助下，法院發現了諸多前後矛盾之處，最終無法確信華茲就是犯罪行為人，因此駁回了精神損害賠償請求之訴。民事法院同時確認了偵查機關行為的重大瑕疵。這是一次不全然的重大勝利，給了華茲勇氣對他的刑事案件聲請了再審。

再審程序的目的是，糾正錯誤的判決。錯誤判決的來源多端：虛偽的自白、證人出於錯誤或故意的錯誤指控、具有瑕疵的鑑定或證據的誤導。[22]由於誤判並非少見——此一說法，專家意見一致，但無具體數字[23]——再審程序乃扮演核心角色。刑事訴訟程序於特定要件下重新開啓，也就是重新審理，如果有新事實或新證據被提出，而且足以支持改判無罪或較輕的刑罰。

不過，再審聲請只有在少數情形才會促成程序的重啓。整體觀察，少見再審程序：二〇一九年於區法院終結的六十六萬八百一十六個案件中，只有一千零九十五件或百分之零點一七的案件回到再審程序；於邦法院的案件，則是所有程序的不到百分之一。[24]這些再審程序中有多少是以無罪判決終結者，未作統計；推測應該少之又少。[25]

哈利．華茲在聲請再審中，提出諸多於民事精神損害賠償訴訟時始曝光的新事實及新證據。但是曼海姆邦法院以該再審聲請程序不合法而駁回之。華茲提出立即抗告，經卡爾斯魯爾邦高等法院審理，廢棄駁回再審之裁定——並且裁定暫停華茲的服刑。這是一次重大的勝利，哈利．華茲已經坐了四年半的牢獄。

但是，邦法院還是很頑固，這次是以再審無理由駁回聲請。同樣地，邦高等法院廢棄了這個裁判，而且自為裁定應重新進行主審程序。第二次邦法院的審判程序於二〇〇五年終結，哈利．華茲眞的獲判無罪。他的犯罪動機不明，法院如是說，他的足跡相當微弱，偵查程序的瑕疵重大明顯，以及過早認定華茲為犯罪行為人，均顯有可議。

法院在證據評價上犯了錯誤。根據檢察官之上訴及附加訴訟，聯邦法院將案件發回邦法院重新審理。又過了好多年，其間哈利．華茲處於他的有罪判決被維持、重回監繼續服刑的危疑不安之中。第二次的再審程序於二〇〇九年以無罪宣判告終。「爆發性」（fulminant），《明鏡》週刊的司法主筆吉賽拉．弗里德里森（Gisela Friedrichsen），如此稱呼這個無罪宣判；這個判決是「德國司法史上的偉大時刻」[*14]。[26]實際上，邦法院向偵查機關出示了一份將銷毀的證據，讓原本的犯罪徵象如骨牌效應般為之動搖，法院甚至指出，被害人的男友可能就是犯罪行為人。儘管如此，檢察官及被害人——由其父母代理——還是針對再審判決提起上訴，但這次鎩羽而歸。二〇一〇年十一月十五日，案發之後超過十三年，哈利．華茲終於重獲新生。

眞正的行兇者從未被追訴，更不要說判罪。這非比尋常，儘管犯罪案件的偵破率搖擺不定。但於二〇一九年大約有兩千三百件的謀殺及殺人的告發案件中（百分之八十是未遂案件），有百分之九十五被相關機關偵破。（約一百萬告發的竊盜案件只有不到百分之四十被偵破，「重大」竊盜案甚至只有百分之十五之間。）[27]

為了冤獄補償，哈利．華茲必須努力抗爭的甚至還長過確認他無罪。最先依據《刑事訴追賠償法》[*15]的規定，他獲得了服刑補償四萬一千九百歐元，也就是監禁一日，賠二十五歐元。此種不問有無責任的概括精神損害賠償金，始於一九七一年。當時監禁一天十馬克，二〇二〇年起，則是七十五歐元。在美國，並沒有固定的金額規定，相關當事人平均可以拿到上述數額兩倍以上的賠償。[28]除了慰撫金之外，在德國還可以提起財產上損害賠償訴訟，以塡補財產上之損害。例如哈利・華茲因服刑期間而喪失工作能力，並且毫無所得，他還必須支付律師費用，並備置家具，因爲在他服刑期間，住宅已被清空。經過冗長且耗神費力的折衝協商後，哈利・華茲從巴登符騰堡邦政府獲得其他四十五萬歐元的補償金。

聽起來，好多錢，但只賠償華茲所失利益的一部分，還要課稅，且無法塡補其按原本正常工作可以獲得年金的漏洞。他與前妻所生的兒子，已經沒有聯繫，後者希望在華茲的前岳父母家長大。至於他服刑的日子以及接下來要克服更生歲月，沒有人可以還給他。同樣地，他長期處於隨時可能回到監獄的不安心理狀態所造成的傷害，也無人可以彌補。

在德意志聯邦共和國的歷史中，有無數的司法錯判爲人所知。[29]還要加上沒有被報導的部分。[30]哈利・華茲一案可以令人記取三點教訓：刑事審判程序縱有各種防範措施，仍無法保證作出正確的判決，此其一；錯誤的判決結果可以被糾正，此其二；糾正錯判無法彌補因錯誤所造成的損害，此其三。

這是一項巨大且令人難以接受的苛求，無辜者必須承擔刑事訴訟程序，只有刑罰不用。但在另方面，對於被害人來說，同樣也是苛求，如果國家對於加害人於可能的情境下無須調查，以致於在缺乏充分懷疑下無法對之提起控告，或因欠缺證據而無法將被告繩之於法。刑事訴訟程序此二不足之處，法律持續地降低其間的差距。如果吾人回顧從神的審判到現代的刑事訴訟，法律在此方面已有相當大幅度的進步。刑事訴訟的雙重目標同時也是其沉重的負擔：既要懲治犯罪行爲，又要公正合法。

但法律如何既保障判決本身的公正性，又確保其法律效果的公正性呢？

◆本章譯註

[*1] In dubio pro reo，國內多半譯為「罪疑唯輕」。鑑於此一原則的適用範圍不僅涉及刑度的輕重，尚包括無罪認定，以及訴訟程序法上應作有利於被告的解釋適用（詳後），故譯為「罪疑唯利被告」。實務上，亦有稱「罪疑利益歸於被告」之原則。參見：臺灣臺北地方法院一一〇年度聲判字第二四〇號刑事裁定。

[*2] 原文：Völkerstrafgesetzbuch。

[*3] 刑罰令（Strafbefehl），指檢察官如認為犯罪事實明確，但情節輕微，得聲請法院作成刑罰令，以代替主審程序及判決。此一程序採書面審查，被告不服刑罰令，得提起異議。參見德國《刑事訴訟法》第四百零七條至第四百十二條。此一制度為我國所無。

[*4] 原文：Vier-Augen-Prinzip，意指一種雙重檢查的複核機制，適用在各種領域。

[*5] 於此作者使用Vorurteil一詞，語帶雙關，一方面意指法官許可進入主審程序的裁判（預判），另方面蘊含法官因許可進入主審程序而帶有先入為主的觀念（偏見）。

[*6] 原文：Lex Emminger，此項命令於一九二四年一月四日發布，全名：《關於法院組織及刑事司法令》（Verordnung über Gerichtsverfassung und Strafrechtspflege），係基於帝國議會一九二三年十一月以三分之二以上同意通過之《授權法》（Ermächtigungsgesetz）。參見：Werner Schubert, Von dem Entwurf eines Gesetzes über den Rechtsgang in Strafsachen (1919/20) bis zu der Verordnung über Gerichtsverfassung und Strafrechtspflege (lex Emminger) vom 4.1.1924, 1998, https://books.google.com.tw/books?id=rrP6uSbzof8C&pg=PR11&redir_esc=y#v=onepage&q&f=false

[*7] 原文：Strafprozessordnung，簡稱StPO。

[*8] 參照我國《刑事訴訟法》第二條第一項：「實施刑事訴訟程序之公務員，就該管案件，應於被告有利及不利之情形，一律注意。」

[*9] 原文：uneidliche Falschaussage，或稱Falsche uneidliche Aussage。依據德國《刑法典》第一百五十三條規定：於法院擔任證人而為非立誓之虛偽陳述者，處三月以上五年以下有期徒刑。

[*10] 原文：Zeugnisverweigerungsrecht。

*11 原文：Auskunftsverweigerungsrecht。

*12 原文：Nebenklage，又稱被害人參加訴訟。

*13 原文：Beweisverwertungsverboten。

*14 原文：Sternstunde der deutschen Justiz。

*15 原文：Strafverfolgungsentschädigungsgestez。

第十八章　法律效果：刑罰與量刑

一九〇六年十月十六日，當鞋匠威廉・福格特（Wilhelm Voigt）步入科佩尼克（Köpenick）市政廳的時候，迎面而來一股莫名的敬畏。這人無事不登三寶殿，福格特以某種腔調現身，穿著——異於平常——上尉制服、披肩、飾帶、軍事長褲、安有馬刺的長靴、配劍及軍帽，特別是有十名軍人簇擁在身旁，並且對他言聽命從。如同別人也會跟他們一樣相信，福格特就是一位道道地地的普魯士上尉。

幾個小時之前，福格特才跟這些軍人在柏林的邊區攀談，並且讓他們相信，他收到「最高層的命令」，要求他們必須服從他。他帶領他們到火車站，並幫他們買了三等艙車票，自己則坐二等艙，一起乘往科佩尼克。他請他們喝酒及午餐，然後才告訴他們，他要逮捕市長，也許還有其他男士。

這些人跟著他到市政廳，其中四人封鎖大門，兩人負責肅清房裡通道及切斷電話，其他人隨他上一樓，並對市長及另一名官吏宣稱：「承陛下之命，您們被逮捕了。」他先把此二人關押在房間裡，然後用馬車把他們送到柏林警察看守所。在此期間，他要求司庫（Rendaten），也就是該市的會計交付給他三千三百五十七點四五馬克（相當於今天的二萬一千歐元），[1]其中六十二馬克的救助金則未拿走留在原位，於收據上簽署其前監獄典獄長的姓名，並附記「Hi1.G.R.」的代號，意思是「第一步兵衛隊上尉[*1]」。在對「他的」軍人下達其他命令之後，他擠身穿過數以百人的好奇群眾，返回柏林，在那裡他購置一雙新的馬靴、一套西裝及一頂帽子，然後才換掉這套制服。

同日晚上，《下巴爾尼姆報》*2刊出一則號外：「科佩尼克市長及其總務長被逮捕！」並在短篇報導末端以括號註記「這必然是發生了某種嚴重的事端，因爲如此一樁轟動的逮捕獨一無二地擺在眼前。本報啓」。[2]

消息傳開後，掀起更大的軒然大波。警察十萬火急地追緝福格特，政府當局懸賞二千五百馬克，誘使了一名老獄友向警察告發：當他出獄時，福格特曾經跟他提過，他扯上「一些跟軍事有關的東西」。案發十天後，警察逮捕了科佩尼克上尉。一個月後，在大庭廣眾的旁聽下，其中包括國外記者，審判程序在柏林第二邦法院展開。[3]

對於有些大騙徒堂而皇之的騙局，除了被害人之外，大多數人會引爲笑談。比方說，維克多．拉斯提格（Victor Lustig），他在一九二五年把年久失修的艾菲爾鐵塔——於一八八九年爲世界博覽會而建造，原本要在一九〇九年拆除——以一百萬法郎賣給了一名巴黎中古商，名噪一時。再比如說，安娜．安德森（Anna Anderson），讓許多人相信，她是一九一八年在俄羅斯被共產黨革命謀殺的沙皇家族的倖存者，安娜塔西亞．尼古拉耶芙娜．羅曼諾娃，俄國沙皇尼古拉二世的女兒；幾十年來，德國法院審理她所宣稱對家族遺產的請求權問題。又再如卡爾．邁（Karl May），曾因偷竊和詐騙而坐牢多年，一再地虛構其身分，宣稱獲有博士學位，後來因他的小說系列Winnetou而知名度大增，他利用一些宣稱影射，他自己其實是老沙特漢德（Old Shatterhand）*3的同伴，精通一千二百種語言。

同樣地，科佩尼克上尉當時也廣獲支持並引爲趣談。據說，德皇威廉二世曾喚他作「奇巧的怪咖」（genialer Kerl）。地方報則把他奉爲「科佩尼克的英雄」，稱其行動是「無可言喻的怪誕」、「完勝」、「天才之舉」，以及「詼諧的舞台劇本」（實際上，這段歷史果眞成爲許多小說、電影與戲劇的腳本，最有名的是卡爾・扎克邁爾（Carl Zuckmayer）一九三〇年的電影劇作《科佩尼克上尉》）。因為沒有人像他這樣把德國的庶民精神（Untertanengeist）和普魯士軍國主義的強橫表現得如此絕妙——即使他原本無此打算。

像科佩尼克上尉這樣的行為會得到甚麼樣的刑罰呢？事實經過相當清楚，福格特的說詞：他原本只想偷一本護照，錢實際上是他人強加給他的，法院不予採信。除此之外，其他一切，他都坦承不諱，畢竟也有很多的證人。問題只在，刑度要判多少，法律人的用語是：量刑。

取與捨

每一個行為人，應得到其所應得者，一位刑事法官曾如此說過。[4]這難道不是一項基本前提？在行為人該得的制裁之外，法官如何能夠再做額外的論定？

說在前頭：這確實是不可能。但是不同於依據一五三二年《卡洛琳娜刑法典》的諸多案件，今天法院在量刑時，再也不能完全自由地判決。法律本身針對重要事項自為規定，基於明確性原則，法律也必須如此規定。重要事項，主要是刑罰取捨的範圍。

若僅涉及單一之刑罰構成要件，比如說，一個竊盜行為，刑罰的範圍很快可以確定：依據《刑法典》第二百四十二條，竊盜處五年以下有期徒刑或罰金。再具體來說：一個月到五年之間的有期徒刑，或五到三百六十天數的罰金。一個天數（Tagessatz）原則上相當於行為人的平均一日淨所得，但至少必須是一歐元，最高不得超過三萬歐元。

但是，在一個刑事訴訟程序中，行爲人被證明犯有多種不同的犯罪行爲時，科刑就較爲複雜。第一種情境：行爲人因同一之行爲而觸犯多種刑法規定。例如行爲人在爲某一次的竊盜行爲時，用刀子割開了被害人的背包，即同時觸犯了毀損罪。刑罰之論處，應處以最重刑罰之法律——於本例中，爲竊盜罪規定，因爲毀損罪最重處三年之有期徒刑。

第二種情境是，有人以多種行爲爲犯罪行爲，該多項犯罪行爲要同時判罪。首先對每一個行爲進行個別的評價與論罪，比如說，週一竊盜（例如處六個月有期徒刑）、週二傷害（處一年有期徒刑），以及週三強盜（處二年有期徒刑）。在確定個別刑罰之後，再從中決定總刑罰，亦即以刑度最高的個別刑罰——於上例中，即強盜罪之二年有期徒刑——再加重之，但不得超過各該刑罰的總數。例如兩年強盜加三個月竊盜、再加六個月傷害，總共兩年九個月。

科處的刑期有上限，也就是所犯都不是無期徒刑時：縱使有人搶了三十家銀行，重傷了一堆人，把兩名人質關一整天，釀成金融的重大損害，全部都被起訴由法院審判，法院也不能判超過十五年的有期徒刑。單純刑期的累加，如在其他部分法體系可能到達上百年甚至上千年的刑期，在德國現在是禁止的。還有多重的無期徒刑亦已廢止，不管一個人犯了多少個謀殺罪。

以上所述，主要部分早在一八七二年生效的《帝國刑法典》即已開始適用。現在的問題是，在刑罰的法定範圍內，特定犯罪行爲究竟要如何定刑？比如說，法院要如何決定，對一個殺人行爲在五年到十五年的範圍內要判幾年才是合宜？在科佩尼克上尉的時期，法律就此保持沉默。今天，《刑法典》第四十六條規定：法院應就有利及不利於被告之情事相互權衡之。

法律還例示了一些事項，司法實務再做進一步的開展。對於行爲人有利者，例如承認犯罪、事後悔悟、爲犯行道歉或回復原狀、犯罪所生損害輕微、因被害人之挑釁或出於窮困而犯罪，或者素無犯罪前科等。不利於被告者，則諸如有（相關）犯罪前科、投入較高的犯罪能量（kriminelle Energie，譯按：例如預謀犯罪或壓制被害人之抗拒而遂行犯罪）、對被害人造成嚴重後果，或者以同樣手法多次犯罪，如前例中之割破背包竊盜行爲。

以（無辜）哈利．華茲一案爲例，法院在量刑時，考量有利於被告的部分是，華茲沒有前科，作爲第一次服刑者對於刑之執行可能相當敏感，以及（可避免的）犯罪行爲並非事前謀畫，而是在衝突爭執之下發生。法院斟酌不利於被告的情形有，華茲在其與被害人共同兒子面前長達數分鐘（可避免）扼喉動作所耗費的犯罪能量，以及對被害人造成異常嚴重的後果等。在上述基礎之下，法院判處華茲十一年的有期徒刑。

合議庭——例如由三名職業法官及兩名參審法官組成之參審法院——對於刑度無法達成一致者，以絕對多數議決之。如有兩種以上之議案，贊成刑度最高之票遜於贊成刑度次高之票，以至產生具必要多數之議案爲止。例如有兩個法官贊成十二年、一個贊成十年、兩個贊成八年，則贊成十二年的兩票遜於贊成十年的一票，應算入十年的議案，以此作爲宣告刑（譯按：此處的「遜於」並非指「票的數量較少」，而是著重在刑度高低。因此，刑度最高的票數須併入於刑度次高的票數內）。

明顯地，刑之酌量繫於法院的組成，其結果差異甚大。此點經研究一再被證實。[5]例如根據一項實驗，由法官與檢察官各自就一件虛構的殺人案作出量刑建議，其結果令人不可思議：整體來看，百分之八十的量刑，介於三年至十年有期徒刑差距如此之大的區間內；個別來看，百分之五以上的法官判兩年或更輕，檢察官則是十二年或更重。[6]甚至是同一位法官對同一件犯罪在不同時間明顯可能作出不同的判

斷，如根據雙重錯誤評價[*4]所得顯示。【7】

不僅如此，還有明顯可辨的地區性差異：在巴登及北德法院的判決超過百分之十低於全德的平均數，於南德巴伐利亞及南黑森法院則有超過百分之十高於平均數。以強盜爲例，最低的區域是二十三個月的有期徒刑，最重的區域則是多六個月，由此顯示，歷史演進過程中的實務運作，對於各該法院的量刑有相當大的影響。【8】因此，有關量刑的法律規定對於客觀性的達成只有——但至少——一定程度的作用，並沒有絕對公平的刑罰。

在美國，「量刑指引」[*5]界定法院的量刑範圍明顯較德國嚴格，其大幅限縮個案正義的裁量空間，於美國飽受批評。【9】早期在德國甚至有固定的刑罰〔所謂記點刑罰（Punktstrafen）〕：依據六世紀時期的《薩利克法》（Lex Salica），誹謗的處罰，按罵人的用詞處以三到四十五先令的罰金，例如罵人「兔崽子」（Hase）、「小潑婦」（Füchslein）或「混蛋/惡棍」（Scheißkerl），處三先令；「男寵」（Buhlknabe）、「畜生」（Hundsfott）或「造假者」（Fälscher），處十五先令；「娼妓」（Hure），處四十五先令。【10】

另一種來自美國刑事訴訟的實務，其實在德國早已行之多年：認罪（Verständigung）。此一概念的背後隱含了法院、檢察官與辯護人之間協商的意涵，不同於被告的自白，科處相對比較輕微的刑罰。此種認罪協商在德國已有相當時間，直到一九八二年才經由一篇文章而眾所周知，該文爲一名刑事辯護人以假名德特夫·迪爾（Detlef Deal）所撰寫。【11】

法制上，於二〇〇九年始有「協商」（Deal）的法律規定。對於程序當事人來說，特別具有吸引力，如果證據調查過於耗時費力。此點同時構成對實務的批評之一：從認罪協商受惠者，恰恰是爲其犯罪行爲已經耗費甚多成本，且投入很多金錢在辯護的被告，例如經濟犯罪。但更可議的是，被告受到來自各方（包括辯護人）接受認罪協商壓力的危險——即使被告有可能是無罪的情形。[12]例如在一件由聯邦法院審理的案件，被告被要求爲其自白而接受兩年有期徒刑加緩刑的要約，否則必須被判六年的有期徒刑，入監服刑。[13]在這點上及其他各方面，即使是聯邦法院法官亦對認罪協商提出嚴厲的批評。[14]

根據一項現任法官的意見調查，只有百分之十二到十三的有罪判決是基於認罪協商。[15]在美國，則是——前已提過——百分之九十，[16]當中有一些程序是在進入主審程序之前就已「被協商掉」。如此高比率的原因是，訴訟程序在美國的風險太高。因爲在美國對於相對屬輕罪的有期徒刑判決有時候相當駭人，特別是針對累犯。比如說，店舖盜竊（Ladendiebe）可能被重判二十年徒刑甚至無期徒刑。在路易斯安那州，曾有一名檢察官對一名竊取價值三十一美金巧克力棒的嫌疑犯以將處重罰恫嚇其自白。[17]平均來說，再犯者在美國曾經坐個三十二個月的牢，[18]在德國則是八個月。[19]面對可能被判較高的刑期，讓嫌疑犯傾向接受認罪協商，即使被判無罪的機會相當高，特別是在仍會判死刑或無期徒刑且無假釋可能的州。

對於科佩尼克上尉的各種非難，簡直是無所不用其極，特別是市長及其同僚被剝奪自由一節，最爲嚴重，還有福格特及其軍人配戴武器一事。在審判程序中，福格特的一名辯護人特別強調配戴武器，目的是走一種冒險的訴訟策略，將本案定調爲具強盜性質之勒索——也就是以暴力脅迫取財——如此一來，本案將由參審法院管轄；也許這位辯護人推斷，基於輿論的支持，福格特可能會被判無罪。結果，邦法院不買單。

最重的刑罰不是因爲妨害自由，而是出具虛僞收據而構成嚴重的僞造文書罪：可處十年以下有期徒刑。在此刑罰範圍內，法院得出較輕處刑之理由在於，對於犯行出具收據毫無必要；福格特在出具收據時，錢已經到手了。對於較爲輕微的情形，法律僅規定三個月至五年的有期徒刑。

在此刑罰範圍內，邦法院需要進行權衡。儘管《帝國刑法典》尚未針對嚴格意義的量刑有所規定。而且，法院當時在量刑時仍是本於應報的思維，而不是一般預防乃至於特別預防的觀念。但是今天適用的量刑標準中至少有一些觀點在當時已被肯認。法院一方面指出，在市政廳的集團並不是福格特的第一次犯罪，相反地：時年五十七歲的被告已經因爲各種不同的竊盜犯行在獄中度過超過二十九個年頭。儘管最後一次且最長的刑罰——十五年牢獄，因爲「重大竊盜之累犯」——即使按照當時的標準仍嫌過重。但是這點對於福格特在本案的量刑並無正面的作用。

不利於福格特的理由還有，「犯行完全經過精心設計，而且出自一種非比尋常的犯罪動能」，彰顯「一種對國家軍事統帥權極其囂張的挑釁，以及對市政當局異常危險的攻擊」。不過，法院也作有利於福格特的評斷，認爲他在最後一次出獄後認眞且努力地找正規的工作，並初步有成，卻因警察一再地驅趕〔最先是逐出維斯馬（Wismar），然後是柏林〕讓他的努力前功盡棄，進而「逼使他重返犯罪的老路」。

檢察官在結辯的時候，還對警察監督讚譽有加：福格特一案顯示，儘管困難重重，警察的工作還是有其必要。這番辯詞自然是本末倒置，檢察官求刑監禁於矯正所（Zuchthaus）五年。反之，福格特的辯護人則激情地爭取較輕的刑罰，提及他被警察一再地驅趕，還有他困頓的孩提生活，以及青少年時期跟著一位有暴力傾向的父親。最後，法院以犯非法冒用制服、妨害公共秩序、剝奪人之自由、詐欺及重大僞造文書等罪，判處四年有期徒刑——而且是在監獄，而不是監禁條件較爲嚴苛的矯正所。退庭時，審判長伸手與科佩尼克上尉握手，祝上帝保佑他，「儘管年歲已高，安然度過牢獄」。

四年的徒刑，福格特只需要一年半，因爲德皇威廉二世赦免他。出獄後，他聞名一如服刑之前，以科佩尼克上尉之姿出現在德國各地，甚至在國外。若干年後，一九一二年，他定居於盧森堡。歷經了第一次世界大戰與通貨膨脹的窮困，十年後，逝世於盧森堡。[20]

福格特一案，法院有許多的裁量空間，或者：法院善用了裁量權，並且作出有利於大騙徒的判決。同樣地，今天，所有的刑法構成要件實際上提供了作出合理裁罰的裁斷空間。唯有謀殺罪的法律效果，法律明定且無可動搖，恰恰是《刑法典》中最重的刑罰。

無期之刑

漢斯－格奧爾格・諾伊曼（Hans-Georg Neumann），出生於一九三六年，母親是一名性工作者。他的幼年先在柏林一家孤兒院度過，接著是寄養家庭。[21]後來他加入青少年幫派，四處偷竊，有一段時間被關在施拉赫滕湖（Schlachtensee）少年感化院。之後，他恢復正常生活，二十歲時移居加拿大。有一段時日，他還過得去，打零工，學英語，但不知從什麼時候開始，生活又再度脫離軌道。其中有兩次的搶劫案，他被判處有期徒刑，並且被驅除出境，遣返德國。回到西柏林，他很快地聯繫上少年時期的伙伴，取得槍枝，打算用來重新開始打劫。才剛開始，就走樣了。

一九六二年一月十三日晚上，諾伊曼看了一部影片，喝了一杯格羅格酒（Grog）。影片結束時，他戴上槍套肩帶，插入兩枝上膛的左輪槍，以此裝備出門在街頭巡走。走累時，他決定攔截一部車子，強迫駕駛載他回家。他挑中一對年輕男女，坐在停靠路旁的車上。他拉開車門，強令男子坐到副駕駛座，女子坐到後座，他自己則坐上駕駛座、啓動出發。途中，他要求這對男女把金錢及飾品交給他。在車轉入一條農道的時候，年輕女子突然從後方攻擊他一直到他威脅要開槍射殺時才停手。過了不久，該女又再度攻擊，他在憤怒之下，槍殺了這對年輕男女。

一週後，警察逮捕了諾伊曼。在法庭上，他並無悔意，反而把責任推給被害人的挑釁行爲，並且表示對他的行爲不覺得羞恥。審判程序引起公眾矚目。著名的畫家葛哈．利希特（Gerhard Richter）還利用訴訟中的照片爲腳本，創作了一幅畫作《路人》（*Fußgänger*）。一九六三年五月三十日，柏林邦法院判決諾伊曼犯街道強盜及二級謀殺，處無期徒刑。

當時，法律尚無讓「無期徒刑受刑人」提前假釋出獄的規定，有期徒刑的規定則有不同。有期徒刑的暫緩執行〔也就是緩刑（Pausierung）〕並付保護管束，於二十世紀之交時取決於政府的特赦。一九五三年，此一可能性始規定於法律，自此之後，由獨立的法院，而非政府決定是否暫停執行有期徒刑。最初的適用範圍很窄，直到一九七〇年才擴大適用。今天，法院針對受兩年以下有期徒刑宣告之案件，如可預期被判決人不會再犯者，得宣告緩刑。在所有被宣告有期徒刑的案件中，有三分之二具備此種預期效果。[22]被判決人於緩刑期兩年至五年內再犯者，執行暫緩執行之刑期。

同樣規定亦適用於被宣告較長有期徒刑之犯罪行爲人，於受徒刑之執行逾三分之二者，得假釋出獄，並付保護管束。提前釋放之法定要件是，有悛悔實據（vertretbar）。在提高要件之下，於受徒刑之執行逾二分之一者，亦有假釋出獄的可能性。達上述要件少於一般所認定者：於二〇一七年，只有百分之三十的被釋放者受惠於假釋並付保護管束，其餘被釋放者，則須服完殘餘刑期。[23]

「無期徒刑人」服刑至死亡爲止，若無法假釋並付保護管束者，只能像諾伊曼一樣期待被特赦。特赦與大赦（Amnestie）的區別在於，大赦由國會針對不特定之多數人而爲之，特赦（Gnadenakt）則取決於政府*6。以往，此二者掌握在統治者手上，最初還包括可以爲不利於被告之判決變更，之後則僅能有利於被告。赦免源於古希臘及羅馬，歷法蘭克帝國以迄近代時期，甚至在納粹及東德時期。[24]今天，德國關於赦免之請求，於若干案件，如反恐刑法，由聯邦總統決定，其餘則由總理——於城市邦（Stadtstaaten）及薩爾蘭（Saarland）——由邦長或邦政府決定之，其大多數授權下級機關決定，赦免不是由獨立之法院所爲，赦免之拒絕亦非得由法院審查之。

有人會問：在一個國家中，赦免法到底還有沒有必要？法律的適用不是應該得到公平的結果嗎？道理上是這樣，但不是百分之百如此。赦免法之存在，是誠實地承認，現行法律及其執行之程序有可能發生錯誤。雖然不是經常如此，但不排除於個案中發生不正義的過苛情形。因此，「赦免優於法」（Gnade vor Recht）是一種引人錯誤的表述，至少在今天。赦免屬於法，就如同例外與原則的關係。而當赦免本身成爲原則時，即屬於法律的一部分，從而存有請求行使之權利。如此理解下，赦免法的行使可能逐步地造就新法，如同在緩刑與假釋的情形。

在諾伊曼被判罪的時期就已經累積豐富的赦免實務，用來處理無期徒刑的受刑人：一九四五年至一九五五年之間被判無期徒刑的受刑人中，至一九七五年底爲止，有三分之二被赦免，主要是在服刑十五年至二十五年之後。換言之，赦免已經成爲原則。[25]然而，修改法律的諸多努力，皆告失敗。

又再一次，必須靠聯邦憲法法院扶立法者一把。一九七七年，憲法法院判決無期徒刑雖然符合人性尊嚴，但唯有當被判決人「保有重獲自由的機會時」。赦免的可能性仍有不足，在一個法治國家中，停止執行自由刑的要件與程序必須於法律中明定。[26]於是事情就這樣發生了，儘管遲了好幾年：一九八二年起，法院亦得停止執行無期徒刑，並付保護管束。

自一九八〇年以降，每年約有八十五到一百個案件判處無期徒刑，幾乎都是謀殺案。[27]不過，假釋的條件明顯比較嚴格，例如相較於殺人罪：殺人平均判五到十年的有期徒刑，[28]只要服三分之二的徒刑，即有假釋的可能性；相對來說，因謀殺而被判無期徒刑，提前釋放出獄要服刑二十五年後才有可能（但不必然）。更大的差別是，事實審法院如果在判罪時，確認犯罪行爲人的「罪責特別重大」，例如其行爲特別殘酷或謀殺多人，則服刑十五年後之假釋即不可能，必須要晚一點才行——但也不一定。由此可見因謀殺而非殺人而判罪的差別如此之大，而構成謀殺——如前所述——只需要構成其中一種要件要素，例如惡意（Heimtücke），即爲已足。

儘管要件較爲嚴格，但有相當多且無法確認比例的無期徒刑受刑人，得有重返自由的希望。但也有不少死於獄中：二〇〇二到二〇二四年之間有九十人，其中，信不信由您，二十五位自殺身亡（百分之二十八）。[29]（在同一期間，一般人的死亡率中自殺占百分之一點二）。[30]

在此複雜的情境下，漢斯—格奧爾格．諾伊曼於一九八二年首次聲請假釋。但他不只犯了一宗殘酷的雙人謀殺案，而且一如以往沒有表示悔意，甚至在服刑時的表現，是一名令人頭痛的受刑人。早在一九六四年他即曾在其牢房放火；他在監獄裡販毒且吸毒，用刀子及刮鬍刀片交易（還有用咖啡、菸草及酒類）。他拒絕接受心理治療，還有拒絕從事指定的工作。因此不讓人意外，他第一次聲請假釋失敗。幾年後，有一位支持者爲他聲請赦免，也是失敗。

一九九三年一月三十一日，他第一次可以外出，在服刑三十一年之後，在一位公務員的陪同下進城市裡幾個小時。他表現得毫無缺點。儘管如此，他接下來一系列的假釋聲請，皆遭駁回。在服刑期間，他失去了一隻眼睛、一個腎，並裝了一個人工假牙。但是人們還是不放他自由。法院依然認爲他具有危險性。以他的年齡來說，「他還是相當有活力且敏捷」，法院在二〇一四年如此載述。當時他七十七歲。對別人來說，這是一種稱讚，對他來說，則形同死刑判決。

幾乎是在二〇二一年三月十七日，卡斯魯爾邦高等法院終於裁定諾伊曼可以出獄，但不是馬上，而是在伴隨且符合許多的指令之下。在此之前，他第一次同意接受一次心理治療，同樣也是第一次表示願意出獄後在一家有照顧設備的住宅內生活一年。此外，法院評估，他在獄中的所有期間內從未與獄友發生過直接衝突，同時透過他的交易存了一筆金融儲蓄。[31]他離開監獄的時候，八十四歲，在牢裡待了將近五十九年。從聯邦共和國建立起，沒有一個人比他久，也許是德國歷史上坐牢最久的人。

讓諾伊曼在監獄裡待這麼長，相對容易，因爲他被判無期徒刑。但是在服刑一段時間之後，雖然可以出獄，但對於其他人來說，仍具有重大危險性，對這樣的人該怎麼辦？同樣地，法律對此提供一項對策——也許是整部《刑法典》最有問題的地方。

危險

假設，有一個人一再地因爲重大暴力行爲而被判罪。他坐了幾年牢，在獄中甚至接受治療及教育，但他一被釋放，就會再度搶劫、傷害或性侵他人。徒刑越加越長，沒有人知道接下來該怎麼做，而他自己也不知道。等到下一次服完刑，照理要被釋放時，該怎麼辦？或者，有人雖然極端危險，但由於有精神疾病而無責任能力，因此不能被處罰，又該怎麼辦？

這個問題的答案是所謂的保安處分*7。與自由刑及罰金的差別是，保安處分不是為了平衡罪責，也不是了嚇阻犯罪，其目的只在保護公眾免於危險的犯罪行爲。較輕微的保安處分是行爲監督*8，在此制度框架下，一名出獄者可以被要求，比方說不得離開住居所或不得與特定人接觸。但最有效且最嚴厲的處分是剝奪自由，可以代替自由刑——例如在精神病院——或者執行自由刑之後接續實施，後者稱爲保安監禁*9。

保安監禁很早之前就已被討論，成爲法律制度，則是在一九三四年由納粹主義者所引進。單就此點而言，吾人不必因此而將保安監禁妖魔化。但話說回來，此一制度仍然是一種過度的要求，對法治國家如此，特別是對刑法——對當事人來說，更是如此。因爲這個制度預設了再犯的危險，縱使未來不再處以刑罰的機會始終存在。因此保安監禁的宣告被設定了嚴格的要件：行爲人必須多次犯重大犯罪，而且原則上在最近一次犯罪行爲前，已服至少兩年的有期徒刑。特別是，行爲人必須「由於其有爲重大犯罪之傾向：在（即將爲其他）判罪之時點，對公眾具有危險性者」。唯有在此要件下，法院才可以在判決中宣告，於執行自由刑之後，接續實施保安監禁，其本身的上限是十年——通常明顯比原本的自由刑還要長——，但在嚴格的要件下得延長之，甚至可以接續多次延長之。

如同刑之停止執行，危險評估於保安處分亦具有決定性之意義。此項評估的效度卻相當值得懷疑。研究顯示，構成保安監禁理由的專家鑑定錯誤率在百分之六十至八十之間。[32]因此，人們必須假定絕大多數的保安監禁人原本就不具危險性。在德國，目前被監禁的人數——此前的數目十年來在兩百人左右擺盪——約六百人。[33]

法蘭茲．封．李斯特（Franz von Liszt），這項理論的創立者：刑罰主要的目的是透過判罪阻止未來犯罪的發生。李斯特從威廉・福格特身上有多次前科看到其理論訴求的絕佳例證，也就是將無可救藥的人長期隔離拘禁。如果科佩尼克上尉「（譯按：這次）可以脫免幾年的牢獄之災，按事件情況來看，這不是不可能：那麼，新的戲碼是否又要開始？！」李斯特不無詭辯地如此提問，在本案訴訟程序開始之前。[34]但恰恰是福格特的案例顯示，試著從過去推斷未來的謬誤：福格特之後就再也沒有被處以刑罰——姑且不論小額的罰金，因爲他出售簽過名的明信片，卻沒有營業登記證而受罰。

單單是保安處分的機制本身就讓人腹痛不已，更糟的是經由二〇〇四至二〇一〇年的法律修正，甚至還可以事後宣告。[35]縱使是修法之前所犯的罪行，且正臨出獄的前夕，卻被認定具有危險性者，依據法院裁定宣告，還是必須繼續留在監獄裡，儘管法院在原來的判決中並未作保安監禁的宣告。在過去這是有可能的，因爲聯邦憲法法院認爲，類如保安監禁之保安處分並非刑罰，因此不適用刑法上之溯及既往禁止原則。[36]這得要靠布魯塞爾之歐洲人權法院的重話，才有辦法讓德國法從歧路返回正途。[37]

自聯邦憲法法院二〇一一年的一則判決起，[38]終於適用所謂的分離原則（Abstandsgebot）：保安監禁的剝奪自由必須與自由刑的執行明確區隔。在此之前，二者實際上被等同視之。

進步與退步

刑罰的歷史，概略以觀，乃從損害賠償，歷身體處罰，到自由刑，以迄罰金。一五三二年的《卡洛琳娜刑法典》尚且在一個條文中明列所有行刑的種類：火刑、斬首、分屍、車刑、絞刑、溺死、穿刺、活埋。此外，有些人被用石頭打死。今天，我們何其幸運，這些早已遠離我們，刑罰較諸以往人道多了。

即便自由的剝奪始終還不是讓人稱心如意，但過去兩百年來的刑之執行已經明顯改善很多。對於「榮譽」罪犯相對較爲寬鬆的堡壘監禁（一九二四年，希特勒曾經極其舒適地和一名僕役及若干同志，在此爲其政變未遂服刑），[39]到中度嚴格的監獄，以迄管理嚴苛的感化所，其間長期存在的差異性，西德從一九五三年開始改革，終至一九七〇年全面廢除。今天監獄裡的條件遠比過去良好，從衛生條件、飲食品質到牢房的大小與設備。

此外，甚至連自由刑的重要性也大幅喪失，罰金成爲刑罰手段的選項：於一八八二年約有百分之二十的制裁是罰金，[40]今天在所有的刑事判決與刑罰令中，罰金約占百分之八十五。[41]但是罰金歸入國庫，而不是像私刑法時代流向被害人。

由於科處罰金的比例相當高，德國監獄的密度在國際比較上相對較低：於二〇二〇年中，十萬人中有六十九人服自由刑。換言之，在二百二十三個比較區域中，德國占一百七十五位；占第一位的是美國，十萬人中有六百三十九人在監獄（二〇一八年統計）。[42]這與美國有較多的殺人案件有關——比德國多出五倍[43]——但也跟美國的刑期較長有關。

但是罰金的執行伴隨一項相當大的不公義：對窮人的負擔遠大於對富人。雖然富人被判較高的日金，因爲富人的淨所得較高，但富人享有明顯較大的財政上運用餘裕，因爲富人收入中只有一部分供生活之用，且多有儲蓄或融資較爲容易。反之，對於靠社會救助金生活的窮人，甚至是無家可歸者來說，日金一歐元罰個三十天可能就會捉襟見肘了。

此種不公正義又因下述情形而倍增，即罰金得代以所謂的易服勞役，如果當事人無法繳納時。一天服刑抵一個日金，一份未繳納的三十日金，代表三十天勞役。當然，分期繳納是有可能的，或者亦可用公共服務代替服刑。但顯而易見的是，很少有機會使用這些可能性：在被判罰金的案件中，約有百分之十進入監獄。因此，德國在監執行人中有百分之十，不是因爲被判有期徒刑，而是因爲易服勞役。[44]其中大多數是經濟上的弱勢者：毒品暨酒類上癮者、舉債過度者、無殼蝸牛、社會邊緣人及精神患者。[45]

罰金被系統性地提倡，其目的在讓人們不會因爲遭剝奪自由和標籤化而被驅離其工作及生活圈，從而再次犯罪。但被關在如一人世界的易服勞役中，亦具有相同效應。不僅如此，如果連只造成經濟上損害的微小案件都以罰金制裁——例如乘車逃票——則終究讓人想起古早以前的抵債監，更何況易服勞役的執行造成了不菲的社會成本。

易服勞役主要是男性。[46]也許您已經注意到了，刑法在此部分的規定一律使用Täter之用語，而不是Täterinnen。侷限在男性名詞，對我來說似乎合理。不僅如此，還包括數字：截至二〇二〇年三月三十一日，在德國監獄服刑的四萬六千個受刑人中只有百分之六是女性，[47]在五百八十九個保安監禁人中，甚至只有一名女性。[48]如果再把所有的刑罰算進去——也就是包括罰金及緩刑者——女性的比例不到百分之二十。[49]

◆本章譯註

*1 原文：Hauptmann im ersten Garde-Regiment。

*2 原文：*Niederbarnimer Zeitung*。

*3 Winnetou小說系列中的虛構人物，卡爾・邁曾於以該小說為題材的電影中飾演該角色。參見：http://karl-may-wiki.de/index.php/Max_Welte - http://karl-may-wiki.de/index.php/Datei:KarlMay_OS_1896_4.jpg

*4 原文：irrtümliche Doppelverurteilungen。

*5 原文：Sentencing Guidelines。

*6 我國赦免法的規定與此不同：大赦，指已受罪刑之宣告者，其宣告為無效、未受罪刑之宣告者，其追訴權消滅（赦免法第二條）；受罪刑宣告之人經特赦者，免除其刑之執行；其情節特殊者，得以其罪刑之宣告為無效（赦免法第三條）。

*7 原文：Maßregeln der Besserung und Sicherung。

*8 原文：Führungsaufsicht，其要件定於德國《刑法典》第六十八條第一項：曾犯法律定有行為監督之罪而已服至少六個月之自由刑者，法院於論處刑罰時，得併予裁處行為監督，如行為人存有繼續犯罪之危險者。

*9 原文：Sicherungsverwahrung。

讀過本編之後——您想上法院嗎？當然不。但這道問題是錯誤的，正確的提問是：您認爲定義禁止規範、訴追及處罰犯罪行爲人的法律正義嗎？您認爲對於有罪人、無辜者、被害人來說，法律公平嗎？而且不管是誰，在掀開無知之幕之後？在讀本編時，也許您已經注意到，我在一些段落表達懷疑，但請不要模糊您的整體判斷，我也不會，因爲沒有一個領域像刑法這般，理智會如此成功地克制我們的衝動，而法律的發展帶著我們繼續前進。

但有一個例外。

◇本編注釋

第十五章

【1】引自：Eberhard Zeller, Geist der Freiheit. Der 20. Juli, Neuauflage, 6. Aufl., Berlin 2004, S. 539 Anm. 11.

【2】引自：Arnim Ramm, ebd., S. 212ff., dort auch zu der Zwangslage und politischen Einstellung der Verteidiger.

【3】引自：Joachim Fest, Hitler. Eine Biographie, Frankfurt 1973, S. 970.

【4】家族連坐名單之一例，參見：Bengt von zur Mühlen (Hrsg.), Die Angeklagten des 20. Juli vor dem Volksgerichtshof, Berlin 2001, S. 391 ff.

【5】引文及其他資訊，參見：Spiegel, »Blutrache an den Kindern der Verschwörer«, 13.7.2004, online unter https://www.spiegel.de/panorama/attentat-vom-20-juli-1944-blutrache-an-den-kindern-der-verschwoerer-a-307732.html

【6】引證，參見：Arnim Ramm, Der 20. Juli vor dem Volksgerichts-hof, Berlin 2007, S. 342 Fn. 28.

【7】部分令人難以忍受的片段，參看Film »Geheime Reichssache – die Angeklagten des 20. Juli 1944 vor dem Volksgerichtshof« (1979), online unter https://www.youtube.com/watch?v=Hli83N1xt2c

【8】關於該部影片的歷史，詳見：Hans-Gunter Voigt, Verräter vor dem Volksgericht – Zur Geschichte eines Films, in: Bengt von zur Mühlen (Hrsg.), Die Angeklagten des 20. Juli vor dem Volksge-richtshof, Berlin 2001, S. 398 ff.; s.a. den Bericht des Kameramanns Erich Stoll, abgedruckt bei: Arnim Ramm, Der 20. Juli vor dem Volksgerichtshof, Berlin 2007, S. 491 ff.

【9】關於各種不同的動機，參見：Gerd R. Ueberschär, Auf dem Weg zum 20. Juli 1944. Motive und Entwicklung der Militäropposition gegen Hitler, ApuZ 27/2004, S. 15 ff.

【10】Norbert Frei, Vergangenheitspolitik, Die Anfänge der Bundesrepublik und die NS-Vergangenheit, Neuausgabe, München 2012. S. 348 ff.

【11】»Na und«, Der Spiegel vom 8.10. 1967, S. 87f., online unter https://magazin.spiegel.de/EpubDelivery/spiegel/pdf/46185250

[12] 關於卡岑貝格的審判程序，詳見：Martin Luber, Der Prozess gegen Leo Katzenberger, Deutschland 1942, in: Kurt Groenewold / Alexander Ignor/ Arnd Koch (Hrsg.), Lexikon der Politischen Strafprozesse, online unter chrome-extension://efaidnbmnnnibpcajpcglclefindmkaj/https://www.duncker-humblot.de/_files_media/leseproben/9783428553105.pdf

[13] Gustav Radbruch, Gesetzliches Unrecht und übergesetzliches Recht, Süddeutsche Juristen-Zeitung 1946, 105 (107).

[14] 對於賴德布魯赫見解的批評，例如：Jörg Friedrich, Freispruch für die Nazi-Justiz. Die Urteile gegen NS-Richter seit 1948. Eine Dokumentation, Berlin 1998, S. 73 ff.

[15] 關於德國司法史上這段不光榮的篇章，參見：Jörg Friedrich, Freispruch für die Nazi-Justiz. Die Urteile gegen NS-Richter seit 1948. Eine Dokumentation, Berlin 1998.

[16] 引自：Arnim Ramm, Der 20. Juli vor dem Volksgerichtshof, Berlin 2007, S. 155.

[17] 關於謀殺罪規定脈絡下之行為人類型學說的意義，參見：Monika Frommel, Die Bedeutung der Tätertypenlehre bei der Entstehung des § 211 StGB im Jahre 1941, Juristen-zeitung 1980, 559 ff.

[18] 關於此一轉變的階段，參見：Uwe Wesel, Geschichte des Rechts. Von den Frühformen bis zur Gegenwart, 4. Aufl., München 2014, Rn. 236, sowie: Rudolf Gmür/Andreas Roth, Grundriss der deutschen Rechtsgeschichte, 15. Aufl., München 2018, Rn. 214 ff.

[19] 參見：Gustav Radbruch, Vorwort, in: Arthur Kaufmann (Hrsg.), Die Peinliche Gerichtsordnung Kaiser Karls V. von 1532, 6. Aufl., Stuttgart 1975, S. 18 ff.

[20] Rudolf Gmür/Andreas Roth, Grundriss der deutschen Rechts-geschichte, 15. Aufl., München 2018, Rn. 331.

[21] Eberhard Schmidt, Einführung in die Geschichte der deutschen Strafrechtspflege, 3. Aufl., Göttingen 1995, S. 256.

[22] 引自：Uwe Wesel, Geschichte des Rechts. Von den Frühformen bis zur Gegenwart, 4. Aufl., München 2014, Rn. 290; 關於此種境況，封・阿尼姆詳述在其著作：Bruchstücke über Verbrechen und Strafe, Zweiter Teil,

Frankfurt/Leipzig 1803, S. 157 ff.

[23] Thomas Vormbaum, Einführung in die moderne Strafrechtsge-schichte, 3. Aufl., Berlin/ Heidelberg 2016, S. 72, 81.

[24] 引證，參見：Wolfgang Naucke, Deutsches Kolonialstrafrecht 1886-1918, Rechtshistorisches Journal 1998, 297 (299 Fn. 10).

[25] Paul Bauer, Die Strafrechtspflege über die Eingeborenen der deutschen Schutzgebiete, Archiv für Öffentliches Recht 1905, 32 (33 f.).

[26] Wolfgang Naucke, Deutsches Kolonialstrafrecht 1886-1918, Rechtshistorisches Journal 1998, 297 (m. W.N.).

[27] Sebastian Conrad, Deutsche Kolonialgeschichte, 4. Aufl., München 2019, S. 50.

[28] Brandon Garrett, End of Its Rope: How Killing the Death Penalty Can Revive Criminal Justice, 2017, S. 82ff., 147 ff., 192.

[29] 以上所述，參見：Horst Gründer, Geschichte der deutschen Kolonien, 7. Aufl., Paderborn 2018, S. 128, 150f., 167 ff., 218.

[30] Wolfgang Naucke, Deutsches Kolonialstrafrecht 1886-1918, Rechtshistorisches Journal 1998, 297 (310).

[31] Johann Jacoby, Vier Fragen beantwortet von einem Ostpreußen, Mannheim 1841, online unter https://books.google.de/books/about/Vier%20_Fragenbeantwortet_von_einem_Ostpre.html?id=4bBVjXqNcHgC&printsec=frontcover&source=kp_read_%20button&%20redir_esc=y#v=onepage&q&f=false

[32] 關於雅科比案，詳見且值得一讀：Uwe Wesel, Der Prozess gegen Johann Jacoby, Deutschland 1841/1843, in: Kurt Groenewold/Alexander Ignor/Arnd Koch (Hrsg.), Lexikon der Politischen Strafprozesse, online unter chrome-extension://efaidnbmnnnibpcajpcglclefindmkaj/https://www.duncker-humblot.de/_files_media/leseproben/9783428553105.pdf

[33] Annelies Laschitza, Im Lebensrausch, trotz alledem. Rosa Luxemburg, Eine Biographie, Berlin 1996, S. 9. 其中亦有以下敘事之細節。

【34】詳見：Andrea Hartmann, Majestätsbeleidigung und Verunglimpfung des Staatsoberhauptes (§§ 94ff. RStGB, 90 StGB), Berlin 2006, S. 90 ff., 109 ff.

【35】John P. Nettl, Rosa Luxemburg, 2. Aufl., Frankfurt 1970, S. 53.

【36】詳見：Greg Taylor, Zur strafrechtlichen Gleichstellung Homosexueller in der späten DDR, Journal der Juristischen Zeit-geschichte, 2014, 1 ff.

【37】Frans de Waal, Der gute Affe. Der Ursprung von Recht und Unrecht bei Menschen und anderen Tieren, München 1997, S. 196 f.

【38】參見開路先鋒之著作：The Evolution of Reciprocal Altruism, The Quarterly Review of Biology 1971, 35 (49).

【39】Frans de Waal, Der gute Affe, Der Ursprung von Recht und Unrecht bei Menschen und anderen Tieren, München 1997, S. 198.

【40】人類學家愛德華・伊凡—普理查（Edward Evans-Pritchard）描寫努爾人（Nuer）相當複雜的血仇規則：努爾人是居住在於現在蘇丹南方的遊牧民族，當時的生活還相當的原始。參見：Edward Evans-Pritchard, The Nuer: a description of the modes of livelihood an political institutions of a Nilotic people, Oxford 1940, S. 150 ff. (in der US-Fassung von 1969).

【41】Immanuel Kant, Die Metaphysik der Sitten, Königsberg 1797, § 43 bzw. S. 175 der durch J.H. Kirchmann herausgegebenen Ausgabe in Leipzig 1870.

【42】因此，乃有學者支持應顧及應報思想，參見：Tonio Walter, Die Vergeltungsidee als Grenze des Straf-rechts, Juristenzeitung 2019, 649 ff.

【43】Bundesverfassungsgericht, Beschluss vom 23.9.2014 - Az. 2 BvR 2545/12.

【44】詳見：Andreas Wacke, Die Zwecke von Buße und Krimi-nalstrafe nach römischen Rechtsquellen, in: Festschrift für Imre Molnár, Szeged 2004, S. 413 (414).

【45】Anselm von Feuerbach, Lehrbuch des gemeinen in Deutschland gültigen peinlichen Rechts, 13. Aufl., Gießen 1840, §§ 13 ff. bzw. S. 37 ff.

[46] Kevin M. Carlsmith/Timothy D. Wilson/Daniel T. Gilbert, The Paradoxical Consequences of Revenge, Journal of Personality and Social Psychology, 2008, 1316 ff. 相反地，人們只是處罰行為人的證人：加害人未被處罰，人們的感覺不會比被害人還糟——但也不會比較好。

[47] 關於這方面的概述，參見：Wolfgang Heinz, Mehr und härtere Strafen = mehr Innere Sicherheit! Stimmt diese Gleichung? Strafrechtspolitik und Sanktionierungspraxis in Deutschland im Lichte kriminologischer Forschung, Vortrag vom 31.3. 2007, online unter chrome-extension://efaidnbmnnnibpcajpcglclefindmkaj/https://www.uni-konstanz.de/rtf/kis/Heinz_Mehr_und_haertere_Strafen_he306.pdf

[48] 關於青少年再犯的相關研究與引證，詳見：Jana Thomas, zur abschreckenden Wirkung von Strafe. Eine Untersuchung der Sanktionswirkung auf junge Straftäter, 2014, S. 184 ff.

第十六章

[1] Hermann Meyer, Fünfzig Jahre bei Siemens, Erinnerungsblätter aus der Jugendzeit der Elektrotechnik, Berlin 1920，引自：Polytechnische Schau, 1921, Band 336, online abrufbar unter https://dingler.bbaw.de/volumes/pj336.html

[2] 被告的姓名於判決中以P簡稱，為了便於閱讀，我虛構了姓名。

[3] Reichsgericht, Urteil vom 1.5.1899 - Az. Rep. 739/99.

[4] Gerhard Dannecker, in: Leipziger Kommentar Online, 2014, 81 mit weiteren Nachweisen bei Fn. 6 und 18.

[5] Anselm von Feuerbach, Lehrbuch des gemeinen in Deutschland gültigen peinlichen Rechts, 13. Aufl., Gießen 1840, 8813 ff. bzw. S. 37 ff., insbesondere § 20 bzw. S. 41.

[6] Bundesgerichtshof, Urteil vom 3.11.1992 - Az. 5 StR 370/92.

[7] 以下參見：Wolfang Naucke, Die Aufhebung des strafrechtlichen Analogieverbots 1935, in: NS-Recht in historischer Perspektive, Minchen 1981, S. 71 (86 ff.).

[8] 以此為論據，亦即受安全帶及安全帽保護者，不僅是配戴者，而包括第三人，聯邦憲法法院認定此項義務

之課予合憲，參見：Beschluss vom 26.1.1982 -1 BvR 1295/80 (Schutzhelm) - und Beschluss vom 24.7.1986 -1 BvR 331/85 (Gurt).

[9] Bundesverfassungsgericht, Beschluss vom 15.12.2015 - Az. 2 BvR 2735/14.

[10] 不過，刑法對此另設有特別之構成要件，即「全醉狀態」（Voll-rausch）（刑法典第三二三a條）：故意或過失致陷於麻醉狀態，並於此狀態下為不法行為，而因其處於麻醉狀態而不具責任能力而不罰者，處五年以下有期徒刑或罰金。

[11] 出自：Lactantius, Divinae institutiones, De justitia (Buch 7), Kapitel 17.

[12] 本案詳見：Alfred Simpson, Cannibalism and the Common Law. A Victorian Yachting Tragedy, Chicago 1984.

[13] Walter Perron, in: Schönke/Schröder, StGB, 30. Aufl., München 2019, § 35 Rn. 35a.

[14] 此一譬喻首次使用，見：Hugo Meyer, Lehrbuch des deutschen Strafrechts, 2. Aufl., Erlangen 1877, S. 202.

第十七章

[1] Digesten, Buch 19 Titel 19.5 pr. Ulpianus，德譯文，參見：Uwe Wesel, Geschichte des Rechts. Von den Frühformen bis zur Gegenwart, 4. Aufl., München 2014, Rn. 133.

[2] 此處及下述統計數據，來自：Destatis, Staatsanwaltschaften - Fachserie 10 Reihe 2.6, 2019, S. 26, online unter chrome-extension://efaidnbmnnnibpcajpcglclefindmkaj/https://www.statistischebibliothek.de/mir/servlets/MCRFileNodeServlet/DEHeft_derivate_00060201/2100260197004.pdf

[3] Destatis, Strafgerichte - Fachserie 10 Reihe 2.3, 2019, S. 62 und 70, online unter chrome-extension://efaidnbmnnnibpcajpcglclefindmkaj/https://www.statistischebibliothek.de/mir/servlets/MCRFileNodeServlet/DEHeft_derivate_00056607/2100230197004_aktualisiert01092020.pdf

[4] 關於此一問題及其可能的解決之道，參見：Carsten Momsen/Sarah Lisa Washington, Wahrnehmungsverzerrungen im Strafprozess - die Beweisprüfung im Zwischenverfahren der StPO und US-amerikanische Alternative, in: Ingke Goeckenjan/Jens Puschke/Tobias Singelnstein (Hrsg.), Festschrift für Ulrich Eisenberg, Berlin 2019, S. 453 ff.

[5] David U. Straw / Raymond W. Buchanan, Jury confusion: A threat to justice, Judicature 1976, 478 ff.

[6] 詳見：Elisabeth Semel u. a., Whitewashing the Jury Box. How California Perpetuates the Discriminatory Exclusion of Black and Latinx Jurors, Juni 2020, online unter chrome-extension://efaidnbmnnnibpcajpcglclefindmkaj/https://www.law.berkeley.edu/wp-content/uploads/2020/06/Whitewashing-the-Jury-Box.pdf

[7] Shari Seidman Diamond/Jessica M. Salerno, Reasons for the Disappearing Jury Trial: Perspectives from Attorney and Judges, Louisana Law Review 2020, 119 (159f.).

[8] U.S. District Courts – Criminal Defendants Disposed of, by Type of Disposition and Offense, online unter chrome-extension://efaidnbmnnnibpcajpcglclefindmkaj/https://www.uscourts.gov/file/27562/download

[9] John Gramlich, Only 2% of federal criminal defendants go to trial, and most who do are found guilty, PEW Research vom 11.6. 2019, online unter https://www.pewresearch.org/short-reads/2019/06/11/only-2-of-federal-criminal-defendants-go-to-trial-and-most-who-do-are-found-guilty/

[10] Justus Lipsius, Das attische Recht und Rechtsverfahren, Band 1, Leipzig 1905, S. 135 ff.

[11] Edward M. Harris, Democracy and the Rule of Law in Classical Athens. Essays on Law, Society, and Politics, Cambridge 2006, S.407 ff.

[12] 關於被害人保護的發展與內涵——不無批判，參見：Joachim Herrmann, Die Entwicklung des Opfer-schutzes im deutschen Strafrecht und Strafprozessrecht – Eine unendliche Geschichte, Zeitschrift für Internationale Strafrechts-dogmatik 2010, 236 ff.

[13] Destatis, Strafgerichte - Fachserie 10 Reihe 2.3, 2019, S. 70, online unter chrome-extension://efaidnbmnnnibpcajpcglclefindmkaj/https://www.statistischebibliothek.de/mir/servlets/MCRFileNodeServlet/DEHeft_derivate_00056607/2100230197004_aktualisiert01092020.pdf

[14] Max Alsberg, Justizirrtum und Wiederaufnahme, Berlin 1913, S. 33 ff.

[15] Christoph Knauer/Hans Kudlich, Münchener Kommentar zur StPO, 1. Aufl., München 2019, Vorbemerkung zu § 333 Rn. 17.

[16] 這項罰金甚至設有保留，即僅於該二人於緩刑一年期間有類似可非難行為時，始執行之。

[17] Landgericht Frankfurt am Main, Urteil vom 20.12.2014 - Az. 5/27 KLs 7570 Js 203814/03 (4/04).

[18] Oberlandesgericht Frankfurt am Main, Urteil vom 10.10.2012 - 1 U 201/11.

[19] 此一譬喻是美國最高法院法官費利克斯・弗蘭克福特（Felix Frankfurter）於一九三九年Nardone v. United States, 308 U.S. 338 (1939) 一案所創。

[20] Hans Kudlich, Münchener Kommentar zur StPO, 1. Aufl., München 2014, Einleitung, Rn. 488 ff.

[21] 關於警察的虛偽陳述，參見：Spätes Geständnis eines Polizisten in der taz vom 21.11. 2008, online unter https://taz.de/Falschaussage-in-den-80ern/!5172347/

[22] Ralf Eschelbach, in: Beck'scher Online-Kommentar StPO, 39. Aufl., 2021, § 261 Rn. 9.2.

[23] Barbara Dunkel, Fehlentscheidungen in der Justiz. Systematische Analyse von Wiederaufnahmeverfahren in Strafverfahren im Hinblick auf Häufigkeit und Risikofaktoren, Baden-Baden 2018, S. 106 ff. m. w. N.

[24] Destatis, Strafgerichte - Fachserie 10 Reihe 2.3, 2019, S. 24 und 62, online unter chrome-extension://efaidnbmnnnibpcajpcglclefindmkaj/https://www.statistischebibliothek.de/mir/servlets/MCRFileNodeServlet/DEHeft_derivate_00056607/2100230197004_aktualisiert01092020.pdf

[25] Barbara Dunkel, Fehlentscheidungen in der Justiz. Systematische Analyse von Wiederaufnahmeverfahren in Strafverfahren im Hinblick auf Häufigkeit und Risikofaktoren, Baden-Baden 2018, S. 105 ff., 166 m. w. N.

[26] Gisela Friedrichsen, »Triumph des Richters, Der Spiegel vom 22. 10. 2009, online unter https://www.spiegel.de/panorama/justiz/freispruch-im-fall-harry-woerz-triumph-des-richters-a-656792.html

[27] Bundeskriminalamt, Polizeiliche Kriminalitätsstatistik 2019, Band 1, S. 35, online unter https://www.bka.de/SharedDocs/Downloads/DE/Publikationen/PolizeilicheKriminalstatistik/ 2019/Jahrbuch/pks2019Jahrbuch1Faelle.pdf;jsessionid= F798647AE57D4EEEA91A526E480C94E4.live2291?_blob=publicationFile&v=3

[28] Jeffrey S. Gutman/Lingxiao Sun, Why Is Mississippi the Best State in Which to be Exonerated? An Empirical

Evaluation of State Statutory and Civil Compensation for the Wrongfully Convicted, Northwestern University Law Review 2019, 694 (745 f.); Umrechnung des Betrags von USD in EUR anhand des OECD-Wechselkurses unter Berücksichtigung der Kaufkraft (0,893 EUR pro USD für das Jahr 2019).

[29] 値得一讀——儘管嚴苛批評司法：Thomas Darnstädt, Der Richter und sein Opfer. Wenn die Justiz sich irrt, München 2013; außerdem findet sich auf Wikipedia eine leider beeindruckende Liste: https://de.wikipedia.org/wiki/Thomas_Darnst%C3%A4dt

[30] 關於司法錯判的範圍與原因之文獻指引：Armin Engländer/Till Zimmermann, in: Münchener Kommentar zur StPO, 1. Aufl., München 2019, Vorbemerkung zu § 359 Rn. 39.

第十八章

[1] 計算依據：Kaufkraftäquivalenten historischer Beträge in deutschen Währungen der Deutschen Bundesbank, Stand: Januar 2021, online unter https://www.bundesbank.de/de/statistiken/konjunktur-und-preise/-/kaufkraftaequivalente-historischer-betraege-in-deutschen-waehrungen-615162

[2] 載於：Bezirksamt Köpenick von Berlin, »Unterordnen - je-Wiß! Aber unter wat drunter?!«. Vom Schuster Friedrich Wilhelm Voigt zum »Hauptmann von Köpenick«, Köpenick 1996, S. 9.

[3] 犯罪行為及審判程序的資料來源：Wolfgang Heidelmeyer (Hrsg.), Der Fall Köpenick, Frankfurt 1968; Henning Rosenau, Der »Hauptmann von Köpenick« ein Hangtäter? – Studie zu einem Urteil des Königlichen Landgerichts II in Berlin und einem Schauspiel von Carl Zuckmayer, ZIS 2010, 284 (ab S. 294 ist das Original-Urteil abgedruckt, ebenso bei Heidelmeyer ab 5. 140); Bezirksamt Köpenick von Berlin, »Unterordnen - jewiß! Aber unter wat drunter?|«. Vom Schuster Friedrich Wilhelm Voigt zum »Hauptmann von Köpenick«, Köpenick 1996.

[4] Henning Rosenau, Der »Hauptmann von Köpenick« ein Hang-täter? - Studie zu einem Urteil des Königlichen Landgerichts II in Berlin und einem Schauspiel von Carl Zuckmayer, ZIS 2010, 284 (290).

[5] 聚多引證，參見：Franz Streng, in: Urs Kindhäuser/Ulfried Neumann/Hans-Ullrich Paeffgen, StGB, 5. Aufl., Baden-Baden 2017, § 46 Rn. 3; ausführlichere Übersicht ders., Forschungen zu Grundlagen und Determinanten der Strafzumessung, in: Wolfgang Frisch (Hrsg.), Grundfragen des Strafzumessungs-rechts aus deutscher und japanischer Sicht, Tübingen 2011, S. 39 (47 ff.).

[6] Franz Streng, Forschungen zu Grundlagen und Determinanten der Strafzumessung, in: Wolfgang Frisch (Hrsg.), Grundfragen des Strafzumessungsrechts aus deutscher und japanischer Sicht, Tübingen 2011, S. 39 (51, 61).

[7] 引證，同前註，S. 39 (52 f.)

[8] 以上所述，參見：Volker Grundies, Regionale Unterschiede in der gerichtlichen Sanktionspraxis in der Bundesrepublik Deutschland, Eine empirische Analyse, in: Dieter Hermann/ Andreas Pöge (Hrsg.), Kriminalsoziologie, Baden-Baden 2018, S. 295 ff.

[9] Johannes Kaspar, Sentencing Guidelines versus freies tatrichter-liches Ermessen - Brauchen wir ein neues Strafzumessungsrecht? Verhandlungen des 72. Deutschen Juristentages Leipzig 2018, Band 1, Gutachten C, S. C 76 ff.

[10] Ina Ebert, Pönale Elemente im deutschen Privatrecht, Tübingen 2004, S. 18 Fn. 34.

[11] Detlef Deal（真名：Hans-Joachim Weider），Der strafprozessuale Vergleich, Strafverteidiger 1982, 545 ff.

[12] Ralf Eschelbach, Beck'scher Online-Kommentar StPO, Stand: 1.1.2021, § 257c Rn. 1.13.

[13] BGH, Beschluss vom 9.6.2004 - Az. 5 StR 579/03.

[14] 多方面的批評，例如：Ralf Eschelbach, Beck'scher Online-Kommentar StPO, Stand: 1.1.2021, § 257C Rn. 1 ff.

[15] Karsten Altenhain/Matthias Jahn/Jörg Kinzig, Die Praxis der Verständigung im Strafprozess. Eine Evaluation der Vorschriften des Gesetzes zur Regelung der Verständigung im Strafverfahren vom 29. Juli 2009, S. 330.

[16] John Gramlich, Only 2% of federal criminal defendants go 10 trial, and most who do are found guilty, PEW Research vom 11.6. 2019, online unter https://www.pewresearch.org/short-reads/2019/06/11/only-2-of-federal-

criminal-defendants-go-to-trial-and-most-who-do-are-found-guilty/

[17] The New Orleans Advocate, 28.7.2016, online unter https://www.nola.com/news/traffic/article_16151594-28bf-582c-94c3-aaade5723a0c.html

[18] U.S. Department of Justice, Bureau of Justice Statistics, Time Served in State Prison, 2018, S. 2, online unter chrome-extension://efaidnbmnnnibpcajpcglclefindmkaj/https://bjs.ojp.gov/content/pub/pdf/tssp18.pdf.

[19] Council of Europe Annual Penal Statistics, SPACE I, 2020, S. 123, online unter chrome-extension://efaidnbmnnnibpcajpcglclefindmkaj/https://wp.unil.ch/space/files/2021/04/210330_FinalReport_SPACE_I_2020.pdf

[20] 福格特的自傳，參閱以下網址： https://media.library.ohio.edu/digital/collection/archives/id/44695/

[21] 關於其行為及監禁的過程，參見：OLG Karlsruhe, Beschluss vom 28.3.2014 - Az. 1 Ws 12/13 L -, sowie: Kai Schlieter,»Fuffzig voll«, taz vom 9.7.2012, online unter https://taz.de/Laengste-Haftstrafe-seit-Bestehen-der-BRD/!5089443/

[22] Destatis, Strafverfolgung, Fachserie 10 Reihe 3, 2019, S. 90 f., online unter chrome-extension://efaidnbmnnnibpcajpcglclefindmkaj/https://www.statistischebibliothek.de/mir/servlets/MCRFileNodeServlet/DEHeft_derivate_00062210/FS10_R3_2019.pdf

[23] Bernd-Dieter Meier, Strafrechtliche Sanktionen, 5. Aufl., Berlin 2019, S. 148 f.

[24] 關於赦免法的簡史，參見：Hansgeorg Birk-hoff/Michael Lemke, Gnadenrecht. Ein Handbuch, München 2012, Rn. 1 ff.

[25] Karl Heinz Kunert, Gerichtliche Aussetzung des Restes der lebenslangen Freiheitsstrafe kraft Gesetzes – Zum 20. Strafrechtsänderungsgesetz vom 8.12. 1981, Neue Zeitschrift für Strafrecht 1982, 89 f.

[26] Bundesverfassungsgericht, Urteil vom 21.06. 1977 - Az. 1 BvL 14/76.

[27] Frieder Dünkel, in: Urs Kindhäuser/ Ulfried Neumann/ Hans-Ullrich Paeffgen, StGB, 5. Aufl., Baden-Baden 2017, § 57a Rn. 51 f.

[28] 同前註，§ 57a Rn. 54.

[29] 同前註，§ 57a Rn. 60.

[30] Destatis, Todesursachenstatistik für 2002 bis 2014, online abrufbar unter https://www.destatis.de/DE/Themen/Gesellschaft-Umwelt/Gesundheit/Todesursachen/_inhalt.html

[31] OLG Karlsruhe, Beschluss vom 17.3.2021 - Az. L. 1 Ws 198/20.

[32] Michael Alex, Rückfälligkeit nach nichtangeordneter nachträglicher Sicherungsverwahrung, Forensische Psychiatrie, Psycholo-gie, Kriminologie 2011, 244 ff.; 關於犯罪預測的錯誤來源，詳見：Heinz Schöch, Kriminalprognose, in: Hans Joachim Schneider (Hrsg.), Grundlagen der Kriminologie, Band 1, Berlin 2007, S. 359 (361 ff.).

[33] Destatis, Rechtspflege, Fachserie 10 Reihe 4.1, S. 10, online unter https://www.destatis.de/DE/Service/Bibliothek/_publikationen-fachserienliste-10.html

[34] Franz von Liszt, Dirkmeyers »Warnung vor der modernen Richtung im Strafrecht«, Zeitschrift für die gesamte Strafrechtswis-senschaft 1907, 213 (220).

[35] 以不同的邦法為基礎，此種情形已經行之多年。

[36] Bundesverfassungsgericht, Urteil vom 5.2.2004 - Az. 2 BvR 2029/01.

[37] Europäischer Gerichtshof für Menschenrechte, Urteil vom 17.12.2009 - Az. 19359/04 - zur nachträglichen Verlängerung der Sicherungsverwahrung sowie Urteil vom 13.1.2011 - Az. 6587/04 - zur nachträglichen Anordnung der Sicherungsverwahrung.

[38] Bundesverfassungsgericht, Urteil vom 4.5.2011 - Az. 2 BvR 2365/09.

[39] 關於這部分，值得一讀：Manfred Deiler, Hitlers Festungshaft in Lands-berg, online unter http://www.buergervereinigung-landsberg.de/festungshaft/hitler.htm

[40] Bernhard Villmow, in: Urs Kindhäuser/Ulfried Neumann/Hans-Ullrich Paeffgen, StGB, 5. Aufl., Baden-Baden 2017, Vorbemerkungen zu §§ 38 ff. Rn. 31.

[41] Destatis, Strafverfolgung, Fachserie 10 Reihe 3, 2019, S. 90, online unter chrome-extension://efaidnbmnn

nibpcajpcglclefindmkaj/https://www.statistischebibliothek.de/mir/servlets/MCRFileNodeServlet/DEHeft_derivate_00062210/FS10_R3_2019.pdf

【42】World Prison Brief, Prison Population Rate, online unter https://www.prisonstudies.org/highest-to-lowest/prison-population-total

【43】Daten des United Nations Office on Drugs and Crime für 2018, online unter https://dataunodc.un.org/dp-intentional-homicide-victims

【44】Judith Treig/Ineke Pruin, Ersatzfreiheitstrafe in Deutschland. Rechtliche Grundlagen und rechtstatsächliche Entwicklung, Forum Strafvollzug, Zeitschrift für Strafvollzug und Straffälligen-hilfe 2018, 10 mit weiteren Nachweisen.

【45】Nicole Bögelein/Christoffer Glaubitz/Merten Neumann/Josefine Kamieth, Bestandsaufnahme der Ersatzfreiheitsstrafe in Mecklenburg-Vorpommern, MschrKrim 2019, 282 (284f.); Judith Treig/Ineke Pruin, Ersatzfreiheitsstrafe in Deutschland. Rechtliche Grundlagen und rechtstatsächliche Entwicklung, Forum Strafvollzug, Zeitschrift für Strafvollzug und Straffälligenhilfe 2018 bei Fußnoten 64 bis 68.

【46】Nicole Bögelein/Christoffer Glaubitz/Merten Neumann/Josefine Kamieth, Bestandsaufnahme der Ersatzfreiheitsstrafe in Mecklenburg-Vorpommern, MschrKrim 2019, 282 (284).

【47】Destatis, Rechtspflege, Strafvollzug, Fachserie 10 Reihe 4.1, 2020, S. 10, online unter https://www.destatis.de/DE/Service/Bibliothek/_publikationen-fachserienliste-10.html#634146

【48】Destatis, Rechtspflege, Fachserie 10 Reihe 4.1, S. 10, online unter https://www.destatis.de/DE/Service/Bibliothek/_publikationen-fachserienliste-10.html

【49】Destatis, Rechtspflege, Strafverfolgung, Fachserie 10 Reihe 3, 2019, S. 16 online unter chrome-extension://efaidnbmnnnibpcajpcglclefindmkaj/https://www.statistischebibliothek.de/mir/servlets/MCRFileNodeServlet/DEHeft_derivate_00062210/FS10_R3_2019.pdf

第五編　我們與其他民族的關係：國際法

第一次世界大戰的死亡人數，介於一千五百萬人到二千二百萬人之間；第二次世界大戰，則是七千萬人到八千五百萬人之間。[1]沒有人希望，再次發生世界大戰。爲了避免類似的情形發生，必須形成國家與國家之間避免衝突或至少和平解決衝突的氛圍。國際法的任務在此，也就是國與國之間的法律。從國際法可知，何謂「國家」？國家如何跟其他國家往來？以及違反國際法時，法律效果爲何？

於歐洲，國與國建立了歐洲聯盟（歐盟）。歐盟法不是嚴格意義的國際法，而是一種特殊的法律，即使其奠基於國與國之間的國際條約。歐盟——及其法律——的特殊之處，在於成員國將其主權移轉給歐盟的超國家機制（組織），例如關於貿易政策的決定權。歐盟的機制（組織）可以制定法律，賦予成員國權利及課予義務，部分直接對於人民賦予權利、課予義務。於此部分，歐盟法的效力甚至優先於內國法。

拜此特殊性之賜，歐盟出色地履行了首要重任，維護和平。數十年以來，歐盟透過共同標準、廢除關稅、開放邊境等措施，提升了整個區域的福祉。今天暨未來，歐盟是歐洲在世界發展影響力的槓桿。除了自身的利益外，此一槓桿亦打開了向世界代表如民主、法治國、基本權、氣候及個資保護等價值之可能性。

爲此，法律可以提供何種助力？在歐盟之外，還有什麼有助於國與國之間的相處之道？

第十九章　和平：歐盟法

沒有人會料到在一隻烤雞內竟藏有歐洲聯盟的萌芽根苗，正因如此，烏蘇拉・希施曼（Ursula Hirschmann），一名從德國出逃的女猶太人，才會在一九四一年把一份隨身保有的文件藏在那裡。這是由希施曼的丈夫歐亨尼奧・科洛尼（Eugenio Colorni）與其反法西斯的同志埃內斯托・羅西（Ernesto Rossi）及艾爾蒂羅・斯賓內利（Altiero Spinelli）在文托泰內（Ventotene）島上共同撰寫的。該小島自古代時期起即是羅馬皇帝用來作爲流亡處所，墨索里尼政權將此傳統復興，並在該島上關押上百名政治異議者。在法西斯權力擴張達到頂峰的時候，這三位作者寫下他們的願景宣言《許一個自由且統一的歐洲》[*1]。希施曼將之複印並散發，在重重阻礙之下，成功地向外傳布，這份《文托泰內宣言》（*Manifest von Ventotene*）[2]以超越國界與建立歐洲聯邦國的訴求，成爲今日歐盟的原始文件之一。

不過，烏蘇拉・希施曼及其友人並非第一個致力於統一的歐洲的人。早在康德一七九五年的著作《論永久的和平》（*Zum ewigen Frieden*）中即鼓吹歐洲國家的聯邦。在歷經第一次世界大戰殘酷的經驗之後，甚至蔚爲一股不折不扣的統一運動，背後的推動者是奧地利日裔政治家理查・康登霍維—凱勒奇（Richard Coudenhove-Kalergi），他於一九二三年創立泛歐洲聯盟，其間獲得西格蒙德・佛洛伊德（Sigmund Freud）、阿爾伯特・愛因斯坦（Albert Einstein）、湯瑪斯・曼（Thomas Mann）、康拉德・艾德諾等人的支持。於一九二六年在維也納舉行的第一屆國會，有超過兩千名來自二十四個國家的人士集會。不過，這個運動受到一九二〇年代末期世界經濟危機的影響而緩慢下來，最後因希特勒在德國掌權後無疾而終。

留下來的是，康登霍維－凱勒奇於一九二三年的一句話，視界之遠，幾無出其右者：「歐洲毀滅性戰爭的危險，唯有透過泛歐洲的調解條約，方足以防止；俄羅斯統治的危險，唯有透過泛歐洲防衛聯盟，方足以防止；經濟崩潰的危險，唯有透過泛歐洲的關稅同盟，方足以防止」。[3]

據此，他當時已經為歐盟擘畫了三大目標：和平、保護與福祉。改變的只有橫在路上亟待處理的挑戰：不是復辟的獨裁者，而是狡猾的極右民粹政黨在當前歐洲散播分化的種子。弗拉迪米爾・普丁（Vlaimir Putin）的政府固然危險，中國政府在此期間已成為全世界更大的挑戰。如康登霍維－凱勒奇時代的巨型通貨膨脹，不在眼前，但二〇〇七年起的全球金融危機與二〇二〇年起的新冠肺炎大流行同樣是經濟的大震撼。對此種種，歐盟比較能夠——儘管存有諸多缺失——控制，相對於由各別的成員國自己處理。

不過，不同於前述歐洲統一的先驅者所構想的，歐盟的誕生不是一蹴而就，而是積少成多、逐步而成。因為需要克服的障礙，一路走來，確實相當大。

主權

當一個國家與其他國家相互獨立，且得形塑內部關係者，擁有主權。此一概念是近代的產物，而尊重所有國家主權的平等性，則是一項相當晚近的觀念。然而，此一觀念同時喚起放棄主權的防衛機制，儘管放棄主權是一種慈悲，當其出於良善理由，睿智作法或自願爲之時。

人們只要想想小時候，很快就會明瞭這回事：我們當中沒有一個人是至高無上的。我們生在一個社會，當沒有人可以完全掌控自己的命運時，這個社會才有辦法存在。這種捨棄存在於我們對他人的每一個讓步上，不管是法律是否確認，或在家庭裡、朋友之間或鄉里中，面對陌生人或公共大眾。我們這樣做——也從中受惠良多。國家的權力獨占是一個很好的例子：所有人放棄私刑司法的訴求，爲此換取免於他人私刑司法的安全。

歐洲統一亦依循相同邏輯，亦即相互依賴足以確保並促進福祉、和平與自由。在此之前，提出這些觀念者——如前所示——所在多有。不過，第一個提出具決定性建議且讓此等觀念得以推進一小步的是，尚．莫內（Jean Monnet），他琢磨其上司法國外交部長羅貝爾．舒曼（Robert Schuman）於一九五〇年五月九日一項自己命名計畫的想法：「將法國與德國煤炭與鋼鐵生產置於一個共同的高階機關，也就是一種開放讓其他歐洲國家加入的組織」。

關於此一高階機關的決定，「在法國、德國及其他參與的歐洲國家具拘束力」，這是一個偉大的句子：所有參與者將放棄關於煤炭及鋼鐵生產的絕對控制權；藉此可以讓「法國與德國之間的任何戰爭不僅無可想像，而且實質地不可能發生」。舒曼宣告：此一「行動的團結」作爲「歐洲聯邦的第一階段」。這項建議具有說服力：一九五二年，比利時、德意志聯邦共和國、法國、義大利、盧森堡及荷蘭創立了歐洲煤鋼共同體[*2]。

不過，接下來兩項更大規模的整合計畫：歐洲政治共同體[*3]與歐洲防衛共同體[*4]，卻觸礁了——恰恰是法國國會投了反對票。取而代之的是，另一小步的推進，如莫內之前所預測：一九五七到一九五八年，歐洲煤鋼共同體的成員國成立了歐洲經濟共同體[*5]與歐洲原子能共同體[*6]。一九八六年，成員國以「單一歐洲法案」[*7]奠定了歐洲單一市場的基石。一九九九年，引進歐元。於一九七三年至二〇一三年間，有二十三個國家加入歐盟。以上只是歐洲朝向統一之路的四階段之一。

一九九〇年代興起的驅動力，除經濟政策外，內政及外交政策共同體化的需求越加強烈，進而引發對自我主張與定位的反思[*8]。此一反思在二〇〇五年法國[4]及荷蘭人民拒絕《歐盟憲法條約》[*9]爆發開來，並且在二〇二〇年大英國協退出歐盟而達到階段性的高峰。在歐盟憲法條約之前，在歐洲統一的歷史上，最先是《基本權利憲章》，此一結果旨在革新歐盟並強化其正當性。

大部分的規定——避免法國與荷蘭再次舉行公投，以及愛爾蘭先否決後贊成的公民複決之後[*10]——終於在二〇〇九年《里斯本條約》[*11]之下得以生效施行。此一條約給予此過程中已建立的四大支柱有了一個屋頂，底下已經匯集了二十七個相當不同的歐洲國家。這個條約——類如一部憲法——規範歐盟的基礎：價值與目標，其結構與權限。價值是一部內容廣泛的基本權利憲章；目標是促進和平；結構的特徵是由歐盟執委會[*12]、歐洲議會[*13]及各成員國形成的一套完整的互動機制。

歐盟的權限相當大：歐盟確立與非歐盟國家之間的關稅，並與之簽訂貿易條約，建立歐盟內部的競爭規範，規定採行歐元的成員國貨幣政策。這些是歐盟的「排他性」權限，也就是成員國不得再單獨行使。此外，還有諸多政策領域，歐盟已有設定者，成員國原則上不得再主動爲之：例如農業、環境、消費者保護、交通、能源等。

與此相伴的主權喪失，最大的表徵或許是歐盟理事會[*14]的多數決制。此亦稱部長高峰會的委員會，是歐盟兩大立法機關之一（另一是歐盟議會）。對於特別敏感的問題——例如外交政策或新成員國的加入——須獲理事會之一致決；於大多數之政策領域，則採所謂的雙重多數決：二十七個成員國中至少要有十五個國家同意，同時必須至少代表百分之六十五的歐盟人民。簡單的說，就是：每一個成員國的投票都有可能被勝過。

另一方面，許多重要的權限仍保留在成員國：例如大部分的刑法或親屬繼承法、教育及文化政策或內國的安全等。此外，德國的憲法亦對權限的移轉設有界限：依據聯邦憲法法院裁判，實質重要的任務及職權仍應保留給德國聯邦眾議院，[5]在此之外，還有該項開頭所稱之領域*15，例如國籍、社會政策或有關言論自由及集會遊行自由之規範。[6]任何（更進一步）權限的移轉，視同憲法修改，需要經過聯邦眾議院與聯邦參議院三分之二多數決的同意，而且德國憲法秩序之認同*16不得因此而被犧牲：[7]即歐盟須尊重民主原則、法治國原則、社會國原則及聯邦制之基本原則，且確保與《基本法》所定相當程度之基本權保護。

聯邦憲法法院——如同處理其他重要的歐盟條約——同意了《里斯本條約》。因此，於歐盟未明顯而重大逾越其權限的範圍內：德國如不遵守歐盟法，且援引自己的憲法者，牴觸歐盟條約。換言之，歐盟法的效力優先於國內法，否則歐盟無從運作。從而，此等違反歐盟法之情形，於所謂條約違反程序之框架下，得處以高額的罰鍰。

更爲嚴肅的是，不尊重歐盟基本價值之法律效果：成員國嚴重且持續牴觸法治國或民主原則，或嚴重且持續漠視基本權利者，得停止其成員國之權利（但不是剝奪成員國資格），特別是喪失投票權。實務上，尚無適用之例。

總之，歐盟成員國仍然是主權國家，歐盟也不是聯邦國家。因此，此一組織體如何來維護並促進和平、保護及福祉？此點可以用歐盟目標中最重要的一項說明之。

單一市場

這也許是一份非同尋常的關稅申報，有人在某個時間點填報的。時間？一九六九年七月二十四日；班機號碼？Apollo 11；啓程地？月球；由尼爾・阿姆斯壯（Neil Armstrong）、伯茲・艾德林（Buzz Aldrin）與麥可・柯林斯（Michael Collins）親筆簽名。關於貨運，他們填具「月球石塊及月球塵土」；關於航程，「甘迺迪角—月球—舊金山」，途中無人上下機，機上是否有可能導致疾病傳染的條件，尚待查證。載有以上事項之關稅表單是眞的；但這是太空人當時出於好玩所填寫的。

正常的情況下，關稅是相當嚴肅的事情。一七七五年至一七八三年的美國獨立戰爭，爆發的原因之一是，位於倫敦的政府對從美國殖民地進口的茶葉課關稅。早在數千年以前就已經有關稅。德文的關稅用語是從中世紀拉丁語telomium演化而來，該字又可追溯到希臘語telōnion。在相對今天德國的區域，最早是羅馬人，自一世紀起沿著羅馬帝國邊界長城[*17]課徵關稅。商人必須在進出邊界時支付金錢，同時也在羅馬帝國界內的市場、重要隘口、街道交會處及河流的通道設站課徵公課。

（西）羅馬帝國於五世紀滅亡，但關稅繼續存在。從中世紀實行到近代，在德國綿延成一個無法忽略的網絡：到處都有各式各樣的關稅，在街道或橋梁、在城門及城堡前，各依疆界的劃分，有時候會在同一條交通線上被多次的課稅，例如在萊茵河每十公里就有一段。[8]於十八世紀末左右，在德意志地區尙餘大約一千八百個關稅站。[9]

關稅原本的功能在於，讓開徵的國家——及其君主——獲取收入。相對於繳稅者的理由是，課稅國用來興建、維護及營運道路與市場。除了財源之外，後來又有其他的目的，例如透過進口稅的課徵，以保護本地經濟不受較便宜輸入品的影響，或者透過出口稅阻止重要物資被輸出到有利可圖的市場。[10]但是關稅讓商品變貴，並減少競爭，進而降低了商品的選擇及其品質。如果綜觀進口稅與出口稅的國家，關稅因使市場扭曲而讓福祉爲之減少。

同樣地，在德國走私盛行，商品越來越貴，特別是來自英國相對快速成長的競爭。直到一八三四年大多數德意志邦國聯合起來成立關稅同盟（Zollverein）之後才找到解方。經由此一聯盟，所有在德意志地區的邊境關稅全面取消。對於經濟至少同樣重要的是，貨幣及度量衡制度亦逐步統一。例如磅，統一爲五百公克（在此之前，依不同地區介於三百五十六到五百六十公克之間）。此外，在十九世紀初期，德國習慣使用的一百二十三種貨幣，很快地被共通的「同盟幣」*18所驅逐，隨後於一八七一年以馬克取代之。

民族自由的反對人士，於一八四八年三月革命的前階段，力促政治上的統一而徒勞無功，對於經濟上的發展則是用某種犬儒的態度來面對。霍夫曼・封・法勒斯雷本（Hoffmann von Fallersleben），《德意志之歌》（*Das Lied der Deutschen*）的創作者，也就是現在的德國國歌，在他的一首詩《德意志關稅同盟》*19（一八四〇年）裡先臚列一長串的各式品項，接著寫道：……其他德意志種種／千恩萬謝帶過來！／讓人振奮莫過於／你們孵育而成蛋：／只因有你綁個結／全爲德意志祖國／且讓同心正相連／此結猶勝咱同盟。

您有想到什麼嗎？這當然是一個粗略的簡潔版，但歐洲的統一完全可以讓人想起德國在十九世紀的統一。毫不令人意外的是，康登霍維－凱勒奇在一九二三年也主張成立全歐洲的關稅聯盟，而這也是歐洲經濟共同體最開始的大目標之一，在一九六八年就已經達成了。單單經由此一途徑，成員國之間的種種經濟上整合，遠比經由設立多數的自由貿易區來得成功，後者世界上直到今天仍然存在。在自由貿易區內，成員國之間沒有關稅。在關稅聯盟中，成員國之間沒有關稅，同時成員國（向第三國）課徵統一的進口稅。

不止於此，當時的成員國更進一步致力於推動眞正的單一市場，其共同經濟區域應（至今仍是）讓個別成員國的區域儘可能地趨近。非只是一個關稅聯盟，而是商品、服務、資金及人員的自由交易流通。成員國將此四大目標寫入條約裡；今天仍見諸《里斯本條約》，並稱爲「四大基本自由」[*20]。

基本自由旨在確保，歐盟境內所有東西在需求最大的地區可以不受阻礙地流通。如果一名斯洛維尼亞人想在一家德國企業投資，歐盟法已爲此鋪平投資之路；一名愛沙尼亞的機器製造商可以不管葡萄牙的法律，直接將商品送到當地的顧客手上；一名瑞典人可以接受一名比利時的醫師治療；一名保加利亞的企業家可以在慕尼黑成立一家股份有限公司。還有一名英國人應該也可以搬到法蘭克福，以便在德意志銀行工作。不！自從英國脫歐之後，就不行了，至少不能沒有工作許可證，在此需要審查的，比如說，是否另有歐盟人民也可以占該職缺（所謂的優先性審查）。

基本自由尤其禁止歧視，也就是原則上禁止任何的較爲不利對待，這涉及到商品、服務、人員或來自歐盟境外的資金。例如一名歐盟人民不得被禁止於特定鄉鎮取得土地，只因爲其未曾在該地居住過。另方面，依據歐洲法院之見解，此種所謂的「在地模式」[*21]若旨在優惠當地收入較少之居民，則可將家庭之在地性作爲（多項中之）一項要素納入考量。[11]換言之，此一較爲不利之對待——非禁止——具有正當性。

歐洲法院尚有一項重要機制，得將——抽象而言——基本自由具體化。例如一名法國人控告巴伐利亞的一個鄉鎮，因其被概括地排除在可以取得不動產之列，承審的行政法院得向歐洲法院提出聲請，由歐洲法院在「先決裁判程序」[*22]中審理如何解釋歐盟法，也就是巴伐利亞的鄉鎮得否採用在地模式。若不得採用，則行政法院即要忽略巴伐利亞邦之相關規定。歐洲法院於此扮演類似德國聯邦憲法法院的角色：超越成員國政府在此之前於個案中對歐盟法所作的理解，更進一步地續造歐盟法。

基本自由旨在排除單一市場內之貿易障礙；與此同時，歐盟還同時自己創設新的規則。因爲有關產品安全性、健康無虞性[23]與環境適合性之差異規定，也會限制商品交易，即使沒有歧視。例如某一汽車製造人必須符合每一個國家對其汽車的不同要求，這意味的是一筆巨大的花費。

對於此種差異性，歐盟有兩種對應之道：一種是爲所有成員國創設統一的標準（一致化），另一種是要求彼此承認內國的標準，例如職業結業標準。大多數是選用前一方式，對於產品安全性、健康無虞性與環境適合性設定最低要求，符合之產品即可通行於歐盟。例如某一產品之製造在克羅埃西亞之安全標準比德國嚴格，德國的產品還是可以在克羅埃西亞通行，因爲德國關於該產品之製造標準（亦）符合歐盟的最低標準。關於符合最低標準一節，技術產品之製造人須以CE標誌對外明顯標示之。

關於一致化[24]。歐盟——如在其他多數政策領域——使用兩種工具：規則[25]與指令[26]。規則相當於德國的法律，亦即，個人及企業因規則而直接享有權利、負擔義務。例如《一般資料保護規則》即是此種的直接有效之歐盟法；或者《漫遊規則》[27]，拜此規則之賜，德國廢除歐盟境外手機之附加費用；又或者《航空旅客權利規則》[28]，確保對於航班取消或延誤所生之損害賠償請求權。再如諸多確保食品安全的規則，例如關於動物來源之食品衛生規定。此外，於規則中明定之前被部分柴油車製造人規避的著名車輛排放規範。正因全歐的環境保護規定格外重要，經由上述規則，寬鬆的內國規定即不再具有競爭上的優勢。

反之，指令（原則上）不具直接之效力，須經成員國將之轉換成內國法，始生效力。如何具體規範，由成員國決定，但必須在特定期限內爲之。例如德國《民法典》中保障我們在網路上購物得於十四天之內撤回之權利，即是源於歐盟一項消費者保護指令。另外，產業界得以二氧化碳證書（CO_2-

Zertifikate）交易，亦是基於一項歐盟指令。

一致化並不是只是爲了企業界，同時也是爲了保護消費者或環境，其亦顯示歐盟爲了所謂管制狂熱[*29]而受到不公平地指責。正確觀點應該是：歐盟對於法規做了跨國的調和，解開了歐洲規範上的糾結。其結果，經濟領域只需要遵守越來越少，而不是越來越多的規定，且可以信任特定的標準。

最後一點，有名的例子是：《香蕉規則》，全名是「一九九四年九月十六日確認香蕉品質規範之規則」。許多人詆毀這個規則，舉其要例：歐盟到底怎麼了——一部禁止彎曲香蕉的法律？！在發布的二十年後，也就是在英國脫歐公投之前，前英國首相鮑里斯・強森（Boris Johnson）還把這個「瘋狂」的歐盟香蕉規則稱作是他聲請英國脫歐的一項理由。

本規則的目的在建議香蕉的最低標準，以確保水果的品質及其平順運送。標準包括香蕉的長度及寬度，還有狀態（外皮無損、無受壓痕跡等），但不是香蕉的彎曲。這些規定是零售商所希望的，以確保其大批買進時的安全以及全歐的一致性。況且，這個規則現已廢止。

在一個運作有序的單一市場，消費者有更多的安全、更多的選擇，並且可以更便利地購物。由於所謂的規模效應（Skaleneffekte），企業可以有更大的市場，也就是較爲合算的生產、經營更多的產品及提供更多的服務。凡此提高福祉，不只是在理論上，也不單是對企業：根據對歐洲兩百五十個地區的調查，所有歐盟國家的人們受惠於歐盟者，在於所得的提高，德國每人每年的所得超過一千歐元。[12]

如果說這一切聽起來相當經濟自由的，那麼事實上也是如此。相對於此，歐盟的社會政策到目前爲止並沒有特別的出色。還有歐盟的外交政策只維持在以國家利益爲重。歐盟的國防政策幾無開展。倒是以下領域還有些進展。例如在勞動法領域，歐盟法對於消除歧視（基於性別、年齡、國籍等）有所助益；歐盟執委會已經草擬了合理最低工資指令。自二〇〇九年起設有歐盟外事服務，所有歐盟人民在旅行時，享有請求領事館保護的權利——例如在被逮捕或發生事故時——對於任何歐盟國家，如果其母國在所在國未設有大使館亦無領事館時。此外，自從川普成爲美國總統後，二十五個歐盟成員國在國防政策上積極致力於更緊密的合作。

不過，歐盟主要是、也依然是一種增進福祉的計畫。這並沒有錯，但也說明了爲什麼到目前爲止大部分的居民都還沒有發展出歐盟精神（europäischer Geist）。「沒有人愛上單一市場」，歐盟的一位教父曾經這麼說，前歐盟執委會主席雅克・德洛爾（Jacques Delors）。儘管如此，歐盟達成了其最重要的目標：歐盟成員國之間發生的戰爭，在今天不可能的程度，在歐洲大陸的歷史裡從來沒有過。

關鍵詞（譯按：戰爭）。我們還要進入最後一個法領域，在此「法律」絕對配稱其名，同時越來越重要。無論如何，衡諸第一章所述：法律是可貫徹之規則的總稱：其最重要的功能是維護和平。我們現在要來面對國際法，將會更清楚地看到，我們經由歐洲聯盟已經走了多遠。

◆本章譯註

*1 原文：Für ein freies und geeintes Europa。

*2 原文：Europäische Gemeinschaft für Kohle und Stahl, EGKS，英文：European Coal and Steel Community, ECSC。一九五一年四月十八日於巴黎通過，又稱《巴黎條約》。

*3 原文：Europäische Politische Gemeinschaft

*4 原文：Europäische Verteidigungsgemeinschaft

*5 原文：Europäische Wirtschaftsgemeinschaft，英文：European Economic Community, EEC。一九五七年三月二十五日在羅馬簽訂，於下述之歐洲原子能共同體條約合稱《羅馬條約》。

*6 原文：Europäische Atomgemeinschaft，英文：European Atomic Energy Community, EAEC or Euratom。一九五七年三月二十五日在羅馬簽訂，於上述之歐洲經濟共同體條約合稱《羅馬條約》。

*7 原文：Einheitliche Europäische Akte，英文：Single European Act (SEA)。

*8 原文：Selbstbehauptungsreflexen。自我主張（Selbstbehauptung），是一種心理學概念，意指與外界溝通及互動並建立群己權界的能力與意識。參見：Gudrun Fey, Selbstbehauptung und Grenzen setzen. in: Gudrun Fey, Gelassenheit siegt! 16. Aufl., 2019, S. 131 ff.

*9 原文：Vertrag über eine Verfassung für Europa，英文：Treaty establishing a Constitution for Europe。

*10 愛爾蘭於二〇〇八年舉行公民複決，否決《里斯本條約》，於二〇〇九年再度舉行投票，以超過百分之八十九的贊成票通過《里斯本條約》。

*11 原文：Vertrag von Lissabon，英文：Treaty of Lisbon。

*12 原文：Europäische Kommission。

*13 原文：Europäisches Parlament。

*14 原文：Europäische Rat，英文：European Council。

*15 指《基本法》第二十三條第一項。

*16 原文：Identität der deutschen Verfassungsordnung。

[*17] 原文：entlang des Limes，limes，拉丁語，邊界之意。

[*18] 原文：Vereinstaler，直譯：同盟泰勒，使用到一八七一年，後改鑄新貨幣—馬克（Mark）。德國貨幣史，參見：Bernd Sprenger, Das Geld der Deutschen, 3. Aufl., 2002.

[*19] 全文：Der Deutsche Zollverein: Schwefelhölzer, Fenchel, Bricken, Kühe, Käse, Krapp, Papier, Schinken, Scheren, Stiefel, Wicken, Wolle, Seife, Garn und Bier; Pfefferkuchen, Lumpen, Trichter, Nüsse, Tabak, Gläser, Flachs, Leder, Salz, Schmalz, Puppen, Lichter, Rettich, Rips, Raps, Schnaps, Lachs, Wachs! Und ihr andern deutschen Sachen, Tausend Dank sei euch gebracht! Was kein Geist je konnte machen, Ei, das habet ihr gemacht: Denn ihr habt ein Band gewunden Um das deutsche Vaterland, Und die Herzen hat verbunden Mehr als unser Bund dies Band.

[*20] 原文：Vier Grundfreiheiten，英文：Four Freedoms，即：商品交易自由（Freier Warenverkehr, Free movement of goods）、人員移動自由（Personenfreizügigkeit, Free movement of labour）、提供服務自由（Dienstleistungsfreiheit, Freedom to establish and provide services）、資金流動自由（Freier Kapital- und Zahlungsverkehr, Free movement of capital）。此四大自由為歐盟建立單一市場的基本原則，非個人享有之基本人權。

[*21] 原文：Einheimischenmodelle。

[*22] 原文：Vorabentscheidungsverfahren。

[*23] 原文：gesundheitliche Unbedenklichkeit。

[*24] 原文：Harmonisierung。

[*25] 原文：Verordnung，英文：Regulation。

[*26] 原文：Richtlinie，英文：Directive。

[*27] 原文：Roaming-Verordnung，英文：Roaming Regulation。

[*28] 原文：Fluggastrechteverordnung，英文：Air Passengers Rights Regulation。

[*29] 原文：Regelungswut，指歐盟過度規範的問題，參見：Gerald G. Sander/Rainer Vetter (Hrsg.), Regelungswut in der EU – Wahrheit oder Mythos?: Zur Regelungsdichte in Europa anhand ausgewählter Fallbeispiele, 2007.

第二十章　戰爭：國際法

一九四五年九月二日，日本正式投降，朝鮮半島已經被日本統治了四十年。韓國人民渴望自由，渴望一個獨立的國家。盟軍原本也承諾韓國人民：一個統一的國家，一個民選的政府。爲什麼不呢？不像是德國，韓國畢竟不是侵略者，而是受害者。事情似乎如此的清楚，然後冷戰卻開始了。

蘇聯進駐北緯三十八度線以北的韓國區域，美國隨之占據南部區域，這是蘇聯與美國在日本投降前的協定，分界線源於兩位美國年輕軍官之提議。相對於在北韓區域，蘇聯並未允許任何選舉，南韓地區則於一九四九年八月十五日建立大韓民國（譯按：南韓）。其後不久，金日成，現在獨裁者金正恩的祖父，亦成立朝鮮民主主義人民共和國（譯按：北韓）。

兩個韓國均主張，朝鮮半島將在其體制下兩韓統一。在邊界線上的零星衝突之後，金日成獲得史達林進犯南韓的同意。一九五〇年六月二十五日，朝鮮人民軍越過了北緯三十八度線。

爲了阻止像這樣的戰爭，在此之前，五十個國家代表於一九四五年六月成立了聯合國，成員包括美國與蘇聯。在《聯合國憲章》的前言，成立的會員國堅定揭示：「確保後世免於遭受今人兩度身歷慘不忍睹之戰爭的禍害」。因此，憲章第一條將「維持世界和平與國際安全」設定爲目標。爲達此要求，於第二條明文禁止使用武力及武力之威嚇，除了自衛或基於聯合國的委託外。

此種委託只能由聯合國最強的委員會爲之，安全理事會。根據憲章，安全理事會「對世界和平之維護負主要責任」。安全理事會由十五個會員國組成。其中十個席位每兩年更換，其餘五個席位則屬於所謂的常任理事國：中國、法國、俄羅斯、美國及英國，也就是二次大戰的戰勝國。這五國皆有否決權，安全理事會不得違反其意志而爲決議。此項特權於聯合國成立時即具有高度爭議，但較小的成立國難以抗衡五強的共同意志。截至二〇二〇年八月爲止，共計有二百六十次的否決，其中俄羅斯暨當時的蘇聯有一百七十七次，美國八十二次。[1]

安全理事會最重要的權限是，授權進行軍事武力。

在北韓軍隊進犯南韓的這一天，安全理事會召開了一次緊急會議。南韓可以參加會議，北韓則不行。安全理事會確認北韓破壞了和平，在三天後的一項決議，授權南韓反擊，以自我防衛。只能這樣做，因爲當時蘇聯杯葛安全理事會。[2]雖然蘇聯在北韓已經沒有自己的軍隊；但毫無疑問的是，蘇聯奧援金日成武器及其發動的攻擊。

現在韓國必須承受苦難，也是德國長期所擔心的：一種因列強的競爭所引發的戰爭，完完全全不是冷的。數以百萬的人死亡。戰爭結束三年之後，兩個國家的工業盡數被摧毀。北韓的疆域並沒有因此而增加。北緯三十八度線依舊把兩個國家分隔開來。整件事到底是爲什麼？

為什麼會有戰爭？

爲了瞭解爲什麼人類會發動戰爭，有必要再看看動物世界，確切地說：瞧瞧昆蟲王國的行爲，其足以顯示，自然界多多少少「注意」些什麼，以及人類特有的本性帶來了什麼。

許多蟻類與吸取植物汁液的木蝨共生，牠們靠木蝨含有醣類的分泌物（「蜜露」）維生，並帶著木蝨從一處「牧場」到下一處。[3]螞蟻還會保護木蝨免於受到天敵的攻擊，甚至幫牠們禦寒。有些蟻群會爲木蝨而戰爭；許多螞蟻或蜜蜂會攻擊其他的蟻群部落，將其存物占爲己有。有些會像劫匪幫一樣，一處搶過一處。切葉蟻會照顧並培育蘑菇，以給養數以百萬的工蟻們，在喪失其自己的收成時，會掠奪鄰近的蘑菇園。有些螞蟻甚至會強奪其他蟻種的卵囊，以役使負責孵育的工蟻。

由上可知，在昆蟲之間，有限的資源是重要且唯一的戰爭動機。牠們發動戰爭，是爲了自己的生存，其他的可能，如交易或協商，當然沒有。這點跟人類不同，但我們發動戰爭也是爲了資源。實際上絕大多數不是爲了生存，而是——但不是唯一——爲了「東部的生存空間」，例如在納粹主義者；爲了石油，例如薩達姆．海珊於一九九〇年入侵科威特；爲了奴隸，例如美國南北戰爭；爲了黃金，例如當前的剛果民主共和國；爲了水，例如即將可能發生在東非，或者爲了其他的有限資源。依據《海德堡衝突指數》*1，國家於二〇二〇年發動的二十一場戰爭中，有八次主要是爲了資源。[4]

不過，人類發動戰爭還有其他理由。戰爭的原因被多方的研究。例如政治學者理察．內德．勒博（Richard Ned Lebow）認爲，（經濟）利益以外之原因主要是安全、顏面及復仇的需求。根據一項針對一六四八年以來九十四場戰爭的分析，他得出結論，戰爭的動機絕大多數是爲了顏面與復仇。

於現代，就戰爭來說，經濟上的理由眞的越來越少扮演決定性角色。[5]此項認知反映在《海德堡衝突指數》：二〇二〇年二十一場戰爭的諸多動機中，雖然有八次是爲了資源；但還有二十八種的其他動機，且有十次是（同時）爲了意識形態問題而戰爭。[6]爲了資源而戰爭越來越罕見，是顯而易見的，因爲福祉越來越少繫於（自己的）天然資源，越來越多是與教育、有效的勞力分配、技術進步、健全的基礎設施有關，特別還有穩定的政治秩序以及可靠的法律系統。

昆蟲部群不會爲了增加顏面或執行復仇而發動戰爭，也不會爲了在其他部落發動攻擊前先一步的發動攻擊。因此，戰爭是否出於最深層的人性，存於我們的本性？這個問題被激烈的爭執。[7]我認爲這個問題無意義。因爲不管戰爭是否存在於我們的本性——我們都必須竭盡所能阻止戰爭的發生，而我們的本性又讓我們有能力去做這件事。

例如人類創設了國際法，但《聯合國憲章》的武力禁止有什麼價值，如果這項禁令可以被如此明目張膽地違反，像是韓戰？這同樣是我們刑法必須接受的問題，例如在謀殺的刑罰構成要件。儘管這個處罰要件存在數千年了，人類到今天還是有謀殺。換言之，武力禁止被違反，並不是不需要禁止的理由，更具體的問：國際法有辦法阻止戰爭嗎？

這個問題類似於探問刑法的功能——至少同樣很難回答。但勒博關於戰爭原因的分析，感覺上很樂觀：如果國家過去發動戰爭是爲了提升或重建聲譽，則接下來還有法律上對戰爭的蔑視，降低發動戰爭之誘因。美國在過去幾十年來一再地察覺此點：介入兩次世界大戰讓美國的聲望大幅的提升，經由其後的幾場戰爭（越南、阿富汗、伊拉克）則讓其聲望部分滑落。俄羅斯入侵烏克蘭也好不到哪裡去。征服者，如亞歷山大大帝及凱撒，或之後的卡爾大帝、成吉思汗及拿破崙，到今天廣受崇拜；相對於此，若要說有二十及二十一世紀的戰爭英雄，則眞的完全談不上。

不過，國際法到底有什麼價值，這個提問仍然有其正當性。因爲沒有人對北韓進犯南韓進行課責，或者對美國於二〇〇三年毫無理由的攻擊伊拉克。在我們對於國際法的價值作出判斷之前，應該觀察其他的觀點。

人道戰爭？

攻擊性戰爭是不對的，這項觀點來自法律；明文禁止，可資確認。此點對於人道國際法來說，也許更具效力，也就是適用於戰爭中的法律，其目的在於減輕人類的痛苦。當戰爭「必須」發動時，則應儘可能地越少殘酷。穆斯林的法律人於歐洲中世紀時期即已發展出相應的規則，其禁止故意殺害平民、故意損害財產、還有使用淬毒的箭頭。[8]

在西方文化領域，最早有關發動戰爭的規範是一八六三年的《利伯法典》（Lieber Code），得名於撰就者，美國德裔法學家弗朗西斯．利伯（Francis Lieber），他在美國內戰期間爲北方軍隊撰寫指令。該項指令禁止刑求或殺害戰犯（除非是對抗敵人違反規定的反制措施）、強暴他人或在對戰時使用毒性物質等。

自一八六四年起，一系列關於傷者、被俘者及平民的處理的協定在國際層次被發展，一般稱爲《日內瓦法》。一八九九年起再增加《海牙法》[*2]，規範重點在確立發動戰爭的方式，並且以《利伯法典》爲範本。例如一九〇七年的《海牙戰爭法》[*3]亦禁止「使用毒藥毒性武器」。

在對戰時使用毒物行之多年且被譴責排斥，超越文化領域之外。儘管如此，在《海牙戰爭法》生效施行之後沒過幾年，即無人願意遵守這項禁令。

德國與法國陸軍於比利時的伊珀爾（Ypern）已經對峙多月。一九一五年四月二十二日晚上，德國陸軍統帥想要改變這種局勢。當風勢有利德方時，他讓超過一百五十噸的液態氯噴灑在空中。一陣黃綠色的雲氣飄向敵方陣地，然後下沉到戰壕裡，因爲氯氣的密度比空氣高。法國兵士開始臉部變紅、無法目視、頻頻咳嗽，同時胸部積水。有一千兩百名痛苦地窒息而死，其他三千名存活者，有部分身體終生受損。

這是化學家佛列茲・哈伯（Fritz Haber），「瓦斯戰特別部隊」的教父，建議使用氯作爲戰鬥武器，並且設計了利用風勢的「吹氣法」（Blasverfahren）。他親自在伊珀爾布署化學氣瓶的位置，並且全程督導該次攻擊行動。歷史上第一次使用大規模殺傷性武器的戰役，從頭到尾，就是他的傑作。

哈伯是希臘數學家阿基米德（Archimedes）的崇拜者。（他曾說）此人「在和平時期，以他的科學工作造福人類的進步，在戰爭時期，則造福他的家鄉，爲了保衛它，他設計了戰爭武器」。[9]哈伯將此奉爲圭臬，並且作爲他在第一次世界大戰時期於德國陸軍服役的理由。他可以算是將全部所學貢獻給戰爭的科學家中的第一人。

伊珀爾的化學攻擊後數日，哈伯晉升爲上尉，並被賦予擴大使用化學武器的任務。不過，他的妻子克拉拉・伊梅瓦爾（Clara Immerwahr），德國第一位獲得博士學位的女化學家、虔誠的和平主義者，在攻擊行動的第十天自殺身亡（是否出於對其丈夫的參與行動感到絕望，存有爭議）。[10]戰爭結束後不久，在一場演講上，哈伯對於他長年投入化學武器如此地正當化：化學武器「完全不會比飛舞的鐵片來得殘酷」，並且誇讚其突破塹壕戰（Stellungskrieg）的「自然科學上想像力」。[11]這只能是順理成章之事，他之後（部分偷偷地）繼續進行化學氣體用在軍事及民生的可能性。在一家爲此目的而由他設立的公司，於一九二二年發展出一種殺蟲劑齊克隆B[*4]。二十年之後，納粹主義者以此毒殺數以百萬人。哈伯，本身是猶太人，卻沒有受到非難，這不是罕見之例，但是他示範了科學家的力量落入錯誤手上的風險所在。

國家與國家之間的刑罰

第一次世界大戰的參戰國發射了大約十一萬兩千噸的化學氣體（德國占了幾乎一半），有九萬名左右的軍人因此死亡，一百二十萬人受到傷害。[12]即使海牙陸戰公約禁止使用，但佛列茲．哈伯或其他任何人都沒有爲此而被送上法院審判。而且，即使凡爾賽和約規定，戰勝國可以讓「牴觸法律及戰爭慣例」之德國人於其軍事法院受審判罪。這樣的規定當時是新的。數百年以來，幾乎每一個和平條約都會赦免所有在戰爭中從事的犯罪行爲。[13]爲了安全起見，哈伯逃到了瑞士。針對他的引渡請求，未果。

反倒是他於一九一九年（溯及到一九一八年）獲頒諾貝爾化學獎，當然不是爲了表彰他發現以氯氣作爲戰爭武器，而是利用氫結合空氣中的氮形成氨的方法，在一戰前即與卡爾．博施（Carl Bosch）共同研發。這項方法對於農業造成革命性的改變，因爲從氨氣可以第一次的大量製造人造肥料。一直到今天，哈伯—博施法（哈伯法），仍然是全世界「把石頭變成麵包」的基礎，一如哈伯自己在諾貝爾頒獎演說上所描述，[14]也就是說，讓無法生產的土地成爲良田。不過，從氨氣也可以（現在仍是）製造炸彈。這兩種運用的可能性，都要「感謝」德意志帝國，儘管受到敵人的經濟封鎖，德國仍然可以在戰爭中支撐下來。

除了使用化學武器之外，德國還犯了其他的戰爭犯行，例如以潛水艇擊沉客輪及軍中醫療船艦，在陸地上清理受傷的士兵，並虐待、殺害戰俘。盟軍曾請求引渡約九百名的德國人（其中只有一名女性），卻無一被解交給盟軍。當時德國平民起而反抗者，數量何其多，帝國政府認爲，缺乏公務人員可以處理拘禁及引渡解交的事務。就連德皇威廉二世本身也無須離開荷蘭，他流亡所在，因爲當地政府同樣也拒絕讓他被引渡回國。

最後，盟軍停止引渡的請求，在德國政府承諾讓有嫌疑的戰爭罪犯於萊比錫的帝國法院受審。但是當地亦充斥著不願懲罰自己人的氛圍。大約一千七百件的偵查程序幾乎全部被停止，只有十三件「萊比錫訴訟」中有多位被告，後來獲判十個有罪，六個無罪。之後，被判罪者受惠於減刑理由，並且提前出獄。[15]

第一次世界大戰之戰勝國有關懲治德國戰爭罪犯之最初要求，當時有諸多的質疑，其中一點於第二次世界大戰之後又再度被提出，亦即：只有德國的戰爭罪犯被處罰，戰勝國卻無一人被處罰。但在兩次的世界大戰中，德國的對手亦曾違反國際法。不過，盟軍於二次戰後亦未重視這項論點。基於萊比錫審判程序讓人失望的經驗，盟軍於一九四五年十一月二十日，將納粹政權的主要戰爭罪犯送到設於紐倫堡之史上第一次國際刑事法庭接受審判。傳遞的訊息是，沒有人可以再次躲在其國家背後為犯罪行為。國際刑法，於焉誕生。

於紐倫堡的首要起訴重點是發動侵略性戰爭，此業於一九二八年的《白里安—凱洛格公約》*5所禁止。第二個起訴重點涉及戰爭中的犯罪行為，例如殺害戰俘、不具軍事正當性之破壞與暴力。此外，還有第三個重要的起訴重點，既與戰爭本身無關，亦不涉發動戰爭的方式：「違反人性之犯罪」。[16]諸如對於反對分子的謀殺與迫害、對平民的謀殺、肅清、奴役及驅逐，以及其他於戰爭前或戰爭中之不人道行為。在被當作主要戰爭罪犯起訴的二十四名男士中，有十六名在此審判程序中最後被判決有罪。整體上，第一次的紐倫堡大審有十二件判死刑、七件自由刑、三件無罪（其中兩件停止程序，未經判決）。

結果，不起訴及未被起訴的是一般的軍人。為什麼不？在一場違法發動的戰爭中殺害敵軍本身難道不是一種戰爭犯罪？當時——今天亦然——確實沒有明文規定允許在戰爭中可以殺人。[17]不過，相反地，「單純」的殺人並沒有被定為戰爭犯罪。從國際法的角度來看，在侵略性戰爭中被殺害，亦非屬之。

德國內國法的規定，則有不同。於戰爭中之殺人，亦可能構成謀殺及殺人罪之犯罪構成要件。軍人的殺人並非總是出於自衛，通常是主動攻擊；不能主張正當防衛或緊急避難。儘管如此，其行爲多半不罰。使用軍事上武力依國際法之準據具正當性者，亦適用於軍事行動中之個別殺人行爲。因爲依據《基本法》，國際法上之一般原則亦屬內國法的一部分。

不過，在相反的情形，也就是軍事攻擊行爲違反國際法，原則上，軍人無法援引其所接收的殺人命令。依據《軍人法》[*6]第十一條規定，德國軍人雖然必須服從上級，但在同一條文規定：「命令之執行若將構成犯罪者，不得服從之。」因此，當軍人參與一場侵略性戰爭，明知違反國際法者，仍將爲其「單純」之殺人行爲，因涉嫌殺人罪或謀殺罪而被送到德國的刑事法院。

於紐倫堡審判者，僅涉及國際法之其中一部分。其餘大部分的國際法，跟戰爭及違反人性之犯罪毫無關係，而是關乎「通常」的犯罪，例如在外交領事法，此一「他種」的國際法，我們也應該觀察一下其法效性。

拉格朗兄弟

一九八二年一月七日上午，瓦爾特．拉格朗（Walter LaGrand）與卡爾．拉格朗（Karl LaGrand）搶劫一家位在美國亞利桑納州的銀行，卡爾當場殺死了銀行經理。這對兄弟當晚即被逮捕。行爲時，卡爾十八歲，瓦爾特十九歲。雖然他們自幼在美國長大，但只有德國籍。即便如此，他們沒有被宣示其權利，他們可以向德國在國外的代表通知其被拘禁，並且請求協助。美國的機關本身亦未與德國聯繫。儘管依據

《維也納領事關係公約》[*7]，美國機關對於本案有此義務。

案發兩年之後，開始進行這對兄弟的審判程序。由於他們無力負擔所選任的辯護人，因此被指定了義務辯護人。辯護人既沒有陳述兄弟二人在孩提時候的艱困生活狀態，也沒有（或請其他人）通知德國代表此一審判程序。一九八四年十一月，二人被判處死刑。如果德國被通知，應該會給予這對兄弟訴訟上救助。不是作爲訴訟之當事人，但可以透過有效刑事辯護之組織與支助。德國的國外代表實務上經常做（且不僅於此），當德國人在國外受到死刑判決的威脅時——通常可以阻止行刑。

國家支援其在國外國民的權利，也就是給予領事保護，與外交豁免權無關。後者僅外交人員才享有，比起領事保護的範圍還廣：外交人員不得被拘禁，亦不得受刑事訴追，也不因違反秩序而受罰，例如超速或違規停車。但這不表示，德國外交人員在美國犯謀殺罪可以不受刑事制裁。於此情形，美國將對此外交人員宣告persona non grata，也就是不受歡迎的人，其必須立即離開該國。在德國，將被以謀殺罪起訴於法院。雖然，德國刑法主要適用於在內國所犯的犯罪行爲，不過，在此之外，亦適用一系列於國外的犯罪行爲，特別是在行爲地（例如美國）亦處以刑罰之行爲，且該行爲人於行爲時是德國人。

拉格朗兄弟並非外交人員，但本案在德國或許可以免於被判死刑。直到一九九二年他們從德裔的獄友得知有關維也納領事關係公約，立即跟德國領事館聯繫。之後，德國政府部門協助他們的辯護人在德國的相關調查，並在一新的程序中主張美國政府部門違反《維也納領事關係公約》。但是，美國法院說，這已經太遲了；他們應該在此之前即主張其權利遭受違反，法院如是判決。

一九九九年二月二十四日，卡爾．拉格朗預定被執行死刑。直到當晚之前，亞利桑納州機關才在一場尋求赦免的程序中承認，他們從一開始即知道兩兄弟是德國籍；因此，這是明顯地違反《維也納領事關係公約》，事證明確。儘管如此，德國阻止這場行刑的最高層次緊急外交行動還是宣告失敗。卡爾被依原訂計畫被執行死刑。反之，瓦爾特．拉格朗，原訂在同年三月三日處刑，則再次出庭審理。但同樣也告失敗。三月二日，德國向海牙的國際法庭對美國提出控告，並聲請命美國在國際法庭（IGH）本案訴訟程序終結前不得執行瓦爾特．拉格朗的死刑。[18]

國際法庭是聯合國最高司法機關，只有國家可以向其提起訴訟與被告。國際法庭僅於所有訴訟當事人均承認其有管轄權時，始得裁判。此項承認得針對一項個別應予澄清之法律問題，亦得經由雙方之條約爲之。於拉格朗案，國際法庭從維也納公約之任擇議定書*8推導出其管轄權。

三月三日，於原訂執行死刑之日，國際法庭眞的對美國作出了暫時處分。儘管瓦爾特．拉格朗及德國均引用此項處分向美國最高法院聲請停止執行死刑。美國政府卻提出異議，主張《維也納領事關係公約》不得作爲此項停止執行之基礎，國際法庭的處分不具拘束力。美國最高法院拒絕了停止執行的聲請。在同一天晚上，瓦爾特．拉格朗被固定在一間行刑室裡，並且以瓦斯毒死。他是最後一個在美國以此方式被執行死刑的人。

兩年後，國際法庭宣告其本案判決。在此期間，美國與德國往來長篇的文書，於國際法庭斷斷續續地行言詞辯論共四天。美國同樣質疑國際法庭的管轄權，一如對暫時處分拘束力的質疑；但是無法反駁其違反《維也納領事關係公約》，國際法庭在所有點上，判決德國勝訴。

國際法有什麼用？

拉格朗一案顯示國際法庭的重大弱點：其裁判雖然具有拘束力，但國際法庭無法執行其裁判。雖然聯合國安全理事會理論上可以決議執行國際法庭判決之措施，但是在聯合國的歷史上尚無其例。於國際法庭進行訴訟的勝訴方，只能靠自己尋求該判決之執行——而此又取決於敗訴方的裁判。於瓦爾特・拉格朗案，美國不執行（譯按：國際法庭裁判）。

這又回到我們之前提出的問題：在國際法中到底存有多少的法律，我們到底可以從中得到什麼？從拉格朗兄弟的命運有些人或許可以得出判斷：顯然不多！但這點言之過淺。美國國際法學者路易士・亨金（Louis Henkin）建構了一句廣被引用的公式：「幾乎所有的國家遵守幾乎所有的國際法原則以及幾乎所有的義務，幾乎總是」。[19]這句公式提供了最好的論據，爲什麼國際法還是法：它被遵守。就此觀點而言，違反國際法缺乏的是執行——就如何內國法也不是總是被遵守。

國際法節制會員國，建立穩定性，於一定範圍內，亦建立信賴。即使有時候緩慢，但有其作用，關於毒氣的處理，足爲範例。於第一次世界大戰，儘管禁止，毒氣還是爲各方使用。於第二次世界大戰，會員國雖然建構了毒氣存量，但沒有國家使用。當二〇一三年敘利亞阿塞德（Assad）政權擁有化學武器並且動用被揭露之後，引起巨大的憤怒——不只是被害人及其西方的盟友，還包括俄羅斯。特別是美國及法國威脅將採取空中攻擊。俄羅斯要求其盟友阿塞德將其化學武器置於國際監督之下，並且銷毀，之後亦照此方式處理。再說，拉格朗兄弟案是一項例外，美國向來遵守維也納公約。

關於遵守國際法的問題，兩個例子達到兩個重要理由中的一項：這是國家一方的期待，另一方亦遵守國際法。因此，戰俘不被槍殺，儘管照顧戰俘所費不貲，而且意味了一種安全風險。因此，國家尊重其鄰國的邊境。因此，國家放棄使用化學武器。也因此，國家接受外交豁免權及領事保護。如果不存在這些相應的國際條約，就會缺乏互惠及自我克制的信賴基礎。特別是會缺乏實際運作的基礎，經由利益導向之規則遵守可以創造出眞正的確認。此種對其正確性的確信是國際法有效性的第二個理由。如果達到此種確信，則不處死戰俘不是（只）爲了保護自己人，而是因爲殺害戰俘是不對的。

如同在其他的法領域，國際法領域中諸多法律前階段的發展（vorrechtliche Entwicklungen）逐步匯流而成爲具拘束力的規則。戰爭結束於和平條約與占領法規，數十年來的衝突匯聚成爲國際組織的建立，數百年來人類遭遇苦難匯集在消弭苦難的條約，而全球的危機地球暖化，則匯集在氣候保護公約。如同其他法領域，國際法就其本身而言，改變不了事情，改變的是遵守。但正因國際法存在，也就有可遵守之法；而各國遵守國際法，實則是重中之重，其重要性無出其右者。

◆本章譯註

*1 原文：Heidelberger Konfliktbaromter。

*2 原文：Haager Landkriegsordnung，即所謂海牙公約，亦稱「海牙法規」（法語：Convention de La Haye），是一八九九年和一九〇七年兩次海牙和平會議（法語：Conférences de La Haye）所通過的公約和聲明文件的總稱。

*3 原文：Abkommen, betreffend die Gesetze und Gebräuche des Landkriegs，英文：Convention (IV) respecting the Laws and Customs of War on Land and its annex: Regulations concerning the Laws and Customs of War on Land。

*4 原文：Zyklon B，英文：Cyclon B，以氰化氫為元素製造之燻蒸殺蟲劑。參見：Zyklon B als Mordinstrument der Nationalsozialisten, in: zukunft-braucht-erinnerung.de. 15. September 2004, https://www.zukunft-braucht-erinnerung.de/zyklon-b/

*5 原文：Briand-Kellogg-Pakt，即《非戰公約》，全稱是General Treaty for Renunciation of War as an Instrument of National Policy，《關於廢棄戰爭作為國家政策工具的普遍公約》，亦稱《巴黎非戰公約》是一九二八年八月二十七日在巴黎簽署一項國際公約，該公約規定放棄以戰爭作為國家政策的手段和只能以和平方法解決國際爭端，雖然在條約簽署後在第二次義衣戰爭、第二次世界大戰等大型戰爭中公約並沒有起到遏止效果，但是該項公約是人類第一次放棄戰爭作為國家的外交政策。該公約由法國外交部部長白里安與美國國務卿凱洛格於一九二七年發起，故名。

*6 原文：Soldatengesetz，全名：Gesetz über die Rechtsstellung der Soldaten。

*7 原文：Wiener Übereinkommen über konsularische Beziehungen (WÜK)，英文：Vienna Convention on Consular Relations。

*8 原文：Optionaler Protokoll，英文：Optional Protocol，指締約國簽署公約後，得選擇簽署的附屬條約，旨在建立有效處理特定人權議題的程序，或深化特定人權議題的內涵。參見：https://www.un.org/womenwatch/daw/cedaw/protocol/whatis.htm

人們在無知之幕底下所能達成一致者，國際法應該是離得最遠。國際法難道不能像歐盟法一樣，由強而有力的超國家機制決定共同的福祉，超越個別的國家之外？這樣的機制難道不能甚至在若干問題上擁有類似國家的權力獨占，有效地阻止戰爭，就像現代法治國家阻止私人暴力一樣？也許可以。捨此之外，實力，即使早已消逝，在國際法的現實上仍然扮演相當大的角色。

而且，我們也應該承認，比之於過去，今天國際法的內涵越來越廣，且距離其訴求越來越接近。

◇本編注釋

第十九章

[1] 例外引用兩則維基百科的文章，因為裡面含有許多有價值的引用來源：https://en.wikipedia.org/wiki/World_War_I_casualties und https://en.wikipedia.org/wiki/World_War_II_casualties

[2] 德文譯本，可讀：online unter https://www. cvce.eu/content/publication/ 1997/10/13/316aa96c-e7ff-4b9e-b43a-958e96afbecc/publishable_de.pdf

[3] Richard Coudenhove-Kalergi, Das Paneuropäische Manifest, 1923, online unter http://vv.varzil.de/II%2D01%2EPDF

[4] 關於《歐盟憲法條約》在法國的拒絕，左派以下的批評扮演重大角色：歐盟過於以經濟自由為目標。

[5] Bundesverfassungsgericht, Urteil vom 12. 10.1993 - Az. 2 BVR 2134/92。替代方案則是，政治上對聯邦眾議院負責之聯邦政府必須對歐盟的決定有具決定性之影響力，參見：Bundesverfassungsgericht, Urteil vom 30.6.2009 - Az. 2 BvE 2/08.

[6] Bundesverfassungsgericht, Urteil vom 30.6.2009 - Az. 2 BvE 2/08.

[7] 此項見解，起自Bundesverfassungsgericht, Beschluss vom 29.5.1974 - Az. 2 BvL 52/71.

[8] Otto Stolz, Zur Entwicklungsgeschichte des Zollwesens innerhalb des alten Deutschen Reiches, Vierteljahresschrift für Sozial- und Wirtschaftsgeschichte 1954, 1 (26 ff.) m. w. N.

[9] Hans-Werner Hahn, Geschichte des Deutschen Zollvereins, Göttingen 1984, S. 10.

[10] 此一發展之源起，參見：Johannes Falke, Die Geschichte des deutschen Zollwesens. Von seiner Entstehung bis zum Abschluß des deutschen Zollvereins, Leipzig 1869, S. XV ff.

[11] Europäischer Gerichtshof, Urteil vom 8.5.2013 – Rechtssache C-197/11.

[12] Giordano Mion/Dominic Ponattu (für die Bertelsmann Stiftung), Estimating economic benefits of the Single Market for European countries and regions, Policy Paper, 2019, S. 12, online unter chrome-extension://ef

aidnbmnnnibpcajpcglclefindmkaj/https://www.bertelsmann-stiftung.de/fileadmin/files/BSt/Publikationen/GrauePublikationen/EZ_Study_SingleMarket.pdf

第二十章

[1] 整體概觀之資料來源：Dag Hammarskjöld Library, online unter https://research.un.org/en/docs/sc/quick/veto.

[2] 蘇聯杯葛的背景是，安全理事會拒絕讓國共內戰戰勝方之中國共產黨政府取代戰敗方之台灣政府的中國安全理事會席次（直到一九七一年始取代）。

[3] 以下詳見：Bert Hölldobler/Edward Wilson, Der Superorganismus. Der Erfolg von Ameisen, Bienen, Wespen und Termiten, Berlin/Heidelberg 2010.

[4] Heidelberg Institute for International Conflict Research, Conflict Barometer 2020, S. 19, online unter: chrome-extension://efaidnbmnnnibpcajpcglclefindmkaj/https://hiik.de/wp-content/uploads/2021/03/ConflictBarometer_2020_1.pdf

[5] Richard Ned Lebow, Why nations fight: past and future motives of war, Cambridge 2010, insbesondere S. 107 ff., 127.

[6] Heidelberg Institute for International Conflict Research, Conflict Barometer 2020, S. 19, online unter: chrome-extension://efaidnbmnnnibpcajpcglclefindmkaj/https://hiik.de/wp-content/uploads/2021/03/ConflictBarometer_2020_1.pdf

[7] 關於此爭議之概述，參見：Ralph Rotte, Das Phänomen Krieg. Eine sozialwissenschaftliche Bestandsaufnahme, Wiesbaden 2019, S. 29 ff.

[8] Mohammad Fadel, Islam, in: Max Planck Encyclopedia of Public International Law, Rn. 23.

[9] Fritz Haber, Die chemische Industrie und der Krieg, Die chemische Industrie 1920, 350 (352), zitiert nach: Margit Szöllösi-Janze, Fritz Haber 1868-1934. Eine Biographie, München 1998, S. 261.

[10] 歧見，參見：Margit Szöllösi-Janze, Fritz Haber 1868-1934. Eine Biographie, München 1998, S. 393 ff.

[11] Fritz Haber, Die Chemie im Kriege (Vortrag, gehalten vor den Offizieren des Reichswehrministeriums am 11. November 1920), in: ders., Fünf Vorträge aus den Jahren 1920-1923, Berlin 1924, 3.25 (28, 35).

[12] Rolf-Dieter Müller, Gaskrieg, in: Gerhard Hirschfeld/Gerd Krumeich/ Irina Renz (Hrsg.), Enzyklopädie Erster Weltkrieg, 2. Aufl., 2014, S. 520 ff.; Gerald J. Fitzgerald, Chemical Warfare and Medical Response During World War I, American Journal of Public Health 2008, S. 611 ff.

[13] Gerd Hankel, Die Leipziger Prozesse, Deutsche Kriegsverbrechen und ihre strafrechtliche Verfolgung nach dem Ersten Weltkrieg, Hamburg 2003, S. 31f. unter Verweis auf: Jörg Fisch, Krieg und Frieden im Friedensvertrag. Eine universalgeschichtliche Studie über Grundlagen und Formelemente des Friedensschlusses, Stuttgart 1979, S. 92 f.

[14] Fritz Haber, Nobel-Vortrag, gehalten am 2. Juni 1920 in Stock-holm, in: Les Prix Nobel en 1919-1920, Stockholm 1922, S. 16.

[15] Gerhard Werle/Florian Jeßberger, Völkerstrafrecht, 5. Aufl., Tübingen 2020, Rn. 11; zu den Leipziger Prozessen näher: Manuel Ladiges, Die Leipziger Prozesse – Die (Nicht-) Verfolgung von Kriegsverbrechen des Ersten Weltkriegs, in: Anna H. Albrecht/ Julia Geneuss/ Alix Giraud / Erol Pohlreich (Hrsg.), Strafrecht und Politik, Baden-Baden 2018, S. 109 ff.; sowie: Veris-Pascal Heintz, Der Weg zu den Leipziger Prozessen. Geschichte des Völkerstrafrechts vor Nürnberg, Archiv des Völkerrechts 2020, 102 ff.

[16] 在此之外，另有第四個起訴重點，即：陰謀犯前述之犯罪構成要件。因受限於篇幅，於此必須縮減，包括各該構成要件要素亦不予引述。

[17] 最接近授予殺人權限之規定是一九四九年八月十二日《日內瓦公約》之一九七七年六月八日第一次增修協定（Zusatzprotokoll）第四十三條：戰鬥者（Kombattanten）有權「直接參與敵對行動」（unmittelbar an Feindseligkeiten teilzunehmen）。所謂「敵對行動」，得且應被理解為包括殺人；霍斯特・施萊霍費爾（Horst Schlehofer）甚至認為此為「明文之有權」殺人。參見：Horst Schlehofer, Münchener Kommentar zum StGB, 4. Aufl., München 2020, Vorbemerkung zu § 32 Rn. 136.（譯按：第四十三條第二項之英文版抄

錄如下，以供對照：Members of the armed forces of a Party to a conflict (other than medical personnel and chaplains covered by Article 33 of the Third Convention) are combatants, that is to say, they have the right to participate directly in hostilities. https://ihl-databases.icrc.org/en/ihl-treaties/api-1977）

【18】LaGrand (Germany v. United States of America), alle Unterlagen online unter https://www.icj-cij.org/en/case/104

【19】德文為本書作者所譯。用字較多的原文：»It is probably the case that almost all nations observe almost all principles of international law and almost all of their obligations almost all of the time.« Louis Hemkin, How nations behave. Law and Foreign Policy, London 1968, S. 42.

收尾

本書以一項思想實驗開篇，思考正義社會如何發展。當約翰・羅爾斯將此項實驗以無知之幕進行建構時，並沒有讓他人循此得出推論，而是發展出一套自己的正義理論。在詳細論證之下，他認爲：人們在無知之幕底下將一致達成兩項基本原則：(1) 任何人所享有的自由是，恰如與其他所有人的自由共同約定的自由；(2) 社會及經濟上的不平等的調和，應有利於所有人類的福祉（區別原則），並且將權力地位開放給所有人類分享（機會平等）。[1]

對於政治（政策）而言，依此二原則可以推導出具體的結論。比如說，根據區別原則，人們可以證立，唯有在國家重分配之下，窮人的所得超過在一個絕對平等體制的所得，不平等的收入與財產關係始爲正義。因此，社會國家中的資本主義可以找到其正義理論的基礎。

羅爾斯將他的理論重點放在有限財貨的分配上，並且從其理論開展出若干憲法基本原則，但他未涉法律制度細節（遑論觸及德國法制度）。因此，從羅爾斯的思維取徑無法得出具體的準據，用來評價本書提出的法律正義內涵（問題）。不過，這也不是我在本書若干橋段中一再請您們來到無知之幕底下的用意。本書思想實驗的目的只是請您們（暫且）脫離個人的處境。在這樣情境下，也許您會覺得承租人保護是一項法成就，即使您自己有房子出租；或者會認爲刑事訴訟程序是一項進步，即使您曾經是某一次犯罪行爲的被害人；又或者，也許您會認爲集會自由有其必要，即使在COVID-19大流行期間，您最不想做的事情就是示威遊行。

我個人確信，人們在無知之幕底下尋思所得的規則，會跟我們自己的規則相當類似。換言之，我們的法律是廣泛地滿足人們的訴求，當人們對於其在社會的地位毫無所知的時候。因爲法律在相當大的範圍是確保自由，並且保護個人免於國家及私人的恣意（干預），經由有力的權利與有效的手段，以保護並貫徹。透過事例與歷史上的發展，把這些呈現出來，是本書的立意之一。

我的另一初衷是，讓您們更進一步理解我們法律中的一些基本原則。基本權利屬之，另外還有國家權力受法拘束之原則、契約自由及其限制、法之執行的國家權力獨占、刑罰的理由及其界限、平時與戰時之法等。備有這些法律知識，希望您接下來在面對一部法律或一則法院裁判的爭議時，可以作成比過去更好的判斷。

創作本書我最爲衷心的希望是，從前述兩個重點得出一項融合論，也就是透過對法律的理解得出爲了（für）法律的理解，更確切地說：爲了法律給我們當中每一個人及整個社會的價值。法律只爲強勢者的利益服務，塞拉西馬柯（Thrasymachos）在兩千五百年前曾經如此地說。許多人跟隨著他一再重申這項指控，包括馬克斯主義的理論，法律只是權力關係的反映。如此地一概而論，已經不再正確。今天，法律至少同時是干擾權力關係的工具，甚至有時會重新調整定位權力關係（譯按：權力重分配）。

但這不表示，萬事皆美好，完全不是這樣。我們的社會在相當大的程度是不正義的。人們在相當不同的條件之下開始生活，（而且）對於讓所有人或至少儘可能多數人實現一個美好的生活，法律做得還不夠。特別是在許諾與現實之間往往存在著巨大的落差。在刑法這一編，我呈現了一些弊端。另外一個例子是，二〇一五年生效的租金凍漲（法），幾乎毫無作用。又或者，勞動法提供受僱者的保護，實際上很少被用來提起訴訟。法院審判程序有時候拖得太久，從而其結果通常也不總是正確。因性別、性取向與認同或基於種族理由之歧視，儘管法律加以禁止，仍然相當普遍。歐盟雖然提供其居民保護，但對待難民卻惡劣至極。還有許許多多值得批評——有待改善。

我們可以做得到的！建置改變法律的可能性，是一個正義社會的重要特徵之一。我們的法律提供了一籮筐這樣的可能性：透過投票選舉與自己競選、社團運作與集會遊行、言論表達與請願等形式，還有透過訴訟，當別無他法時。這些是世界上少數人享有的特權，是我們之前的世代沒有享受過的特權。

我們的法律是優質的，但只是趨近於未曾達到的正義。聯邦憲法法院在其有關無期徒刑合憲性的裁判中寫道：「關於何者符合人性尊嚴的判斷，……只能基於現在的認知角度，無法提出永遠有效的訴求。」[2]這點不只適用於刑罰的可容許性，更可一般性地適用所有法律身上。我們必須持續不斷地檢視我們自己及我們的法律是否正義，或是否必須修改。

因爲唯有我們善加維護，並且時時修整，法律才會成爲我們大家樂活且安居的房子。

◆本章注釋

[1] John Rawls, Eine Theorie der Gerechtigkeit, Frankfurt 1975, S. 81：捨原始版本，我挑選了較容易理解的表述：此外，羅爾斯自己也做了進一步的細緻化，甚至在同一本書（參見，頁三三六）。

[2] Bundesverfassungsgericht, Urteil vom 21.6.1977 - Az. 1 BvL 14/76.

致謝

這本書，如同期的其他著作，在困難的情境中誕生，更甚者，仰賴了多方協助，特別是得助於我的友人Carsten Albers、Thomas Britz及John Philipp Thurn。三位都是法律人，他們無數寶貴的提點，惠我良多。

這本書，爲非法律人而寫，法律圈外人的批評同等重要，爲此，由衷感謝Annette Farahmandi與Minou、Modji和Sofia Moini。

這段期間，進用圖書館委實困難，學者的奧援讓我尤感欣悅，不管是提供著作或只是指引方向，您們近乎取代了圖書館：Stefan Arnold、Jürgen Hartmann、Udo Hengst、Hans-Joachim Lang、Natalie Osowski、Ineke Regina Pruin、Jutta Schneider、Franz Streng，以及Oliver Volckart。

最大支持，來自我的妻兒。寫一本書之於作者，是一項挑戰，對家人來說，則是一種苛求，在大流行的條件下，又遠遠超過於此。對此表示感謝，總覺不太合宜，本書謹以一個懇請結尾，那就是：對不起。

後記

本書寫於二〇二一年上半年，其時也，德國——還有全世界——仍籠罩在COVID-19的大流行之下。德國有一票少數人士拒絕本書第五章提到的防疫措施，並且宣稱德國正走向極權國家之路。這是我起意寫這本書的初衷，想對這樣的表象略作駁斥：防疫措施既不是極權思想的展現，更不能與德國的灰暗過去或當今世界上諸多極權統治國家相提並論。當時我已然感覺到，COVID-19對民主造成了極大的傷害，因爲很多人對國家失去了信任：那些唯恐病毒殃及己身而希望多一點保護的人，以及把任何防禦措施全看作不當干預自由的人。我當時希望用這本書減低一下民主受到的傷害——或者說，對民主信念的傷害。

就這樣，一本德國法律發展史的書誕生了。在這段發展史中，法律原則的進步與隨時覆滅的可能，清晰可見。德國法在一九三三年到一九四五年期間曾經墮入無底的深淵，同樣情形在東德時期以稍微和緩的形式持續到一九八九年。德國特殊歷史的教訓是，法律的發展恰恰不是持續前進，法規範毋寧經常處在喪失可接受度與貫徹力的威脅之中，甚至還被當成武器，濫加運用。另一層的教訓則是，通向法律濫用之路是可以設下屏障的；法律持續有效運行的條件雖然無法保證，但可以改善：透過無可動搖的原則；還有只能在特別要件下才能更動的高位階法律；以及，建置程序審查前述兩點是否被遵循。

在COVID-19大流行接近尾聲的時候，我原本滿心期待民主可以贏回信賴。詎料，二〇二二年二月，俄羅斯入侵烏克蘭。對於德國民主氛圍的影響立即而明顯：持續上漲的能源價格爲國民經濟及個人帶來了巨大且高額的成本。很大一部分的民眾認爲，有必要透過長期與俄羅斯的友善政策——錯誤表述爲「外交上」——來避免成本的增高，或至少降低成本。果斷的反制措施可以阻止最壞情況的發生；儘管如此，二〇二二至二〇二三年間還是發生百分之六到百分之七的通貨膨脹，對德國來說，是相當高的。與此同時，德國睜眼可見受到俄羅斯的政治宣傳，特別是來自親俄勢力支持的德國社群媒體。

這番此起彼落的發展，結果是德國另類選擇黨（AfD），一個至少算是極右派的政黨，不久前暴增了百分之二十的得票率。該黨許多幹部抱持的是敵視外國人、歧視酷兒，還有部分仇女的立場。AfD把移民看作是德國的巨大危險，許多黨代表辯說是爲了確保國家的「種族認同」。這些政治觀點喚起德國過往暗黑史篇的痛苦記憶，同時也讓自由民主的耐久力受到質疑。重回極權統治的風險在我們的鄰國，匈牙利和——近期——波蘭，已經提供了具體的例證。就算眼前尚無跡象顯示AfD執政在即，然而一旦發生經濟上或政治上的危機，情勢可能會急轉直下。

除此之外，環顧德國政黨在政治論辯上早已明顯地往右偏移。保守基督教民主黨（CDU）的政治顯要在此期間提出呼籲，主張廢除難民程序中的權利救濟機制、把違反歐盟法的人遣返至德國邊境，還要修改基本法，讓社會給付受領人在違反義務時受到比以往更重的處罰。二〇二三年十月八日在以色列發生大屠殺事件之後幾週，親哈瑪斯派的人士在德國街頭集會抗議，自由民主黨（FDP）的聯邦眾議院議員竟要求取消外國人的集會遊行權。據稱，還有一位CDU政治人物近日考慮，如果二次戰後歐洲的核心成就（譯按：歐洲人權公約）阻礙了嚴格移民政策的推動，德國可以退出歐洲人權公約。

連在德國的民主與人權也受到攻擊，經常被質疑，不復被看作是一種成就——這讓我深切反思：似乎很少人知曉，我們擁有何其多可供行使的權利。

我的書要跟台灣讀者見面了，讓我無比欣喜自勝。我得以兩次旅台，兩番到訪都讓我留下深刻的印象。我可以參與各種的政治活動、觀察街上的遊行，到處感覺到人們投身於民主，爲民主付出。二〇二二年十一月地方選舉投票日的那一天，我坐在一家不起眼的餐飲店裡，內有一台大電視正在播放開票結果——眞的，每個顧客在步出餐廳的時候都會駐足一下，觀看螢幕上顯示的票數，然後才離開。台灣的民主比起德國年輕，但我有種感覺——不只在台灣——台灣的民主也許正因如此才更值得珍惜。或許還有一個重要因素，台灣鄰接獨裁統治的中華人民共和國，更可以好好思考，在一個不自由的體制下生活的意義是什麼。不管您是基於什麼理由珍視民主：請盡您所能守護它。民主與人權得之艱難，轉瞬可失。防止民主淪喪的最佳保證，唯對民主無可撼動的堅信。

Bijan Moini

柏林，二〇二四年十二月

國家圖書館出版品預行編目資料

法條背後的故事／彼強・莫伊尼(Bijan Moini)著；李建良譯. -- 初版. -- 臺北市：五南圖書出版股份有限公司, 2025.02
面； 公分
譯自：Unser gutes Recht：was hinter den Gesetzen steckt.
ISBN 978-626-423-145-9(平裝)

1.CST: 法律 2.CST: 歷史

580.9 114000341

1QD9

法條背後的故事

作　　者— 彼強・莫伊尼（Bijan Moini）
譯　　者— 李建良
編輯主編— 劉靜芬
責任編輯— 林佳瑩
文字校對— 許珍珍
封面設計— 姚孝慈
出 版 者— 五南圖書出版股份有限公司
發 行 人— 楊榮川
總 經 理— 楊士清
總 編 輯— 楊秀麗
地　　址：106台北市大安區和平東路二段339號4樓
電　　話：(02)2705-5066
網　　址：https://www.wunan.com.tw
電子郵件：wunan@wunan.com.tw
劃撥帳號：01068953
戶　　名：五南圖書出版股份有限公司

法律顧問　林勝安律師

出版日期　2025年2月初版一刷
定　　價　新臺幣520元

Author: Bijan Moini
Title: Unser gutes Recht. Was hinter den Gesetzen steckt

For all titles: Chinese language edition arranged throug
HERCULES Business & Culture GmbH, Germany